棠树文丛
—代表作—

杨官鹏 著

中日比较法视域下公法前沿议题刍议

商务印书馆
The Commercial Press
创于1897

棠树文丛

编 委 会

主 任
郭为禄　叶　青　何勤华

副主任
张明军　王　迁

委 员
（以姓氏笔画为序）

本书受上海市高水平地方高校建设项目资助，

并由华东政法大学资助出版

棠树文丛
总　序

　　学术研究是高校非常重要的一项功能,也是衡量一所大学综合实力、核心竞争力的主要指标。开展学术活动、产出学术成果、培养学术人才是高校完成人才培养、科学研究、社会服务等使命的主要手段。大学之所以成为大学,学术的兴盛正是主要的标志之一,只有学术水平提高了,才能更好地完成培养人才和服务社会的目标。

　　党的十八大以来,以习近平同志为核心的党中央高度重视哲学社会科学工作,从改革发展稳定、治党治国治军的高度,肯定了哲学社会科学的重要意义。习近平总书记在 2016 年 5 月 17 日召开的"哲学社会科学工作座谈会"上指出,"要加大科研投入,提高经费使用效率。要建立科学权威、公开透明的哲学社会科学成果评价体系,建立优秀成果推介制度,把优秀研究成果真正评出来、推广开",为新时期哲学社会科学的发展指明了方向。学术专著是广大教师平时研究成果的精心积累,出版则是优秀研究成果推广的重要手段。做好学术著作的组织出版能够提高教师科研活动的积极性,弘扬优秀学术,开拓创新,也能为学校的科研事业做出应有的贡献。

　　华东政法大学全面贯彻党的教育方针,落实立德树人根本任务,围绕上海教育中长期规划纲要的总体目标,按照建设"双一流"高水平多科性教学研究型特色大学的战略要求,遵循科研发展规律,加强管理,精益求精,在科研方面取得了不俗的成绩。近年来,学校的优秀学术成果持续增多,学术影响力有所提升,学校科研工作日攀新高。

法学是华东政法大学的主要学科,也是我校的知名品牌。推介法学研究成果是科研管理部门的服务项目和重要职责。这次推出的"棠树文丛"就是以华东政法大学法学领域的优秀成果为主,兼顾其他学科的优秀成果。"棠树"出自《诗经》。《诗经·甘棠》云:"蔽芾甘棠,勿翦勿伐。"这是说周初召伯巡行理政,在甘棠树下听讼决狱,断案公正无私,其事流芳后世,歌诗以载。法平如水,民心所向,古今无异,故以"棠树"为本丛书命名。这次组织出版"棠树文丛",可以促进华政的学术研究水平,提升法学等学科的影响力,为实现依法治国的宏伟目标和弘扬法律的公平正义添砖加瓦。

高层次优秀科研成果的出版是教师和科研管理部门共同追求的目标,也是我们贯彻落实《华东政法大学学术专著出版资助管理办法》的举措。我们希望通过这次学术专著推进活动,规范学校图书出版工作,进一步激发我校教师多出优秀成果的科研积极性,展现华政学术风采。

华东政法大学科研处

2022 年 4 月

目　录

第一部分
行政法总论

第二部分
行政法分论

第三部分
部门公法学

导　言

近年来,在公法领域,中日两国均出现若干研究成果,其中不乏较为全面和系统的专著。但是总体来看,目前的研究仍存在几个倾向:一是现有成果或专注于中国或专注于日本,都偏重于从一个国家的公法学领域的单独视角出发,具体内容往往只涵盖作者所在国家,而少涉及非本国的内容。二是比较法研究的单篇论文较多,但综合性、系统性的中日两国公法领域的比较研究成果极少。三是有关基础性传统公法学问题的研究成果已经有不少积累,但是对于我国当下的一些热点问题,能够从比较法视角出发,运用和借鉴日本公法学特别是行政法学的前沿理论成果以及判例经验,并提供实际有效借鉴内容的成果还较少。四是近年国内公开发表的公法学研究成果中,对于传统行政法学理论与概念进行深入研究的成果也逐渐减少,而对于新兴部门行政法的研究愈来愈多。因此,应当营造一种话语空间,从而能够从另外一个视角对于我国行政法学的行政行为理论、行政立法、行政组织形式等一些基本概念和研究范畴进行重新审视。

本书基于中日比较法学的视角,以我国公法学在理论与实践中的前沿和热点问题为主要切入点,以我国近年在行政法学及部分宪法学领域的前沿议题的相关研究为主要内容,包含了中日两国当代行政法理论领域较为系统深入的比较法研究成果。成果依照大陆法行政法学理论篇章框架和公法学理论专著的结构要求,共分为行政法总论、行政法分论和部门公法学三个部分。首先是行政法总论的有关议题，包括公法总论、行政法原则和行政法渊源等；其次为行政法分论的有关议题，包括行政行为理论、行政救济制度等；最后为部门公法学的前沿和热点议题，包括公共卫生法治、行政组织机构等。各个版块内容涵盖了日本公法学理论的发展脉络和基本特质、公法与私法关系、行政法法源、行政组织机构、行政行为理论、行政诉讼制度等多个方面，力求做到既有对域外行政法制度的探讨剖析，又有从比较法角度对我国的现实问题的积极回应，既有对我国行政法原则、行政行为理论和诉讼制度的理论探讨，又有针对行政组织、公共卫生法治等前沿和热点问题的实践研究。

在此框架下，具体内容如下：

第一部分"行政法总论"，共两篇文章。"行政法原则与民间习惯法之融合"结合日本的不成文法规范相关理论，论述了我国行政法基本原则规范功能所呈现出来的有限性，以及民间法规范面临着的转型升级的现实需求。"行政立法的审查基准性与对象性之辨"围绕行政立法在我国是司法审查的基准还是审查的对象这一问题展开论述，结合日本对行政立法的司法审查经验，揭示了将其他规范性文件和内部规范隔离在行政立法外的"特定说"所带来的现实问题与解决办法。

第二部分"行政法分论"，共四篇文章。"日本行政法的'处分性'判断与判例动向"论述了日本行政法学发展的历史变迁过程和行政行为理论的演变脉络，通过对近年影响"行政处分"射程的有关立法、判例、学说等的整理，指出日本最高院判例中对处分性进行扩大解释的倾向，以及我国司法实践在对可诉行政行为之判断中存在的问题和解决路径。"日本行政诉讼法修改与原告适格论的动向"阐述了日本有关原告适格的学说、判例，以及最近的立法动态，特别是 2004 年《行政事件诉讼法》修改对于原告资格之判断的影响。"日本行政法的预防诉讼制度及于我国之借鉴"论述了日本行政诉讼法中预防诉讼制度的形成过程、理论基础、诉讼要件体系和判例动向等,借此阐明了对我国行政诉讼制度的启示。"国民主权原则下的日本法官追责制度"阐述了日本以追诉弹劾制度为主体的法官追责制度,即以独立的追诉与弹劾审判机构来实现对法官的监督和追责,同时辅之以由国民审查、国政调查、刑事追责、司法行政和人事评价等多个层次和维度共同构成的日本法官追责体系。

第三部分"部门公法学",共四篇文章。"日本公共卫生安全法律制度"通过回顾日本近代公共卫生的发展历程,较详细地阐述了当代公共卫生安全法律体系。"日本跨行政区域组织机构管理经验及其对长三角一体化发展的启示"详细阐述了日本以首都圈整备委员会等行政委员会管理的都县层面的大都市区建设,以及市町村层面管理架构与形式呈现系统化和多样化的广域行政管理机制,提出了可资我国跨区域行政管理借鉴之处,最后在此基础上针对长三角跨区域管理机制在机构设置、现实运行、相关规范等方面存在的实际问题提出了相关具体建议。"比较法视角下涉土地征收之权利救济的立法现状与问题"主要围绕我国在征收活动中对公民权益的司法救济,通过回顾并总结相关法律法规的立改废过程,论述了城市房屋征收和农村土地征收中关于权利救济立法的问题。"城市违法建筑强制拆除的新议题"主要对我国违法或违章建筑的认定程序的问题和司法审查的不足展开分析,提出应完善对财产权的行政征收程序并强化司法救济。

本书在编写过程中得到了许多师长与同行的热情帮助和支持,也得到了商务印书馆编辑老师的关心和帮助,在此一并表示衷心的谢意。最后需要指出的是,由于作者水平有限,书中疏漏和不当之处在所难免,敬请读者提出宝贵意见。

第一部分 ◆ 行政法总论

行政法原则与民间习惯法之融合
——以条理法规范为契合点*

　　成文行政法规范需要通过践行行政法的基本原则以弥补其规范力的不足,这对于实现实质法治具有重要意义。但行政法原则作为不成文法源,其抽象属性决定了其不仅客观上难以实现完全意义上的法律化,而且需要加强来自民间社会的普遍接纳、认同和践行。与此同时,民间习惯法规范虽然已在日常社会交往秩序中发挥作用,却面临着亟待转型升级的现实需求。行政法原则需要通过渗入民间规范来发挥实际功效,民间习惯也应吸纳行政法原则中的法治理念,二者应从相互割裂走向相互融合。作为日本不成文法渊源的条理法规范既不同于我国的行政法原则,也不同于民间习惯,而更接近于介于法律基本原理与日常社会规范的一种中间形式。可将其作为我国行政法原则与民间习惯法相融合之路径的借鉴,这有助于将现代型的理性的法律思维和法治观念渗透进社会通念之中。

　　成文法规范是法治行政的根基,但形式法治并不能解决社会生活中的所有事情,其在立法、执法和救济三个维度上都体现出了局限性。首先,行政立法有违反上位法规定的风险。比如近年有地方在规范网约车运营的规定中设置了"驾驶员必须是本地户籍"的条款,引起了较

　　* 本章内容在作者《论行政法基本原则与习惯法规范的融合》(《民间法》[第 27 卷],研究出版社 2021 年版)一文基础上修改完善而成。

大争议。其次,成文法规范做不到事无巨细,对于行政自由裁量的规范性不足。比如 2017 年上海松江警察过度执法一事引发了全社会对执法工作的反思。再次,由于受到成文法中受案范围和原告资格等影响,司法救济的实际效能受到限制。2021 年两会上就有人大代表提出:"相比让人民群众在每一个司法案件中感受到公平正义,让人民群众的诉求能够成为案件是一件更难的事。"

行政法基本原则作为不成文法源,虽然实际起到的规范功能有限,但对于实现实质行政法治不可或缺。我国学者对行政法基本原则的论述汗牛充栋,具体表述和分类虽不统一,但基本都渗入了依法行政、合理行政、程序正当、高效便民、权责一致、监督救济等价值取向。不少学者主张应将行政法原则法律化以发挥其更大功能。但行政法律规范层级繁杂,主体多样,客观上很难做到全方面贯彻行政法的基本原则。这就需要在避免不成文法构成对成文法的"僭越"的同时,还要将行政法基本原则落实到实践中,发挥行政法基本原则对成文法规范在制定执行和司法实践中的指导作用。

关于如何落实行政法原则,学界观点大致可分为三类。第一类是围绕行政法基本原则本身,如有人强调应将行政法基本原则法律化,也有人提出要对行政法原则进行反思重构,如以比例原则、法治原则为行政法根本原则。但行政法原则的法律化仍停留在一种理想状态,学界对行政法根本原则的划定也还未达成完全共识。第二类是围绕对行政裁量的规制,这类观点大多主张限缩行政自由裁量空间,但这种规制显然无法穷尽所有行政作用。第三类是从不成文法渊源的角度出发,提出如肯定习惯法的法源地位、提升行政执法伦理等措施。本章试从比较法角度出发,在借鉴日本不成文法源中的条理法规范的基础上,探讨行政法原则与民间习惯法相互融合的问题。

一、民间习惯法的定位

（一）行政法中的地位和作用

　　行政法原则一般属于不成文法源。学界对于不成文法源的界定并不统一，甚至一度有人质疑我国是否存在不成文法源。有观点认为不成文法源是指"立法上抽象地认可达到一定标准的习惯、判例、行政先例"和"法的一般原则"。① 有的认为是习惯法、法律原则和法律解释。② 也有学者认为应包括法律原则、先例、惯例和习惯，以及法律学说、行政政策、公共道德和比较法。③ 还有学者认为是"对行政权和行政过程具有规则作用但反映在非正式的行政法文件中的那些行为准则"，包括正义标准、行政过程中的推理和思考、行政客体的本质和原则等。④ 但总体来说，学界对于习惯归于不成文法源的观点已达成基本共识。传统主流理论将制定法条文奉为法律渊源，但不得不承认在现实中法律条文并非在任何情况下都有约束力，在某些情况下非成文法源的约束力甚至会强于制定法。还有学者提出，"行政成文法主义的理论基础和时间状态已岌岌可危"，行政法的走向应有新的进路，其

　　① 参见朱新力：《行政法渊源若干疑难问题探析》，《浙江省政法管理干部学院学报》1999 年第 2 期。

　　② 参见王连昌主编：《行政法学》，四川人民出版社 1990 年版，第 29 页；贺善征：《行政法渊源探讨》，《现代法学》1989 年第 3 期。

　　③ 参见应松年、何海波：《我国行政法的渊源：反思与重述》，载胡建淼主编：《公法研究》（第 2 辑），商务印书馆 2004 年版，第 18—24 页。文中还指出："在法律论据的视角中，不成文法源是开放的，本文的列举不能穷其种类，也不排除从其他角度的概括。"（第 18—19 页。）

　　④ 参见关保英：《论行政成文法主义的危机》，《法律科学》2007 年第 3 期。

中就包括"行政法渊源多元化"。① 但各类观点对于行政法的原则属于不成文法源基本没有争议。

民间法又称民间习惯法,与行政法基本原则同属不成文法源。有学者强调民间法是对"有广泛习惯权利义务分配功能、并维系日常社会交往秩序、解决或裁定社会纠纷、存在于国家法律之外的一些社会规范之概括命名"②。但学界对于民间法的地位和作用仍有不同看法,如有学者强调,民间法主要包括习惯、道德以及乡规民约、村规民约等,实际概括性功能有限。③ 还有学者强调,我国的民间法研究应当由子民、草民、乡民等意义上的传统民间法向市民意义上的现代民间法转型升级。④ 也就是说,学界对于民间法规范的外延界定还存在争议。虽然作为不确定概念的民间法是否足以被列为不成文法源仍有待进一步探讨,但作为社会规范的一种存在形式,其在客观上起到了维系社会交往秩序的功能。比如有学者强调行政习惯法在行政裁决中具有附条件的裁决依据地位,当行政法没有规定时,行政机关就可以将该民间习惯法作为裁决依据,对争议的纠纷作出裁决。⑤ 还有学者提出,可尝试在行政诉讼中采取明确肯认民间法的法源地位、强化原告的举证责任、明确第三人的举证责任、充实裁判理由等措施以发挥民间法的作用。⑥

法律可以规范人的外在行为即行动,但无法规范人的内在行为即

① 关保英:《论行政成文法主义的危机》,《法律科学》2007 年第 3 期。
② 谢晖:《民间法作为法理学的一种常识》,《原生态民族文化学刊》2020 年第 6 期。
③ 参见刘作翔:《回归常识:对法理学若干重要概念和命题的反思》,《比较法研究》2020 年第 2 期。
④ 参见钱继磊:《民间法概念之再思考——一种反思与回归的视角》,载谢晖、陈金钊、蒋传光主编:《民间法》(第 22 卷),厦门大学出版社 2019 年版,第 28 页。
⑤ 参见张弘:《论民间习惯法在行政裁决中的地位与适用》,载谢晖、陈金钊、蒋传光主编:《民间法》(第 15 卷),厦门大学出版社 2012 年版,第 142 页。
⑥ 参见范乾帅:《论民间法作为行政诉讼法之法源》,载谢晖、陈金钊、蒋传光主编:《民间法》(第 21 卷),厦门大学出版社 2018 年版,第 232 页。

意志。不论是法的制定、执行还是审判监督,都要或多或少地吸纳社会规范,以基本常识为基础。一般性常识和社会规范虽然不能代替法律,但在法律规范的规制力难以触及的地方即所谓"法之所不及"之处,可以以不成文规范来弥补成文法规范的不足。早已有学者指出:"事实上民间习惯、最高院的典型案例、政府及其职能部门在行政事务中积累的先例和公正、平等、比例等一般法的理念,无论在行政实践中还是在司法审查过程中或多或少地起指导作用,有时甚至起决定作用。"[1] 如果说形式法治的要求是遵守成文法律规则,那么实质法治则需要尊重那些没有被以文本形式确立的法律精神、理念和价值。合理行政原则的主要含义是行政活动应当具有最低限度的理性。行政活动应当具有一个正常心智的普通人所能达到的合理与适当,能够符合民间公德、科学公理和社会常识。

(二) 民间习惯法规范的限度

不少学者论述了"行政习惯法"的概念。比如有学者认为我国行政习惯法应包括行政判例法、行政裁例法、行政案例法、行政先例法、行政伦理法,并承担对行政成文法的弥补、与国际惯例的接轨、对行政自由裁量的参考、行政管理新规则的派生等功能。[2] 也有学者认为,行政习惯法分为判例法、先例法和民间习惯法。[3] 但一般认为,习惯法由于自身的局限性只能是非正式的和辅助的行政法渊源。[4]

---

① 朱新力:《行政法渊源若干疑难问题探析》,《浙江省政法管理干部学院学报》1999年第 2 期。

② 参见关保英:《论行政习惯法》,《甘肃政法学院学报》2000 年第 3 期。

③ 参见王云五主编:《云五社会科学大辞典(行政卷)》,台湾商务印书馆 1971 年版,第 269 页。

④ 参见席能:《习惯法在行政法上的地位》,《河南师范大学学报(哲学社会科学版)》2009 年第 9 期。

　　传统行政法学依据受法律拘束程度的不同，将行政行为分为羁束行政行为和裁量行政行为，这种划分具有学理上的重要价值。但在现实中，完全意义上的羁束行政行为几乎并不存在，因为就常理而言，任何法律都无法将所有行政活动的所有细节规范到位。日本传统行政裁量论将行政行为分为羁束行为和裁量行为，裁量行为分为羁束裁量（法规裁量）和便宜裁量（自由裁量）。但日本学者盐野宏认为创立"羁束裁量"这一概念没有意义，因为羁束和裁量二者本就互不相容。[1] 我国也有学者对这种传统的区分方式提出了质疑。[2] 依据具体情况，可分为法定幅度内的自由裁量和空白地带内的自由裁量。也有学者将行政裁量分为广度、中度和小度裁量。[3]

　　学界现有文献对于自由裁量须受到规范、限制已达成共识，但是对于自由裁量的概念定义仍有分歧。有学者强调行政自由裁量的核心是选择行为方式即作为、不作为和怎样作为的自由，而非在事实认定和法律适用上的选择余地。[4] 由于行政行为本身就具有裁量性的特征，适度限缩裁量幅度和范围固然重要，但在社会现实中又往往很难完全规避裁量范围的扩张。

　　在实际行政执法过程中，行政自由裁量必然受到民间习惯法的牵制。有学者强调了行政执法中伦理约束的重要性："法律、制度控制都是对行政自由裁量权的外部控制，如果没有行政执法人员的内部控制

---

[1]　参见周佑勇、邓小兵：《行政裁量概念的比较观察》，《环球法律评论》2006 年第 4 期。

[2]　例如，王贵松：《行政裁量：羁束与自由的迷思》，《行政法学研究》2008 年第 4 期；刘志坚、宋晓玲：《对羁束行政行为与自由裁量行政行为分类的逻辑思考》，《西北师大学报（社会科学版）》2011 年第 2 期。

[3]　参见姜明安：《论自由裁量权及其法律控制》，《法学研究》1993 年第 1 期。

[4]　参见余凌云：《对行政自由裁量概念的再思考》，《法制与社会发展》2002 年第 4 期。

或道德自律的话,难以保证行政自由裁量权的正当使用。"①有学者强调行政自由裁量权的伦理规制,主张伦理的支撑和道德的约束要通过一定的伦理原则来彰显。② 还有学者主张应遵循行政法的人文精神这一价值判断,即政府与公众的"利益一致、行为上的服务与合作、观念上的信任与沟通"③。

以交通执法为例。《道路交通安全法》第 53 条规定,警车等在执行紧急任务时不遵守交规是可以豁免的。根据《道路交通安全违法行为处理程序规定》第 22 条,警车执行紧急任务并经核实的,违法行为信息应当予以消除。一般情况下,警车出警时只要开了急行灯,在确保安全的情况下可以不受信号灯控制。但对于不按交通规则行驶的警车,普通民众无从判断这些车辆是不是在执行公务。现实中警车不按交通规则行驶的行为也并非没有发生。具体如道路口违规停车、闯红灯、逆行、压线,以及驾驶警车者不按规定穿着警服等。

公安机关内部应整肃风纪,开展对民警自身的法治教育活动,进一步规范警车使用。即便是在执行公务时,也应审时度势,遵守"必要限度"原则,即做到"非必要不违规"。这利于克服民警的特权思想,自觉遵守警车管理规定,树立干警队伍良好形象。警用车辆在不执行任务的情况下,必须要遵守道路交通法规,否则就是违法违规行为,理应受到相应处罚。如在非紧急情况下,不得占据路口及车道中心位置;非紧急公务应以道路安全为重,不得闯红灯;同时也应遵照《道路交通安全法实施条例》第 66 条中"断续使用警报器"的规定等。实际上,近年已

①　郭渐强:《行政执法的伦理维度》,《求索》2004 年第 8 期。
②　参见洪兴文:《行政自由裁量权的伦理规治研究》,湖南人民出版社 2015 年版,第 2 页。
③　叶必丰:《行政法的人文精神》,北京大学出版社 2005 年版,第 1 页。

有部分省市如广州开展了警车违规问题专项治理行动。各地应开展警车违规问题专项治理,严禁警车违规超速、闯红灯、逆行等交通违法行为。

再如,查验酒驾是交通管理部门的日常执法工作,但也应注意具体的方式方法,现实中有不少实例尚待商榷。比如在大型商场等地下停车场出口查验酒驾。由于地下车库出口需经过一段上坡道,高峰时间段本就容易拥堵,但由于设计原因许多上坡道坡度较大,若集中在出口处查验,一是会加剧拥堵,二是由于各种原因,上坡道往往没有人员引导、提示,极易造成车辆溜车、滑坡或熄火等交通事故。为实现有效查处酒驾的目的,查验需要具备一定的随机性、突然性和强制力,但同时也应注意改善工作态度、规范执法语言。酒后驾驶毕竟是少数人的违法行为,执法人员不能预设所有驾驶员都是酒驾违法人员。目前实践中存在着许多执法流程不规范、查验随意性大和态度不佳等问题,有些行为既可能影响交通安全,也不利于营造良好的交通执法人员形象,甚至还可能造成不必要的矛盾冲突,不利于执法工作的正常开展。

为保证执法效率,执法人员在查验酒驾时适时采取灵活操作,这本情有可原。但城市管理人员应不断改善执法规范和提高管理水准,行政执法须秉持比例原则特别是应采取合情合理的方式。比如大型商场等地下停车场出口的酒驾查验,应注意在坡道处设置专门人员加以引导、监督,这样既能避免违法酒驾人员逃脱查验,又能保证合规合法的驾驶员对前方交通状况有预判,保证行驶安全。交通执法部门应进一步改善查验酒驾的方式方法,合理选取查验地点,特别是应以保证人员和车辆的交通安全为首要前提,适时适地对待查车辆进行引导、指示。避免影响交通安全的过度查验,在特别拥堵的路段或地点,应适当降低查验频率或分散查验地点,尽量保证车辆的通过率。执法人员应注意规范执法语言和查验流程,如可参照交通违法查处的执法规范和流程,酒驾查验时应适时简短表明执法身份,对检测仪器的卫生状况作出口头保证。执法人员还应提升执法态度和行为规范,采用文明用语,展现执法人员的良好风貌,如对耽误驾驶员和乘客的时间简短致歉、对合法驾驶员的情绪变化进行适当安抚等。

　　诸如此例中,应当肯定民间法规范在行政执法中作为社会规范的一种存在形式客观上起到了维系社会交往秩序的功能。但与此同时也应认识到,学界对于民间法的外延界定以及其在实践中的地位和作用仍存有分歧。特别是在行政执法领域中,民间习惯法作为柔性法规范,往往依赖于行政主体的内部自我约束和管控,其强制力与执行力缺乏有效保障。另外,由于社会转型期间很多社会领域的意识形态和思想道德观念尚未形成普遍共识,民间习惯法的产生和确立标准并不统一,这也导致其自身缺乏足够的稳定性,并且需要提高民众对其的信服与遵守程度。民间习惯法需要在新时代下实现自身的转型升级。

二、行政法原则的现实困境

(一) 行政法原则法律化的困境

　　已有学者提出行政法基本原则的实际效力存在很大的局限,理由是行政法的基本原则作为一种软约束,在缺乏法治传统的背景下不能作为直接依据,应通过行政判例逐步确认行政法基本原则,条件成熟后再作出明文规定。[①] 笔者认为,要实现行政法基本原则的法律化还至少面临两个难以逾越的障碍:一是在理论上对我国行政法基本原则的

---

　　① 参见薛刚凌:《行政法基本原则研究》,《行政法学研究》1999 年第 1 期。

内容本身的认识仍未统一,学界对行政法原则的不同界定和分类就反映了这一点。这就造成立法者在具体制定一些法律规范的时候还难以完全统一立法原则和标准。二是行政法基本原则的特性决定了其很难通过文本化、法律化等具体的形式来展现。正如本章开头所提到的,行政法基本原则虽然对实现实质法治具有重要意义,但作为法律原则来讲,其因具有抽象性的特点而难以通过外在的、具体化的形式来完全展现。

需要特别强调的是,不成文法渊源的价值实现不能完全依赖于将其法律化。对行政权的规制面临着许多现实问题,这些问题恐怕不是仅靠一个成文化就能解决的。因为成文法规范自身也面临着许多尚待解决的问题。

(二) 成文法规范与法律原则的限度

以地方出台的网约车管理规定为例。2016 年 12 月发布的《上海市网络预约出租汽车经营服务管理若干规定》(简称"上海网约车规定")规定:"网约车驾驶员应具有本市户籍。"据称这一规定以下述三部文件为依据:一、国务院办公厅《关于深化改革推进出租汽车行业健康发展的指导意见》明确网络车经营服务属于出租汽车经营服务的一种类型;二、交通运输部等七部委联合发布的《网络预约出租汽车经营服务管理暂行办法》(简称"交通部办法")规定"网约车应当在许可的经营区域内从事经营活动";三、《上海市出租汽车管理条例》(简称"上海出租车条例")规定只有本市户籍的人员方能从事出租汽车营运服务。

但若稍加考证就会发现上述理由并不完全成立。首先,"交通部办法"第 22 条虽然规定禁止网约车异地经营,但主要是禁止运营车辆超出许可的经营区域,而并未就驾驶员户籍作出规定。另外,同办法第14条规定网约车驾驶员须满足以下条件:"取得相应准驾车型机动车驾驶证并具有3年以上驾驶经历;无交通肇事犯罪、危险驾驶犯罪记录,无吸毒记录,无饮酒后驾驶记录,最近连续3个记分周期内没有记满12分记录;无暴力犯罪记录;城市人民政府规定的其他条件。"也就是说,上述一和二两部文件中都没有规定网约车驾驶员必须具有本地户籍。其次,将"驾驶员具有本市户籍"作为其从事网约车运营服务的准入条件,有违反法律规定之嫌。《行政许可法》第5条第1款规定:"设定和实施行政许可,应当遵循公开、公平、公正、非歧视的原则。"第15条第2款规定:"设定的行政许可,不得限制其他地区的个人或者企业到本地区从事生产经营和提供服务,不得限制其他地区的商品进入本地区市场。"户籍限制直接剥夺了外地人员赴本地就业的机会,违背了设定实施行政许可的"公平"和"非歧视"原则。最后,虽然"交通部办法"赋予了地方可增设具体规定的权限,"上海出租车条例"也规定外地户籍不得从事出租车营运,但是"上海网约车规定"属于地方规章,"交通部办法"属于部门规章,"上海出租车条例"属于地方性法规,三者都应遵守上位法即《行政许可法》的相关规定。

事实上,针对一些地方法规要求在本地当出租车司机需要本地户籍的规定,全国人大已要求其作出修改以保障平等就业权。全国人大常委会法工委在《关于2020年备案审查工作情况的报告》中指出,地方性法规将具有本地户籍规定为在本地从事出租汽车司机职业的准入条件,不符合党中央关于"引导劳动力要素合理畅通有序流动""营造公平就业环境,依法纠正身份、性别等就业歧视现象,保证城乡劳动者享有平等就业权利"的改革要求。《上海市交通白皮书》提出坚持综合交通发展战略和公交优先发展战略,网约车作为个性化交通应坚持适度发展原则,这就要求控制城市网约车总体数量。为避免大量人员涌入网约车行业,就要对网约车的准入和经营作更细致规定,但应就驾驶经验、水平、素质、服务等因素作综合考量,而非拘泥于户籍条件。

不仅在行政立法中欠缺对行政法基本原则的落实,从司法的角度来看,以成文法规范为主要依据的法院审查也受到一定限制。法院对行政执法的事后审查也是对行政权进行外部规制的重要形式。然而我国行政诉讼制度的原则和特性决定了司法审查难以成为规制行政的主要方式。首先,我国法院审理行政诉讼案件采用的是"合法性审查"而非"合理性审查"。司法有限性原则决定了法院不可能完全代替行政方介入到具体的裁量行为中,也无法对裁量行为是否合理进行详尽细致的审查。其次,采取成文法准据主义的法院审查中,只有在缺少法律依据时才有可能将法律原则作为审判依据。最后,我国法院审理行政案件所依据的法律规范是多层次的,如果法律规范本身存在问题,那么就很难依靠事后的司法审查实现对个体的权益救济。因此,依靠成文法规范或行政法原则都无法解决从形式主义法治到实质法治主义的跨越问题。

三、法律原则与民间习惯的融合

传统行政法理论以成文法为正式渊源,但由于法律规范不可能事无巨细,现实中裁量行为早已渗透进行政立法、行政执法以及行政决策制定和实施的全过程之中。权力和权利的主体都由个体的人组成,朴素的民间道德观念与社会规范等既受到法律规范的教化和影响,也会直接或间接地影响行政法规范的制定、实施及对行政活动的监督,如比例原则的演绎与适用。行政立法、行政执法、司法监督要积极吸收有益的民间社会规范,特别是要遵守基本社会常识与伦理道德观念。适度融入不仅不构成民间法对法律的僭越,反而更有利于实质行政法治主义的实现。

(一) 条理法规范的再释义

尽管我国学界也基本认同行政法渊源有正式渊源和非正式渊源之分,但对于非正式渊源仍缺少详尽系统的论述。① 相对而言,日本行政法的渊源除了制定法外还有习惯、判例、常理等不成文法源。"常理"的日文表述是"条理"(jyo-ri),指事物的道理、常识、常理,属于现实生活中的社会规范,我国有学者将其译作常理。它虽不属于正文法源,但既不同于"习惯",也不同于"道德"。日本把法院的审理基准称为"裁判规范",依照《广辞苑》的解释,裁判规范以成文法规范为主要形式并以一定的行为规范为前提和基础。虽然常理不具有一般性的形式标准,但在现实中又往往能够直接影响成文法的制定,甚至决定对法的理解和判断。因此,常理在没有可适用的法源时可作为法院的审理依据。

受日本法源理论影响,我国台湾地区行政法学界直接保留了"条理"的汉字表述。如张载宇在《行政法要论》中指出:"现代法律之法源,以制定法、习惯法与条理为主。""机械的制定法主义,又不足以适应需要,故宁由法律为概括的规定,使政府衡量时势,酌情处理。使条理在法源上之地位,日臻重要,有取代成文法之势。"②

但日本学界对条理规范效力地位的认识并不统一。如佐佐木认

---

① 如有学者指出:"很少有学者系统介绍行政法的非正式渊源,这应当说是国内行政法学研究中的一个缺陷。"(关保英:《论行政习惯法》,《甘肃政法学院学报》2000 年第 3 期。)

② 张载宇:《行政法要论》,转引自关保英:《论行政成文法主义的危机》,《法律科学》2007 年第 3 期。

为:"行政机关在一般情况下所受之法律限制,对自由裁量同样有效。……包括制定法、习惯法以及条理法。"①而田中二郎则认为,行政机关的裁量违反上述条理上的原则并不必然被评价违法,而只有在无视这些原则,显著违背行政目的,超出适当范围等情况下才可以作为违法行为而成为诉讼的对象。② 日本学者浅贺荣强调条理法规范的地位并不低于制定法规范,他认为:"条理法是暗含于制定法文本的默示的立法者意志,制定法的内容只有包括条理法才能完整。"③

那么,日本的条理法规范究竟应对应我国行政法学中的哪一个概念?

早期我国有学者将条理理解为事物的本来道理。它不同于习惯法(包括成文习惯和不成文习惯),更侧重于社会通念、公序良俗等,在缺乏成文法、习惯法时可以作为裁判依据的补充。④ 另外,条理规范也不同于价值观念,如有人提出政府应树立服务行政、公平行政等基本行政观念。⑤ 而相比于感性的价值观念或取向而言,条理规范更贴近理性的道理、原理或规范。

相较于我国台湾地区学者多直接保留原有日文的"条理"表述,我国大陆学界通行的见解认为"条理"即行政法上的一般法律原则。⑥ 比如有学者将日本法源中的"条理"理解为基本原理,主张行政法基本原则可归入条理法的范畴。⑦ 与此类似的观点认为,日本条理法规范一

---

① 佐々木惣一「行政機関の自由裁量」、法と経済 1 巻 1 号(1934 年)34 頁。
② 参见田中二郎『司法権の限界』(弘文堂、1976 年)145 頁。
③ 浅賀栄「実務上から見た行政訴訟の争点」、司法研究報告書(1952 年)101 頁。
④ 参见邱生:《日本行政法的国际源流与法源》,《日本研究》1986 年第 3 期。
⑤ 参见刘登佐:《论当代中国基本行政价值观念》,《求索》2005 年第 8 期。
⑥ 参见闫尔宝:《行政法诚实信用原则研究》,人民出版社 2008 年版,第 147 页。
⑦ 参见薛刚凌:《行政法基本原则研究》,《行政法学研究》1999 年第 1 期。

般指平等原则、比例原则及公益原则等法律原则。①

　　然而上述观点将条理等同于行政法的原则,既是对日本法渊源的一种误读,也是对行政法原理和行政法原则的混用。即便是在日本国内,对法的原则与条理规范二者也存在一定程度的混用。以诚信原则为例,渡边博之就提出"诚实信用原则"②的本质属性应是一种行为规范,发挥立法、释法功能的不应是行为规范,而应该是条理规范,如信赖关系原理、禁止权利滥用原理等,应明确区分原则与条理。③ 从行政法的视角来看,日本条理法规范的本义其实更侧重于行政法需要遵守的一般原理,而非我国当代法学中所称的行政法原则,更非民法上的行为规范。这种原理并不仅仅适用于行政法,而同时适用于公法与私法领域,是在法治国家中政府和民众皆应奉行的法的一般原理和值得恪守的社会准则。

　　在我国,也有不少学者将诚实信用原则作为行政法的一项基本原则,但学界对行政法基本原则的概括并未形成统一认识。主流学说也并未赋予一般法律原则以正式行政法法源的地位。而学界对诚信原则能否适用于行政法本身都一度存有争议。其中反对将诚信原则适用于行政法的依据主要是公私法之间的性质差异,具体表现在权力服从障碍、规范强制性障碍、亲密关系障碍三个方面。④

　　另外,从法律原则与法律原理的语义区别来看,原则更倾向于被确认为法律规范一部分内容的准则,而原理是对法律上的道理或事理所

---

　　① 参见王天华:《作为教义学概念的行政裁量——兼论行政裁量论的范式》,《政治与法律》2011 年第 10 期。
　　② 日文称"信義則"。
　　③ 参见渡辺博之「『信義則』論と『条理』論の正常化を目指して——賃借権の無断譲渡・転貸と『信頼関係法理』を素材として」,高千穂論叢 11 号(2015 年)1—27 頁。
　　④ 参见闫尔宝:《行政法诚实信用原则研究》,人民出版社 2008 年版,第 102—108 页。

作的阐述和概括,也可以理解为法律的公理、教义或信条。法律原理可以构成法的非正式渊源,往往只有被实在法接受为法律规范的法律原理才属于法律原则。另外,法律原则中包含的政策性原则未必全都属于或符合法律原理。行政法的原则可以通过实证主义的方式来追加、确认、阐述,因此具有可变动性。如改革开放后行政法学研究刚刚起步时受到行政学的影响,对行政法基本原则的认识就带有政策和法律不分的特点。① 之后学界虽对行政法基本原则的概括有了一定发展和进步,但直至近年仍未达成共识。

　　将行政法原则与行政法原理混同,会导致行政法基本原理也处于不安定状态,甚至极易被政策化和世俗化。虽然这种影响可能是正面的,但也无法排除法律原则中的政策性因素违背法律原理的可能。此外,道德和世俗观念等因素也可能会妨碍人们对法律原理的准确认识与判断。

　　行政法的基本原则是我国当代行政法学的基础和核心概念,相比而言,行政法原理这一表述则较少被使用。二者的区别可以概括为以下几点:一是稳定性不同。行政法原理,如依法行政原理、信赖关系原理等,是行政法学的基本教义,一般不应随着社会形势的发展而变化。而行政法原则则处在变动的状态中,我国近年对行政法基本原则的认识就反映了这一点。二是具体内涵不同。传统行政法学将依法行政作为行政法原理,我国行政法学也吸纳其作为行政法的基本原则,说明二者在内涵上可以存在一定重合。但二者的内涵却不能等同,如诚信原则可否作为行政法原则存有一定争议,虽然主流观点开始倾向于持肯定的态度,但可以明确的是其不能成为行政法的基本原理。三是外延

————————
①　参见闫尔宝:《行政法诚实信用原则研究》,人民出版社2008年版,第161页。

不同。行政法原则可以通过法律规范的确立、立法与释法、理论的归纳演绎等来实现外延的变更，而行政法基本原理的外延则相对固定。

我们要肯定行政法学者为实现实质法治而对社会正义作出的有益探索和对行政法原则的努力阐释，但也要正视行政法原则区别于行政法原理的上述特性。因此，作为日本不成文法渊源的条理应理解为法的一般原理，行政法中的常理法规范应更接近于行政法亦须遵守的基本原理而非原则。将行政法原则等同于行政法原理实际是对条理法规范原本含义的一种误读。而作为常理法规范的这一日本不成文法源，并不能直接对应我国语境下的"常理""原理"等惯用表达，这些表达也无法精准传达其蕴含的本意。为更加准确地进行概念诠释，避免在不同语境下对汉字词组含义的误读，似乎在比较法研究中应该保留日文汉字中原有的"条理"这一表述。

（二）日本行政法的原理、原则与条理

行政权是国家权力的主要表现形式。基于近代宪法中权力分立的理念，应对行政权进行监督与规制。这种规制在英美法中表现为"法的支配"（rule of law），在大陆法系国家如德国则表现为"法治国家"（Rechtsstaat）。在德国法的影响下，美浓部达吉首次援用法治国家的理念，创造了"法治主义"的表述并被使用至今。[①] 但也有观点认为，法的支配要求良法的支配，法治国家原理允许恶法的支配。法治主义中的"法"更强调的是其作为统治手段（rule by law），因此内容存在严重缺陷。如纳粹德国就是打着法治国家的旗号，通过形式上的合法化来掩盖其行政权的暴戾。日本于战后接受民主化改革之后，学界对"法治国家"论展开了严厉批判，"法的支配"论一时间占据了主导地位。

─────────

① 参见塩野宏『法治主義の諸相』（有斐閣、2001 年）114 頁以下。

　　但在宪法法院的违宪审查权逐渐得以充分发挥等背景下,西德作为实质法治国家的地位逐渐被承认,"法的支配"论和"法治国家"论二者的区别开始淡化,与违宪审查的比较研究和宪法诉讼等有关的宪法学研究成果也丰富起来。另外,法国的"法治国家"(État de droit)论也随着80年代违宪审查制的建立更为强调立宪主义的理念。

　　法治国家原理中最重要的内容就是依法行政,它包含了国民主权、法律优先原则和法律的法规创造力原则。日本的法治主义原理就脱胎于德国公法学,也可以说在日本现行宪法下行政法的基本原理就是"法治主义"原理。法治主义原理包含了法律的法规创造力、法律优先、法律保留三项原则。相比战前对"形式法治主义"的批判,战后日本在立宪主义和保障人权理念下发展出了"实质法治主义"。而在现行宪法下,日本强调法治主义的意义,一是保障人权,使行政权在法律的统制下行使,防止行政权的滥用并以此来保障国民权利;二是保障国民主权,行政权的行使应反映全体国民的意志并以其为依据,而法律就是国民意志的具体化。

　　行政法的基本原理在日本宪法和法律中并无明文规定,学者对其具体的理解和阐述也往往存在区别。如田中二郎在他所著的《行政法》中将其阐述为地方分权原理、民主主义原理、法治国家和福祉国家原理、司法国家原理。[1] 兼子仁认为这一概念应包含国民主权和基于人权的责任行政原理、保障国民生存权的积极行政原理、法治主义和依法行政原理、司法国家原理、依透明公正程序行政原理。[2] 盐野宏认为其应包含依法行政原理、行政规制系统的充实、审判救济和公正的行政程序原理,以及法的一般原则(包括诚实信用原则、比例原则、平等原

---

①　参见田中二郎『新版行政法(上卷)』(弘文堂、2014年)。
②　参见兼子仁『行政法学』(岩波書店、1997年)。

则、公正透明原则、说明责任原则）。① 大桥洋一将依法行政原则、法律
保留原则、与行政有关的法律原则（包括诚实审议原则、禁止权限滥用
原则、比例原则、平等原则等）作为行政法的一般原则，并补充了现代
型行政的一般原则，即市民参加原则、说明责任原则、透明性原则、补完
性原则（行政是对超出民间规范内容的补充）和效率性原则。② 芝池义
一将其表述为"行政活动的一般规制原理"，包括法治主义、信赖保护
和行政裁量的统制法理。③ 藤田宙靖在《行政法》中虽没有设置专门章
节阐述行政法的一般原理，但也详细阐述了依法行政原理的相关
内容。④

从中可以看到，上述日本学者在阐述中对原理和原则二者也存在
着一定程度的混用，如有学者表述为行政法的一般原理，有的就表述为
一般原则。其中原理与原则相互混用较多的是依法行政、诚信和信赖
保护等。也有学者并不特意区分原则与原理，甚至将二者直接混用。
比如有行政法教材认为行政法的基本原理包括依法行政原理、正当程
序原理、诚信和信赖保护原理以及其他法律原则（如权限滥用原则、比
例原则、平等原则、公正透明原则和说明责任原则）。⑤ 但对法治主义
作为行政法的基本原理并居于统帅地位这一认识，学界并无明显分歧，
同时学者对法治主义原理内涵的认识并无本质差别。作为行政法基本
原理的法治主义应至少包括以下几方面内容：一是适法行政，包括依法
行政，同时还要遵守信赖保护与平等原则等法的一般原则；二是法律保

---

① 参见塩野宏『行政法Ⅰ補訂版（第5版）』（有斐閣、2013年）。
② 参见大橋洋一『行政法Ⅰ』（有斐閣、2009年）。
③ 参见芝池義一『行政法総論講義（第4版）』（有斐閣、2006年）。
④ 参见藤田宙靖『行政法Ⅰ（総論）改訂版（第4版）』（青林書院、2005年）。
⑤ 参见稲葉馨・人見剛・村上裕章・前田雅子『リーガルクエスト行政法（第4版）』（有斐閣、2018年）。

留原则,特定的权力行为尤其是限制国民人身自由和财产的行为,必须要有法律依据;三是司法国家原理,通过赋予法院对行政活动的审判权来保障行政的适法性。上述内容也被称为法治主义的规范意义。

另外,在日本行政法学界被称为原理的对象除法治主义原理外,还有国民主权原理、司法国家原理、依法行政原理(或称原则)、诚信和信赖保护原理(或称原则)等。而一般被称为原则的是依法行政原则、法的一般原则(如比例原则、诚信原则、平等原则、公正透明原则等)。而这里的法的一般原则,其实就是指条理。条理并不需要有实定法上的依据,而是基于正义观念而被普遍认可的原则,比如平等原则、比例原则、禁反言原则、诚信原则、正当程序原则等,行政法也应遵守这些原则。条理与行政法基本原则的区别在于,前者作为法的一般原则并不仅仅适用于行政法,还同时适用于其他部门法。条理与判例、习惯作为不成文法源,在审判实务中发挥着重要作用。

我国学者多将日文中作为不成文法源的条理译为行政法上的一般法律原则,但实际上条理并不只适用于行政法,也适用于各个部门法。同时条理作为事物的本来道理被主流社会观念所接纳,进而成为民间共识和社会规范,比如比例原则、平等原则、诚信原则等。而我国行政法学一般将其涵盖在行政法的基本原则内,这一点与日本法学对条理法的界定存在着明显的不同。之所以要强调这种区别,是因为条理法规范不应被限定在行政法原则的单一框架内,而应该作为社会通识被整个民间社会广泛接受,并起到实际的规范作用。这里的民间社会,不仅包括普通民众,还应包括立法、执法和司法人员等所有行使公权力的个体。实质法治的实现既不能完全依赖来自公权力对普通民众的单方面教化,也不能只寄希望于民间社会的自发、自觉,而需要用反映人文精神且兼具文明理性的法治主义价值观念来引导社会从撕裂走向融合。实现这种融合的有效途径之一就是以条理法规范为契合点,促进行政法原则与民间习惯法规范的相互融合。

四、结论

正如前文中学者所强调的,民间习惯法的发展,应从子民、草民、乡民等传统封建乡土意义上的"传统民间法",逐步向市民意义上的"现代民间法"转型升级。而要实现这种转型,就势必得吸纳现代型的社会通念,填埋法律原则与民间规范之间的沟壑,使民众固有观念中"冰冷的"法律原则进化为切合民间交往需求且能发挥实际作用的社会规范准则。这种准则不同于以往传统的民间道德规范,而是以公平、正义、理性、文明、契约精神等为代表的,现代市民社会所应承载的符合现代法治精神的一般性原则。

以条理法规范为契合点促进法的原则与社会通识的相互融合,必须明确条理与习惯、道德、法律原则等概念的区别。第一,就条理和习惯而言,民间习惯往往是民间社会交往中自发形成的社会规范,具有天然性和自发性的特点。而条理所产生的环境则脱离了民间规范的原始生态,摆脱了传统民间法中的封建性和乡土特质。第二,就条理和道德而言,首先道德不同于道德规范,反映了个体或群体的思想观念,具有极强的主观性和价值取向。而道德规范往往难以摆脱传统民间规范的乡土特质,不足以反映现代市民社会的价值需求。第三,就条理和法律原则而言,虽然条理就是一般性的法律原则,但我国行政法的基本原则更突出强调其适用于行政法领域的特质,这就使得其作用于传统规制行政以外的事项时实质作用有限。

我国行政学主流观点虽然也认同比例原则、平等原则、诚信原则等作为行政法基本原则的具体内容,但是行政法原则的法律化却遭遇了严重的瓶颈。日本的条理法规范作为不成文法源,不需要成文法依据。而如前文所言,在除立法以外的执法和司法实践中,我国行政法原则的实施与落实仍有明显欠缺。具体表现在,民间主体对行政法原则的认同度与执行力均有待提升。这里的民间主体既包括普通民众,也包括作为执掌立法、执法、司法职能的个体的公务人员。因此,行政法原则不能止步于学理概念,而应在民间法规范中得到弘扬与践行。法的原则需要通过渗入民间法规范来成为社会通识,而民间习惯也要摒弃封建落后的乡土因素,吸纳法的原则中所蕴含的法治主义理念。以日本条理法规范为借鉴,将行政法原则与民间习惯法相互借鉴和融合,不仅有助于行政法原则的贯彻落实,也有利于民间法规范的转型升级。

退一步说,不论是成文法还是不成文法,不论是法律原则还是民间习惯,法治主义的落实最终还是要通过个体的人来实现。虽然人人都享有并且践行正义可能只是一种不切实际的空想,但是通过推动法的原则和民间习惯之间的相互融合,现代型的理性的法律思维和法治观念将逐渐渗透进社会通念之中,这必定有利于社会公平正义和实质法治主义的实现。

行政立法的审查基准性与对象性之辨

将其他规范性文件和内部规范隔离在行政立法外的"特定说"过分强调行政立法的审查基准性而忽视其审查对象性,且自身逻辑难以自洽导致概念混用,还会间接削弱司法对行政作用的规制效果。日本对于行政立法的司法审查仍适用传统行政行为理论,即以存在法律上的争诉和利益为要件,以对权利义务关系造成实质影响为标准,通过多种诉讼类型和处分性的扩大解释、诠释立法目的等手法,以直接或间接的审查方式达成对行政立法的实质审查。我国应当采用"非特定说",即以实质法规范性质为标准来界定行政立法外延,并将其纳入司法审查范围。同时要明确行政立法与法律的界限,只有合法的行政立法才可以作为审理基准,逐步推动多元准据主义向一元准据主义转变。

一、问题之缘起

行政立法究竟是人民法院的审判依据还是审查对象?要探究行政立法的可司法审查性,必须准确界定行政立法的具体内涵。我国行政法学说采用"特定说",即行政立法仅限于"行政法规"和"规章",不包括"其他规范性文件",前述三者的制定行为则统称为抽象行政行为。主流观点认为行政立法应是审判依据,理由在于:我国行诉法及其司法解释规定,行政法规、规章及行政机关制定、发布的具有普遍约束力的决定、命令都不属于行政诉讼受案范围。一方面行政立法作为司法审查基准的实定法条款并未改变,法院审理行政案件仍要以行政法规为"依据"、以规章为"参照"。由于不具备诉讼法上的可诉性,行政立法的可司法审查性自然也存在争议。但是另一方面,我国法律明确赋予了法院对规范性文件的附带审查权。司法实践中还存在着法院对行政法规、规章的隐形审查,即选择适用的情况。所以在我国语境下行政立法具有"双重性"——同时作为司法审查基准(基准性)与司法审查对象(对象性)。

在此之下如何界分行政立法的概念外延以及法院应如何适用或审查行政立法的问题就变得越发复杂,实务界与理论界均未有定论。有学者认为审判依据应当仅限于法律层面,行政法规、规章等都不能成为审判依据。[1] 也有学者提出以不同行政规则的法律效力来区分司法审查强度。[2] 而本章提出对于行政立法的外延界分应采用"非特定说"的观点,主张应承认行政法规、规章、其他规范性文件以及部分内部规范在实质法规范上的共通点而将其一并纳入"行政立法"的概念范畴,排除各类行政法规范在司法适用上的差别对待,同时要明确法律与行政立法在审判适用方式上的不同,在"一元准据主义"原则下统一以法律为法院审判依据,并将行政立法同时归入司法审查射程。

(一)特定说之存疑

"行政立法"本身其实更倾向于是一种学理上的概念而非实定法的表述。我国对行政立法的内涵存在多种理解,具代表性的有广义说

---

① 参见刘松山:《人民法院的审判依据》,《政法论坛》2006年第4期。
② 参见俞祺:《行政规则的司法审查强度——基于法律效力的区分》,法律出版社2018年版。

和狭义说两种观点,广义说又分为实质广义说和形式广义说。狭义说和广义说的主要区别在于是否要以国家名义制定和发布。狭义说认为只有全国性的行政法规范才属于行政立法,如国务院制定的行政法规,国务院各部门制定的行政规章等,而地方性的法规和规章等都不在其列。实质广义说认为,行政立法泛指国家机关关于行政管理方面的立法,并不特别区分制定主体是立法机关还是行政机关,其外延最广。形式广义说是相对于实质广义说而言的,认为行政立法只能是由行政机关制定和发布的规范性文件。[1] 我国行政法学采用形式广义说,即认为只有行政机关制定的行政法规范才属于行政立法。[2]

形式广义说又分为两种观点,即特定说和非特定说。特定说认为,行政立法特指国家行政机关制定的行政法规和行政规章。[3] 此为我国学界通说,形成于 20 世纪 80 年代中后期。按照特定说,作为行政法规和规章以外的、行政机关制定的具有普遍约束力的决定、命令和措施等"其他规范性文件"(或称"行政规范性文件"),与行政立法同属于抽象行政行为,但两者既有共同点,又在制定主体和程序等方面存在本质区别。[4] 而非特定说则认为,行政立法是指国家行政机关依法定权限与程序制定和颁布的具有法律效力的规范性文件。两种观点的主要分歧在于,是否应将行政法规、规章外的其他规范性文件以及部分内部规范

---

[1] 参见袁明圣:《行政立法权扩张的现实之批判》,《法商研究》2006 年第 2 期。

[2] 参见姜明安主编:《行政法与行政诉讼法》(第六版),北京大学出版社、高等教育出版社 2016 年版,第 160 页。

[3] 我国行政法教科书和专著多采用这一观点,如,孟鸿志主编:《行政法学》(第二版),北京大学出版社 2007 年版,第 164 页;姜明安主编:《行政法与行政诉讼法》(第六版),北京大学出版社、高等教育出版社 2016 年版,第 160 页;应松年等编:《行政法与行政诉讼法学》(第二版),高等教育出版社 2019 年版,第 118 页;毕雁英:《宪政权力架构中的行政立法程序》,法律出版社 2010 年版等。但是这些文献又往往有意或无意地将涉及其他规范性文件的内容一并归入到行政立法的章节内。

[4] 参见湛中乐:《论行政法规、行政规章以外的其他规范性文件》,《中国法学》1992 年第 2 期。

纳入行政立法的范围。

本章主张采用"非特定说",即应以具有实质行政法规范性质为标准,将行政法规、规章、其他规范性文件,以及部分具有外部规范效力的内部规范一并纳入行政立法的概念范畴。支持"特定说"的理由有多种,但其逻辑均难以自洽。

(1)以其他规范性文件的"对象性"为理由,将其从行政立法的概念中排除的观点并不客观。由于法院附带审查的对象仅限于规章以下的其他规范性文件,有学者据此认为行政立法不应具有可司法审查性,然而在实践中法院对行政法规、规章都具有一定的选择判断权。① 如果法院认为涉案规章合法,就可以将其作为办案的法律依据,但如果认为涉案规章不合法则不能适用,但是不能撤销或宣布其无效。② 当位阶更高的行政法规和法律相抵触时,法院甚至会以沉默的形式拒绝适用。③

另外关于对规范性文件的附带审查,在 2014 年行诉法修正以前,法院通过司法建议督促行政机关对不合法或者不合理的规范性文件予以修改或撤销的做法在司法实践中便已存在。④ 也就是说,不论是按照"特定说"还是"非特定说"的观点,司法实践中对于行政立法的审查都是客观存在的,只不过这种审查手段既不同于美国式的对立法行为和行政行为进行全面司法审查的方式,也不同于其他多数国家对议会

① 可参见法行复字(1993)第 5 号《最高人民法院关于人民法院审理行政案件对缺乏法律和法规依据的规章的规定应如何参照问题的答复》(1994 年 1 月 13 日);法(2004)96 号《最高人民法院关于审理行政案件适用法律规范问题的座谈会纪要》(2004 年 5 月 18 日)。

② 参见湛中乐:《论对行政立法的监督与控制》,《国家行政学院学报》2004 年第 3 期。

③ 参见沈岿:《序》,载俞祺:《行政规则的司法审查强度——基于法律效力的区分》,法律出版社 2018 年版,第 2 页。

④ 参见卢超:《规范性文件附带审查的司法困境及其枢纽功能》,《比较法研究》2020 年第 3 期。

立法以外的所有行政行为进行司法审查的方式;而是在具体的行政争讼案件以外,以一种不具备强制拘束力的形式实现和行政权的非直接对抗,如通过选择性适用、司法建议等有别于合法性评判的手段来促成司法与行政的沟通和协同。

(2) 以"基准性"作为行政立法的判断标准也存在问题。"特定说"把行政法规、规章划入法源而把其他规范性文件排斥在外,对此学界早有疑议。如有学者强调现有的三种证明法源通说正当性的方案都难以成立,这三种方案及其不成立的理由分别是:第一种强调宪法和组织法规定的特定行政机关才能制定行政法规和规章,但实际法律文本并未明确界分法源和非法源;第二种强调立法法将行政法规、规章归入法的渊源体系,其他规范性文件不在此列,但通说早在 2000 年立法法出台之前就已形成;第三种以行诉法中法院审理行政案件"依据法律、法规,参照规章"的规定为依据证明通说的合理性,但行诉法立法者的本意却不得而知。①

(3) "特定说"的理由还在于,其他规范性文件与行政法规、规章在制定主体、法律效力、规定内容、制定程序、法律后果等方面都存在显著区别,其位阶较低而缺乏权威性。与之类似的还有"法源说",即将法律渊源定于规章以上较高的位阶。实际上,从效力角度讲,依照我国《宪法》第 90 条和《立法法》第 80 条,国务院发布的决定、命令的效力就高于规章。国务院办公厅发布的指导意见等规范性文件,其权威性也很可能高于地方性法规和地方政府制定的规章。上述理由关注其他规范性文件不作为审理依据的特性,刻意强调了其与行政法规、规章的差异,却有意回避了行政法规与规章之间的差异,如法院以法律和法规为审理

---

① 参见沈岿:《解析行政规则对司法的约束力——以行政诉讼为论域》,《中外法学》2006 年第 2 期。

依据,而仅是参照规章,可见规章的法律效力明显弱于行政法规。

由于规范性文件依法制定,实践中起到了法的作用,甚至发挥了比法更大的作用,因此早有学者提出应将其归入到法的渊源中去。① 行政法规、规章虽然位阶较高,但实践证明,其违背法律的情况也确实存在。而在我国特定语境下,法的渊源与法院的审判依据,以及法院的适用和援引等几个概念并不能完全等同,这也导致对于"什么是法院审理依据"这一问题的答案长期未有定论。一旦出现不同层级的规范间相互抵触的情况,法院就容易无所适从,或者为避免宣示性判断而采用技术性手段进行规避。有学者提出应以法律效力和权威性为依据划分对行政规则的司法审查强度。② 这对于法院改进具体操作、适用法规范的司法实践有一定进步意义,但在我国多层级多主体的立法体制下,法院要准确划分权威性刻度并准确区分审查强度标准并不现实。而形式的权威性也并不意味着天然不违背法律,且实质内容的权威性仍需要通过翔实的审查过程来甄别,而对比甄别各个层级和主体的法规范并不容易。

实践中许多地方政府会同时根据法律、法规和地方性法规乃至部分上级的规范性文件制定规章,而这些"上层文件"中只要有一个违背法律,就可能会导致地方政府规章的相关规定也违背法律。在上述各层级的文件间出现抵触时,法院就将面临审判案件时应以哪份文件为依据的问题。只有确立"一元准据主义"即法院仅以法律为审判依据,才能从根本上避免这种混乱局面。总之,因为其他规范性文件与行政法规、规章存在上述区别才只把后二者归为行政立法的做法,在逻辑上

---

① 参见刘松山:《人民法院的审判依据》,《政法论坛》2006 年第 4 期。
② 参见俞祺:《行政规则的司法审查强度——基于法律效力的区分》,法律出版社 2018 年版。

和实践操作上都存在不妥之处。这一做法人为地将其他规范性文件与行政法规、规章割裂开，又模糊了行政法规和规章间的区别。

（4）还有一种理由是"权利义务说"，即其他规范性文件不得创设新的权利义务。对此已有学者指出，由于在实践中存在着规范性文件"通过解释赋予权利义务实质内容""通过限缩裁量变更权利义务的内容"等情形，因此"权利义务标准根本不可能将行政立法与规范性文件区分开来"。该学者还提出了"程序标准说"，即区分行政立法与行政规范性文件应当坚持程序标准，"只要没有经过行政立法程序的规则就是行政规范性文件"，理由在于"只有通过立法程序发布的政策才有可能获得法院较高程度的尊重"。[①] 程序标准说的目的在于，促进重大行政决策尽可能通过正式的、规范化的行政立法的形式进行，避免行政机关依"文件"行政。但实践中还存在一种情况，即经过行政立法程序制定的法规范仍然可能存在违反上位法的情形。即便通过法定程序将规范性文件上升为行政立法（如地方规章），如果该法规范本身的内容违法，那么程序上的转变和法规范位阶的提升也并不能改变其内容违法的本质。所以无论是"权利义务说"还是"程序标准说"，都只能解决行政立法概念范畴的形式区分问题，而不能解决行政立法违反上位法和行政立法间出现抵触时的审查问题。

（二）概念表述之再考

"特定说"还在一定程度上导致了基本概念的混用。即便采用"特定说"的行政法学教材也专门强调了将行政规范性文件与行政立法并入一章的合理性："行政规范性文件更接近行政立法，而且，行政规范

---

① 王留一：《论行政立法与行政规范性文件的区分标准》，《政治与法律》2018 年第 6 期。

性文件与行政立法不存在实质性分界。"①如果将行政法规和规章称为
"行政立法",又将其他规范性文件并称为"广义上的行政立法",那么
到底什么是行政立法?这种界定方式本身就很模糊,也导致没有一个
明确概念可以同时涵盖行政法规、规章和其他规范性文件三者。学界
对于这一问题讨论众多但并无定论,因此有必要重新审视。

其他规范性文件究竟是应和行政法规、规章一同被划为"广义上
的行政立法",还是应作为独立类型而被严格排除在行政立法概念之
外?我国通说即"特定说"采用了后一种做法。但是这就产生了一个
概念的真空,即指涉行政法规、规章与其他规范性文件的集合这一概
念。明确这一行政法学基础概念,有利于针对性地规范和调整行政机
关制定实质性法律规范的活动。学界对这一集合概念提出了多种表
述,以下作具体分析。

(1)抽象行政行为。作为具体行政行为的对称概念,抽象行政行
为是我国行政法学特有的概念。尽管 2014 年修正的行诉法以行政行
为概念取代了过去的具体行政行为概念,但最高法院仍然延续了仅受
理相对人对具体行政行为的起诉的做法。②抽象行政行为无法成为法
院的直接审查对象,这也是我国区分具体和抽象行政行为的重要原因。
但是抽象行政行为的表述更侧重于对制定行为或过程的动态表述,而
非这一行为带来的静态结果。对抽象行政行为的全面审查和规制往往
意味着对制定全过程的动态规制,而非单纯对制定结果,即行政法规、
规章和规范性文件的静态规制。我国行诉法司法解释规定,行政机关

---

① 应松年等编:《行政法与行政诉讼法学》(第二版),高等教育出版社 2019 年版,第
118 页。

② 参见"金实、张玉生诉海淀区政府履行法定职责案"判决——(2016)最高法行申
2856 号行政裁定书中,最高法院强调,具体行政行为的概念并未因为行政诉讼法的修改而
寿终正寝,直接对抽象行政行为起诉不属于行政诉讼受案范围。

为作出行政行为而实施的准备、论证、研究、层报、咨询等过程性行为不属于法院的受案范围。实际上法院对抽象行政行为的审查也多侧重于该行为产生的静态结果，而非过程性行为。

另外，过分坚持具体行政行为和抽象行政行为的二元划分，容易造成对其他无法归入两种分类的行政活动规制对象的遗漏，例如行政指导、行政协议等。而对于行政机关的内部规范是否属于抽象行政行为也有争议。另外，是以行政行为的对象是否确定来区分，是以相应行为是一次适用还是多次反复使用来区分，还是以能否直接进入执行过程来区分，这都有待进一步明确。

（2）行政规则。在我国，行政规则一般也被认为是抽象行政行为的活动结果。有学者采用这一表述。[①] 但域外如德国、日本的传统行政法学中，"行政规则"概念特指行政机关制定的不具对外法律效力的内部规范性文件。因此坚持使用这一表述容易导致比较法中概念的混淆。

（3）行政规定。有人借用 1999 年《行政复议法》第 7 条的"规定"一词，采用"行政规定"的表述。但该条中的"规定"显然并不包括行政法规和规章，因此以"行政规定"来对应行政法规、规章和规范性文件也欠缺合理性。且由于"规定"一词表述过于宽泛，受到许多学者反对。如有学者认为这种做法"将行政规范性文件中不属于法律规范的部分起了统一的名称"，但是"并不能回避从规范性的角度看行政规定时常难以将其与法律规范的作用相区别的困惑"。[②] 还有学者提出"规定一词既可以指代作为规范集合的规则，也可以指代单一的规范"，作

[①] 如，俞祺：《行政规则的司法审查强度——基于法律效力的区分》，法律出版社 2018 年版。

[②] 朱芒：《论行政规定的性质——从行政规范体系角度的定位》，《中国法学》2003 年第 1 期。

为通用术语容易引人误解。①

（4）行政规范。关于"行政规范"的内涵尚有不同观点。有观点认为法律规范是以法的形式反映和规范国家政治经济等的各项制度，包括宪法、法律、行政法规、地方性法规和自治条例、单行条例。② 依照这一观点，行政规范作为法律规范的一种，是与行政组织、行政活动和行政法律关系等有关的法律规范，那么其制定主体也就不只限于行政机关了。显然这种意义上的"行政规范"并不能作为行政法规、规章和规范性文件的统称，因为其还包括宪法、法律、地方性法规等其他法律规范。

如果以是否具有对外规范性为标准，那么除去内部规范之外的所有行政规范性文件都应该属于行政规范。但事实上，许多内部规范也可以对外产生作为法规范的约束力，属于实质的法律规范范畴。以"具有对外规范性"来定义行政规范，可能会限缩其应有的概念外延。

还有学者主张，行政规定中存在的具有法律规范性质的部分，应该属于行政规范。③ 如果严格以法律规范性为判断标准，那么行政法规和规章外的其他规范性文件显然不应属于行政规范。因为其他规范性文件在我国传统行政法学理论中并不属于行政法的正式渊源，而且在实定法上也不被作为法院审理案件的依据，至少不必然作为审理依据。以"具有法律规范性质"来定义行政规范，并不符合我国实际情况。

这里就涉及一个问题，即法律规范性的标准到底是什么？ 如果是以普遍性、抽象性和针对不特定对象为标准，就会引申出一个新的概

---

① 俞祺：《行政规则的司法审查强度——基于法律效力的区分》，法律出版社 2018 年版，第 7 页。

② 参见杨景宇：《我国的立法体制、法律体系和立法原则》（2003 年 4 月 25 日），http://www.npc.gov.cn/zgrdw/npc/xinwen/2003-04/25/content_316546.htm。

③ 参见朱芒：《论行政规定的性质——从行政规范体系角度的定位》，《中国法学》2003 年第 1 期。

念,即实质的法律规范。由于其他规范性文件具备一定的法律规范性质,虽然不是正式的行政法渊源,但应当属于实质的法律规范范畴。确立实质的法律规范这一概念,对于促进法秩序的统一、规范和调整行政活动、实现监督行政和保护国民权益都具有十分重要的意义。本章主张行政立法中的"法"应为行政机关制定的实质性的法规范——不论是内部规范还是外部规范,不论是否是正式的行政法渊源,只要能对行政机关外部实际产生作为法规范的效力,就都应属于行政立法的范畴。这又回到本章的观点,即应采用"非特定说":行政立法的外延应包含行政法规、规章、其他规范性文件和部分内部规范。

(三) 比较法上的考量

特定说最早的实定法依据应是 1989 年制定的《行政诉讼法》。当时的立法者主要解决的问题是确立法院在行政案件中的审判依据。有学者指出,在立法者讨论什么是行政审判的依据时,目的在于确定什么是对法院具有约束力的审判基准,而非解决组织法上的行政立法权限的配置问题。[①] 由于法律条文并不完备,社会生活的许多方面也都依赖行政立法来规定,国家又采取了对许多事项先制定行政法规、规章或地方性法规,然后再制定法律的立法政策;且受制于当时社会观念、法院承受力等客观环境的局限,立法者对受案范围最终采取了审慎保守的规定,因此有观点认为行政立法不受司法审查而其他规范性文件受到附带审查,并将此作为特定说的依据之一。但这种观点却忽视了当初在实际立法过程中对于规章的司法审查"基准性"的权宜性考量,因

---

① 朱芒:《论行政规定的性质——从行政规范体系角度的定位》,《中国法学》2003 年第 1 期。

为这种基准性绝非一成不变和不可挑战的真理。①

　　将行政法规和规章外的其他规范性文件排除于行政立法概念范围的"特定说"会导致相关概念使用的混乱，这既不利于我国行政法学理论的体系化，还会间接削弱宪法、法律和司法对抽象行政行为的实际规制效果。主流观点认为我国行政法规不具有可司法审查性。这里就引申出"特定说"背后的多元准据主义倾向。多元准据主义是相对于一元准据主义或法律准据主义而言的概念，指司法审查除法律外还同时以行政立法为依据的原则。我国行诉法采用的就是多元准据主义原则，也是前述行政立法"基准性"的具体体现。而一元准据主义一般是以宪法和法律为依据，域外如日本就采用这一原则。

　　"特定说"的一种内在逻辑是，行政法规和规章之所以被称为行政立法，是因为其在制定主体和效力上有一种天然的权威性，因此具有"法"的特性。正是这种特性带来了行政立法的司法审查"依据性"。这在《立法法》的制定过程中曾有过争论。② 但是行政立法不是法，至少不是狭义的法，不然就不需要在"立法"前面专门冠以"行政"二字。因为"行政"二字已经足以表示行政立法的根本特质，是以行政机关为主体制定的、截然不同于议会立法的一种法规范，而这种法规范的位阶始终低于宪法和法律。不论是行政机关的授权立法还是自主立法，都应当遵守法律优位原则。有学者强调："在行政法上，应当确立法律优位的概念，确定法律与行政的位阶序列关系，增强对法律权威的认同和维护。"③我国《立法法》第65条也明确规定国务院应根据宪法和法律

---

① 参见王汉斌：《关于〈中华人民共和国行政诉讼法（草案）的说明〉》，《最高人民法院公报》1989年第5期。
② 参见刘松山：《一部关于立法制度的重要法律（中）——〈立法法〉制定过程中争论的主要问题及其解决方式》，《中国司法》2000年第6期。
③ 王贵松：《论行政法上的法律优位》，《法学评论》2019年第1期。

制定行政法规。

而将其他规范性文件一并纳入行政立法的概念范畴，既可以改变过去在用语表述上的杂乱，还可以避免行政立法"基准性"和"对象性"并存导致的法院对其处理方式的随意或无所适从。随着我国法治进程的不断发展，实定法的规定也将逐渐扩大受案范围。

采用"非特定说"有利于为将行政立法纳入司法审查范围腾出理论空间，策略性地使司法逐步脱离规制行政立法的弱势地位。应从实践角度出发，以积极推进纳入司法审查为考量，扩大现有的行政立法概念范围，即行政立法应由行政机关制定和颁布，具有对外约束力的实质法律规范性质。采用"非特定说"除了可以整合行政法学界长期以来混乱的概念表述外，还有利于促进我国司法审查由多元准据主义向法律准据主义的转变。

我国"行政立法"的文字表述源于日本，而日本学界对行政立法概念的认识也并不统一。一般认为，战后由田中二郎最先开始使用行政立法这一表述。① 田中将"行政权以法条的形式作出的一般性的、抽象的、假定性的规定"定义为"行政立法"或"依行政权的立法"，但同时他也强调学界表述并不统一。② 平冈久在《行政立法与行政基准》中主张，行政立法是"行政主体和行政机关制定的、规制行政组织和行政活动的成文规范"，其"具有对行政主体和行政机关的约束力，可作为审判依据"。③ 按照平冈的观点，只有法规命令才能被称为行政立法，而行政规则只能属于"行政基准"。

日本通说认为行政立法即法规命令和行政规则。法规命令是指能

———————————

①　参见田中二郎『行政法大意』（勁草書房、1950 年）。
②　参见田中二郎『新版行政法　上卷全訂（第二版）』（弘文堂、1974 年）158—159 頁。
③　平岡久『行政立法と行政基準』（有斐閣、1995 年）6 頁。

变动私人的权利义务的行政立法。行政规则一般指行政机关制定的不具对外法律效力的内部规范。如果按照宪法对"立法"的严格限定,"行政立法"的表述似乎有不当之处。① 因此也有学者将行政立法表述为"行政机关制定的规范"。② 但如果把行政立法理解为行政权将法律具体化并制定行政活动基准的行为(或者该基准本身),那么法规命令和行政规则都应被包括在内。日本现行的行政法学教科书一般将行政规则也纳入行政立法的范围。③ 也就是说,尽管行政规则在理论上一般并不具有外部效力,但由于其仍为行政活动基准,具有实质法规范的性质,因此应当属于行政立法。法规命令和行政规则的区别主要在于是否以规范国民权利义务为内容。④ 但随着行政活动的多样化和复杂化,现实中有部分行政规则也会产生影响国民权利义务等的外部效果。

由于法规命令对国民与行政主体之间的关系作出规定,因此可作为法院审判的依据;而行政规则主要是约束行政机关间的关系,并不对前述关系作出规制。日本法院有权审查法规命令,判断其是否超出法律的委任范围。只有未超出法律委任范围的法规命令才能为法院审判所适用。行政立法根据主体层级和内容不同,可分为四类,即国家法规命令、国家行政规则、地方公共团体法规命令和地方公共团体行政规则。从比较法角度看,日本的法规命令应对应我国的行政法规、规章和其他规范性文件,而其行政规则应对应我国行政机关的内部规范。相

---

① 日本宪法第 41 条规定国会是国家唯一的立法机关。

② 岩本浩史「地方公共団体の長の規則」、島根県立大学総合政策学会『総合政策論叢』第 7 号(2004 年 3 月)170 頁。

③ 具体如:塩野宏『行政法Ⅰ行政法総論(第四版)』(有斐閣、2005 年)84 頁以下;藤田宙靖:《门》,载《日本行政法入门》,杨桐译,中国法制出版社 2012 年版,第 99 页;桜井敬子・橋本博之『現代行政法』(有斐閣、2004 年)68 頁以下。

④ 也有学者依照对规则的实质分类将其分为作为法规的规则以及作为行政规则的规则。前者还可分为委任性规则和执行性规则。参见岩本浩史「地方公共団体の長の規則」、島根県立大学総合政策学会『総合政策論叢』第 7 号(2004 年)171 頁。

比而言,"特定说"(行政立法＝行政法规＋规章)作为我国通说的界分方式明显有意限缩了行政立法的外延。从对行政立法的司法审查来看,日本法院遵循一元准据主义,即以法律为审判依据,对制定主体级别、行政立法的位阶效力并不作明确界分。我国采用"特定说"和"多元准据主义"的做法一是为了规避对内部规范的司法规制,二是因为我国现行立法层次极为复杂,实践中面临着法院到底应以何者为审判依据和具体适用的问题,在各层级主体发布的法律、法规、规章、规范性文件、内部规范等中进行甄别无疑会增加司法成本,不利于发挥司法对个体权益的救济机能。

二、应强化对象性并弱化基准性

(一)行政立法的对象性

这里仅以一则具体实例来展现现行行政立法层次之繁杂,以及在现有监督审查制度下实现个体权益救济之障碍。前文提及,"上海市网约车规定"设置了"驾驶员必须是本市户籍"的条款,理由是该市《出租汽车管理条例》规定只有本市户籍的人员方能从事出租汽车营运服务。国务院办公厅印发的《关于深化改革推进出租汽车行业健康发展的指导意见》和交通运输部等七部委联合发布的《网络预约出租汽车经营服务管理暂行办法》中也明确网络车经营服务属于出租汽车经营服务的一种类型并禁止网约车异地经营。实际上,将"本市户籍"等作为申请从事网约车运营服务驾驶员的准入条件,直接违背了《行政许可法》所确立的非歧视原则和第15条第2款的规定。

"上海市网约车规定"属于地方政府规章,其所依据的《出租汽车管理条例》属于地方性法规。国务院办公厅"指导意见"的性质应是其他规范性文件,国务院七部委联合发布的"暂行办法"是部门规章。按照现行行诉法规定,上述规范都不具有可诉性。尽管公民认为地方性法规和法律相抵触时可以向全国人大常委会书面提出审查建议,但因户籍原因不被授予营运资格或受到行政处罚的相对人应通过何种途径实现实质性的权利救济? 特别是在社会关系日趋复杂多样,行政活动和立法内容愈发专业化和技术化的背景下,司法审查受到种种客观条件限制。先不论相对人提起的行政诉讼能否被受理,即便能够被受理,也很可能因行政立法的"基准性"而非"对象性"导致败诉。试想如果我国采用的是一元准据主义而非多元准据主义,或者如果能够就对当事人权利义务产生影响为由而肯定行政立法的可司法审查性,这一问题自然就会迎刃而解。而现实是,公民个人除了向国家权力机关提交书面建议以外(且不论这种途径的有效性和实现时效)缺少其他合法有效的救济途径。

　　域外如日本对行政立法能否被司法审查也有争议。一般认为行政立法作为行政作用的一种类型,指行政机关在立法机关委任的裁量范围内制定的用以调整国民权利利益的法规范,具有普遍性和抽象性的特点。因为影响国民的权利利益必须具有法律上的依据,所以行政立法和其他行政作用一样,都必须依照法律制定。行政立法的合法性既包括其制定程序合法,也包括内容合法。所以日本行政立法也同样具有司法审查的"基准性"和"对象性"的双重性格,法院审理案件采用的是一元准据主义原则,即法院会对法规命令是否超出法律委任范围进行司法审查,只有在未超出法律委任范围的情况下,法院才可以将法规命令作为案件的审查标准(或审理规范)。规制国民权利义务关系的法规命令以及一些具有外部效果的行政规则作为行政立法均能直接成为法院的审查对象,具体可参见表1。

表1 中日行政立法类型及可司法审查性对比

	类别	行政法规	行政规章	其他规范性文件	内部规范
中国	具体形式	条例、办法、规定、实施细则等	办法、规定等	通知、规定、办法、规则、细则、公告、通报、意见、函、批复等	意见、答复、回复、通知、通告、参照、规范、规定、细则等
	制定主体	国务院	国务院各部委、省级政府、设区市政府	央地各级政府及其部门	央地各级政府及其部门
	是否法院审理依据	是	是(参照,实际可选择适用)	是(实际可选择适用)	否
	能否司法审查	否(实际可拒绝适用)	否(实际可隐形审查)	能(有限的附带性审查)	否
日本	类别	国家法规命令	国家行政规则	地方公共团体法规命令	地方公共团体行政规则
	具体形式	政令、内阁府令、省令、外局规则、会计检查院规则、人事院规则	规则、内规、要纲、通达、训令、指针、基准、要领、告示	地方公共团体长官制定的规则、委员会制定的规则及其他规定	规则、内规、要纲、通达、训令、指针、基准、要领、告示
	制定主体	内阁、各省、委员会及各厅长官等	内阁、各省、委员会及各厅长官等	地方公共团体长官、委员会	地方公共团体长官、委员会
	是否法院审理依据	是(以适法为前提)			
	能否司法审查	能(行政规则以具有外部效果为前提)			

日本的行政法规、条例等的制定和修改因为属于对公众的普遍性规制行为,所产生的是一般性和抽象性的法律效果,所以原则上不具有"处分性"即可诉性。如有判例表明,行政机关制定自来水收费标准的行为,主要是为了统一所管辖区域内的公共收费标准,而非仅适用于限定在一定范围内的特定对象,因此不具有处分性。^① 但也有肯定行政法规处分性的判例值得关注。在"御所町二项道路指定事件"中,原审法院认为行政厅依据日本《建筑基准法》第42条第2项发布的"统一指定道路规划的告示"属于确立抽象的一般性标准的行为,而不具备处分性,理由是告示本身对于私人权利并不产生直接限制。^② 但严格上不论是"统一指定"还是"个别指定",行政主体的指定行为所带来的建筑规制和道路的变更、废止等,都会对土地所有人的权利产生限制性的法律效果。日本最高法院认为,本案中的道路指定行为虽然是"统一指定",但对私权也会产生具体限制并对个人的权利义务造成直接影响,因此具有处分性。

日本法院对行政立法的审查分为直接审查和间接审查两种方式。直接审查是指法院直接对其是否合法进行判断。日本《行政事件诉讼法》第9条就撤销诉讼规定了"具有法律上的利益"的原告适格要求。不具备"法律上的利益"关系而直接请求对行政立法的合法性进行审查的诉讼被称作客观诉讼中的规范统制诉讼或抽象的规范统制诉讼。因为涉及司法权的权限范围、诉的利益等问题,这类诉讼能否成立理论上尚有争议。实践中法院会对是否具有"法律上的利益"以及是否属于"法律上的争诉"等进行判断。日本《裁判所法》第3条第1项规定,

---

① 最判平成18年(2006年)·7·14民集60卷6号2369頁(給水条例無効確認等請求事件)。

② 最判平成14年(2002年)·1·17民集56卷1号1頁(御所町二項道路指定事件)。

法院应以"法律上的争诉"为审理对象,这意味着仅就围绕当事人之间具体权利义务或法律关系的相关争议才可以提起诉讼,法院不予受理仅就抽象法令的合宪性进行判断的请求。

间接审查是指法院通过对行政处分的违法性进行判断,从而判断行政立法是否违法的方式。在间接审查中,行政裁量标准等对国民不具有法律约束力的行政立法也可以作为审查对象。但在审判实务中,相较对如"通达"等行政立法的合法性进行判断,法院更倾向选择就行政处分的合法性进行审查。① 在 1968 年"厚生省环境卫生部长通知撤销请求事件"中,厚生省公众卫生局环境卫生部长给各都、道、府、县卫生主管部局长官下发通知,责令宗教团体经营的墓地之管理者不得以非本宗教信仰为由拒绝使用请求。日本最高法院认为,本案中的通知属于行政组织内部命令,在法律解释和事务处理上虽然有所变更,但对于墓地管理者的权利义务并不产生直接具体的法律上的影响,故驳回了墓地经营者的撤销请求。②

但是日本最高法院在 2004 年《行政事件诉讼法》修改以后,愈发注重国民权利利益救济的实效性。审判实践中对"处分性"进行扩大解释成为重要特点之一。与我国行诉法穷尽式列举可诉行政行为范围的方式不同,日本《行政事件诉讼法》并没有具体条文划定可诉范围,这就在理论和实践上为行政立法的可诉性创造了较大的解释空间。

(二) 行政立法的审查监督

对于行政立法权限有"法律留保说"、"职权说"(或称权力分立说)

---

① 通达(日文为"通達")或称通牒,指上级机关对其所管机关、职员下发的指示、通知。

② 最高裁昭和 43 年(1968 年)12 月 24 日第三小法廷判决·民集 22 卷 13 号 3147 页(厚生省環境衛生部長通知取消請求事件)。

和"折中说"三种观点。"法律留保说"认为,行政机关制定行政法规不得创制规范,必须以宪法和法律为依据;"职权说"则认为,行政机关和立法机关相对独立,各自行使自身职权,行政机关可以在宪法范围内进行行政立法。而我国立法法采用了"折中说",既明确规定宪法具有最高的法律效力,且法律的效力高于行政法规和规章;同时国务院拥有一定自主立法权,即可以不依据法律制定行政法规;另外全国人大及其常委会也可以以决定的形式将自身的部分立法权限授权给国务院。也有学者认为立法法表面上采取了所谓折中态度,但实质上肯定了职权说①,但他也强调行政立法应以法律为根据或得到法律授权为宜。②

在实然层面,我国目前对行政立法的合法性审查仍以立法机关备案审查和行政机关内部审查为主。根据《立法法》和《规章制定程序条例》,对于行政法规、部门规章、地方政府规章,以及不具有规章制定权的县级以上政府的规范性文件,都以同级人大常委会或上级行政机关为主要审查主体。审查方式以事先备案为主,同时还可以应国家机关的审查要求和公民等的审查建议进行被动审查。制定部门规章要以法律和行政法规为根据,地方政府规章还要以地方性法规为根据,而许多地方政府规章就是以地方人大制定的地方性法规为上位法依据作出的。有学者指出省级人大常委会对地方性法规制定全过程的分阶段审查批准已经导致工作人员不堪重负。③ 如果地方性法规本身就违反上位法规定,地方人大对于地方规章的审查效果就会更加有限。

我国审查行政法规和规章的方式仍以被动审查为主,审查主体除人大常委会外还有上级行政机关。根据《规章制定程序条例》和《法规

---

① 参见王贵松:《论法律的法规创造力》,《中国法学》2017 年第 1 期。
② 参见王贵松:《国务院的宪法地位》,《中外法学》2021 年第 1 期。
③ 参见冉艳辉:《省级人大常委会对设区的市地方性法规审批权的界限》,《法学》2020 年第 4 期。

规章备案条例》,规章送审稿由法制机构负责统一审查并在公布后向有关机关备案;对于规章的审查建议和处理意见也由法制机构提供。另外,对其他规范性文件的审查整体上也是以行政机关内部审查为主,如行政机关通过健全责任机制、强化备案监督和加强督查考核等方式加强对规范性文件的制定和监督管理。①但行政机关内部审查在中立性和客观性上具有局限性。如同处理行政复议程序需要诉讼程序托底一样,行政立法在内部审查基础上仍需借助外部机关的审查加以确认、纠偏。

可以看出在我国对行政立法的审查监督体系中,以人大和上级行政机关为主体、以内部审查为主导的审查方式收效不显,同时以事先备案和事后被动审查为主的手法效果欠佳,需要强化司法审查对行政立法的监督作用。而法院审查不会过度参与行政立法的全过程,不至于影响行政机关的立法积极性,又具有中立性和客观性,而且更侧重于个案纠偏,具有实现当事人权益救济的实际效能。而要实现司法审查监督就必须先改变现有多元准据主义下各层级立法、法院审理依据、适用标准等交错混杂的局面,以实质法规范为标准界分行政立法,进而严格区分法律与行政立法的效力位阶,采用一元准据主义原则,即法院以法律为唯一审理依据。

(三) 司法审查的限制因素

尽管我国法院拥有对行政法规、规章的选择适用权和对其他规范性文件的附带审查权,但审查手段呈现出隐形和柔和的特点,往往会规避对其合法与否的宣示性判断。尤其在多元准据主义的原则下,行政

---

① 国发办〔2018〕37 号"国务院办公厅关于加强行政规范性文件制定和监督管理工作的通知"(2018 年 5 月 31 日)。

立法和法律同时成为法院的审理规范。司法审查不仅不是对行政立法的主要审查方式，而且其实现还受到种种制约，具体表现在多个方面。

（1）实定法限制。我国司法机关并非监督审查行政立法的主要主体。这里固然有政策性因素不受司法审查观念的影响，以及避免对行政权的过度干涉、维系政治权威等的考量，但现实中法院要行使审查权似乎也缺少实定法的明确依据，这就导致行政立法因不具备诉讼法上的可诉性而很难成为司法审查的对象。另外，行政诉讼解决行政争议要以存在具体明确的、相对人的诉的利益为前提，所以法院似乎并不必然承担审查行政立法的职责。

（2）审查对象、方式的限制。按照现行行诉法，法院只有对规章以下的规范性文件才能附带审查。有学者强调将行政立法排除在法院审查范围外还有历史上的原因，即在行诉法制定时，行政诉讼制度对国人来说还是完全陌生的概念。① 实际上，我国行诉法草案的说明也指出对受案范围不宜规定太宽，而应逐步扩大。② 另外法院目前采用的是被动的审查方式。根据行诉法第53、64条的规定，法院并不主动对案件所涉规范性文件进行合法性审查，而是仅在原告方提出对行政行为所依据的规范性文件一并审查的请求时，才可以就相关行政立法发动司法审查权。

（3）附带性限制。虽然行诉法已经规定了法院对规范性文件的附带审查，但这种审查始终受"附带性"的限制。2018年最高法发布的"行政诉讼附带审查规范性文件典型案例"中，就特别强调了审查对象

---

① 参见王宝明等：《抽象行政行为的司法审查》，人民法院出版社2004年版，第8页。
② "考虑我国目前的实际情况，行政法还不完备，人民法院行政审判庭还不够健全，行政诉讼法规定'民可以告官'，有观念更新问题，有不习惯、不适应的问题，也有承受力的问题，因此对受案范围现在还不宜规定太宽，而应逐步扩大，以利于行政诉讼制度的推行。"王汉斌：《关于〈中华人民共和国行政诉讼法（草案）〉的说明》，《最高人民法院公报》1989年第2期。

的附带性、审查模式的附带性以及审查结果的附带性。① 也就是说只有作为被诉行政行为依据的规范性文件才能成为法院审查对象；审查只能在针对行政行为的合法性审查中附带提出；规范性文件的审查是为了确认诉争行政行为的直接依据是否合法进而确认行政行为的合法性，法院不就规范性文件的合法性作单独判定。②

（4）司法裁量权的限制。通过法官个人积极行使司法裁量权和制造典型案例以形成对于行政立法的强力司法规制较为困难。地方法院往往借助诸多隐形策略来规避附带审查的司法适用，司法权所能发挥的外部约束功能也受到限制。③

（5）审查效力的限制。根据司法解释，规范性文件不合法的，法院可以向规范性文件的制定机关提出司法建议。④ 也就是说，司法机关对不合法的规范性文件的处理方式是提出司法建议。司法建议作为发挥审判职能的方式之一，可以提高执法质量，扩展审判效果，对行政机关起到一定程度的监督和督促效果。但是建议的内容、范围、时点、反馈等并无明确规定，这就造成司法建议的法律效力十分模糊，尤其是并不具备强制性的约束力。因此司法建议即便因规范性文件违法而形成，在行政决策与立法方面到底能影响到何种程度还有待观察。

日本法院对行政立法的审查是以行政行为的"处分性"理论为基

---

① 中国法院网："最高法发布行政诉讼附带审查规范性文件典型案例"，https://www.chinacourt.org/index.php/article/detail/2018/10/id/3551915.shtml（最后阅览日期：2021年2月5日）。

② 参见前注典型案例中的"毛爱梅、祝洪兴诉浙江省江山市贺村镇人民政府行政强制及行政赔偿案"判决、"成都金牌天使医疗科技有限责任公司诉四川省成都市科学技术局科技项目资助行政许可案"判决。

③ 参见卢超：《规范性文件附带审查的司法困境及其枢纽功能》，《比较法研究》2020年第3期。

④ 《最高人民法院关于适用〈中华人民共和国行政诉讼法〉的解释》第149条规定，规范性文件不合法的，人民法院可以向规范性文件的制定机关提出司法建议。

础,以存在"法律上的争诉"为前提来进行的。尽管也受到实定法的一定限制,但仅限于宪法和法律的规定。司法的判断最终取决于对法律宗旨和立法目的的解释和演绎而不是行政立法的规定。同时司法判断也受到保护个体权益价值取向的影响。在我国,要实现对包括行政立法在内的法规范进行司法审查,一方面是应完善现有立法制度,明确界分立法与行政的权限,以法律作为法院审判的根本依据,强化行政立法的审查对象性并弱化其审查基准性,为实现司法审查的一元准据主义创造客观条件;另一方面是应完善行政诉讼制度,通过进一步扩大受案范围,完善诉讼类型和审查方式。考量行政立法的司法审查固然需要正视我国权力结构下行政权与司法权的关系、立法权与司法权的分配等现实问题。但也正基于种种客观限制,才更应以实质法规范为标准对行政立法重新界分,策略性地逐步完善行政救济制度,以个体权益的实质救济为价值导向,加强对包括行政立法在内的各类行政作用的司法监督。

三、审查对象性的实现路径

(一) 实定法依据

虽然对行政立法的司法审查在我国受到种种限制,但在制度层面强化司法审查权仍具备充足的合理性与必要性。我国现行行政诉讼制度的主要目标是监督行政机关依法行政、解决行政争议和维护相对人的合法权益。强化法院司法审查权可以以"监督依法行政"原则和"维护相对人合法权益"原则为实定法依据。

有观点认为,为达到"监督行政机关依法行使职权"之目的,可以通过对列举式规定的受案范围内的行政行为进行具体的个案审查来实现，并不必然形成对行政立法的审查。这就涉及一个关键问题，即"依法行使职权"中所依的"法"是指什么。如果"法"的指代范围包括了行政立法，那么行政立法也自然应成为司法审查的依据而不是对象。但我国行诉法中对于规范性文件附带审查的规定，以及司法实践中法院拥有对规章的选择适用权（或可称为隐形审查）这一现实显然推翻了这一论点。我国立法者在前述行诉法的草案说明中也肯定了逐步扩大受案范围的趋向。

　　还有观点认为，监督行政机关的权力行使本是只有人大及其常委会才享有的职权，"司法职能只应该是解决争议"，"在诉讼中法院不是在审行政权，只是在平等的原告主张与被告抗辩之中求取独立判断"。[①] 但是，这一观点存在两大硬伤：第一是有意无意地过分轻视了司法权对于行政权的监督职责。历史上，行政救济制度正是在 19 世纪七八十年代欧洲国家组织与活动逐渐迈向法制化的背景下才得以创设的。行政诉讼虽然脱胎于民事诉讼，但二者在诉讼目的和任务、当事人地位、适用原则、诉讼权利和举证责任等各方面都有显著不同。特别是在目的和任务上，行政诉讼作为行政救济制度的核心组成部分，应以实现对行政权力的制约和私权的救济为主要目标。我国对行政机关的监督既需要国家权力机关和上级行政机关，也不能无视司法监督的重要性。即使在代议制较为成熟的西方国家，对于行政权的司法监督尚不可或缺，若在权力机关与行政机关自身内部监督体系尚未完备的情况下贸然放弃司法的监督权责，实在风险过大。

　　第二是完全忽视了行政诉讼中相对人与行政主体之间实质性不平等的法律地位。行政救济制度是行政法基本制度，有权力必有救济，法

────────

　　① 沙卫鹏：《监督行政对权利的影响——以〈行政诉讼法〉第 1 条为基础的解释学展开》，《交大法学》2021 年第 1 期。

律上行政机关和公民之间的平等由此得以实现。行政诉讼以行政争议
为基础这一点毋庸置疑,但行政救济的最终目的是保护相对人的合法
权益,通过对行政主体行为的监督、审查和纠正以保证行政权的合法运
行。如果行政诉讼也只是"在平等的原告主张与被告抗辩之中求取独
立判断",那么行政诉讼制度就失去了存在的价值,因为这一目标只需
要借助民事诉讼制度就可以实现。建立行政诉讼制度的目的之一,就
是要使公民、法人和其他组织被行政机关及其工作人员侵犯的合法权
益得到补救。对于处于绝对强势地位的行政公权力,司法救济往往是
相对人实现权利救济的最后保障。正如有学者指出,公民所享有的诉
权是国家为了保证宪法和法律所规定的公民权利而设立的权利救济
权,没有诉权的存在,宪法和法律所规定的其他权利就不可能成为一种
现实的权利。① 之所以将"维护相对人合法权益"与"监督依法行政"
"解决行政争议"共同列入行政诉讼制度的主要目标,是因为行政救济
正是基于行政监督理论而产生的一种监督制度,在现代法治社会中不
可或缺。

(二) 直接审查

对行政立法的司法审查可分为直接审查和间接审查两种方式。日
本法院的直接审查是指在撤销诉讼或确认无效诉讼中对行政立法是否
违法进行判断,如违法就可判决撤销行政立法或确认行政立法无效。
能否采用直接审查方式的关键在于行政立法是否具有可诉性。在我
国,在受案范围的限制下,直接针对抽象行政行为、内部规范等的诉讼
一般不作为受理对象,但对抽象行政行为可诉性的认定关键在于审查

---

① 参见莫纪宏、张毓华:《诉权是现代法治社会第一制度性权利》,《法学杂志》2002
年第 4 期。

其对行政相对人的权利义务是否产生了实际影响。如对于行政机关间的内部复函等内部规范,就有学者认为其若为当事人设定了新的义务,排除其可诉性将造成司法审查的空白。[1]

日本肯定可诉性的案例有 1965 年"疗养费用计算方法修改告示撤销请求事件",东京地方法院认为案中基于《健康保险法》制定的、修改部分疗养费用计算方法的告示具有处分性。[2] 再如 1973 年"农林省告示撤销请求事件"中,东京高等裁判所认为案中基于《食粮管理法》制定的、规定政府收购粮食价格的告示具有处分性。[3] 该告示具有一般性和抽象性标准的性质,具体的收购价格应以其为准则,所以其性质属于法规的制定行为。但作为规定收购价格的唯一标准,在确定收购价格过程中并无其他依据,也没有行政厅的具体判断或裁量行为介入,这就造成生产者的米价是基于本案中告示而直接统一确定的。换言之,告示作为一种法律手段直接形成并确定了粮食价格。因此,本案的告示虽然有行政立法的性质,但会对粮食生产者的具体权利义务造成直接影响,应属于行政厅的一般处分,可以成为抗告诉讼的对象。

前述"农林省告示撤销请求事件"判决充分体现了法院的权利救济意图。关于除了抗告诉讼以外是否具有其他的争诉方法,法院在判决中强调,尽管粮食生产者如果对告示所规定的收购价格不满也可以不予售卖,事后在市町村长的收购数量有具体要求和指标的情况下再就此提起撤销诉讼,但在实际的粮食管理制度下,政府收购对维持粮食

---

① 参见刘伟伟、宋拥军:《行政机关间的内部答复是否具有可诉性》,《人民法院报》2014 年 10 月 1 日。

② 東京地裁昭和 40 年(1965 年)4 月 22 日決定・行裁集 16 巻 4 号 708 頁(療養費用算定方法改正告示取消請求事件)。

③ 東京地裁昭和 48 年(1973 年)5 月 22 日判決・行裁集 24 巻 4 号 27 頁、東京高裁昭和 50 年(1975 年)12 月 23 日判決・行裁集 26 巻 12 号 101 頁(農林省告示取消請求事件)。

生产和保护生产者利益具有决定性影响,因此事后提起撤销诉讼并不能真实起到保障生产者现实利益的作用。法院判决还强调,如果是根据旧《自创法》第 14 条和《农地法》第 85 条之 3 提起收购对价增额诉讼,或者根据《土地收用法》第 133 条提起损失补偿诉讼,都会由于缺乏实体法上的依据而很难达到提高收购价格的目的。

另外也有否认可诉性的判例。在 1982 年"环境厅告示撤销请求事件"中,东京高等裁判所认为案中环境厅制定的环境标准不具有处分性,驳回了诉讼请求。[①] 理由是环境厅依据《公害对策基本法》颁布的《关于制定环境标准的告示》属于政府为达成推进公害解决这一政策目标和方针而制定抽象规则的行为,并不会对国民的权利义务、法律地位和法律利益产生创设、消灭等法律效果。由于法院认定案中的行政立法并不具有处分性,所以作为抗告诉讼的撤销请求也不能成立。

行政机关拥有对于行政立法的裁量权,但由于行政机关的立法权本身受到限制,日本学界对于授权立法之上位法(即法律)的关注度往远高于授权立法本身。另外由于行政立法本身具有抽象性的特点,所以很难如一般行政行为那样被认定存在裁量瑕疵。宫田三郎指出:"关于行政立法的裁量论,是应将其适用于立法裁量,还是和行政行为一样考量,或者将其作为单独第三种类型来考虑——相关研究在我国(指日本)学界属于尚未开拓的领域……而当下对于法规命令和行政规则中的裁量行为,原则上还是应该适用行政行为的原则。"[②]也就是说,日本与我国同样受到行政诉讼制度中受案范围与原告资格等的限制,日本法院对行政立法的司法审查仍须在对行政处分的审查框架内

---

① 東京高裁昭和 62 年(1987 年)12 月 24 日判決・行裁集 38 巻 12 号 1807 頁(環境庁告示取消請求事件)。
② 宫田三郎『行政裁量』『現代行政法大系(第 2 巻)』(有斐閣、1983 年)第 58 頁。

进行。

我国要强化司法审查可在具体的审查范围、方式等方面进行探索。一是受案范围的扩大解释。如在"李某等诉河南新蔡县房屋征收补偿安置方案案"中,最高法院认为该方案实质上包含了征收房屋决定,对当事人的权利义务明显产生了直接影响,应属于行政诉讼的受案范围。[1] 通过对受案范围进行合理的扩大解释,既能从审查方式和手段上进行有益的尝试,又能通过个案审查实现对个体权益的实质性救济。二是明确扩大审查范围和方式。以"苏华物业公司诉上海市住建委物业服务资质行政许可案"为例,最高法院强调应围绕涉案规范性文件与法律法规是否存在冲突,制定主体、目的、过程是否符合规范,是否明显违法等情形进行审查。[2]

日本法院对于行政立法的审查也要对其程序和内容两方面的适法性进行判断。在审查内容方面,我国法院对规范性文件的审查已较为完善,但在审查范围、方式方面,能否在附带审查外增加直接审查,审查对象能否增加高位阶行政立法,如规章和行政法规,都有待实践探索。

(三) 间接审查

间接审查不同于直接判断行政立法合法性的直接审查,而是通过对行政行为是否违法进行判断进而间接判断行政立法是否违法。我国对规范性文件的附带审查就属于间接审查。而在日本行政诉讼类型法定化的背景下,日本法院的间接审查主要分为三种情形。

---

[1]　李某等诉河南新蔡县房屋征收补偿安置方案案,最高人民法院行政裁定书(2020)最高法行再 29 号。

[2]　参考中国法院网"上海苏华物业管理有限公司诉上海市住房和城乡建设管理委员会物业服务资质行政许可案",https://www. chinacourt. org/article/detail/2018/10/id/3551939. shtml(最后阅览日期:2021 年 2 月 8 日)。

第一种是在作为抗告诉讼的撤销诉讼和确认无效之诉中，以行政处分违法为由判断其所依据的行政立法是否违法。此类诉讼会面临所谓"违法性承继"的问题，即依据行政立法所作出的处分违法时，能否主张其所依据的行政立法违法？日本行政法学中的"违法性承继"一般是指若具有处分性的先行行为违法，后续处分也应认为违法。而行政立法的司法审查中，先行行为特指行政立法。一般行政立法虽不具有处分性，但若法院肯定其"违法性承继"，一旦行政立法违法，则依据其作出的行政处分也应被判违法。

以1971年"土地收购处分撤销请求事件"为例。① 《农地法施行令》第16条关于依照旧《自耕农创设特别措施法》第3条进行收购农地的规定中，将《农地法》第80条规定的认定范围等同为该施行令第16条第4号规定的范围。日本最高法院认为，如果收购农地不以创设自耕农为目的，不论其是否经过《农地法》第80条规定的认定程序，土地的原所有者都可以通过行政诉讼程序请求撤销都道府县知事作出的土地收购处分。《农地法》第80条并未规定土地原所有者在此类农地收购中必须承担卖出义务，因此《农地法施行令》的上述规定超过了法律的委任范围而应判定无效。

再以1990年"刀剑类登记申请拒否处分撤销请求事件"为例。② 行政厅依据《枪炮刀剑类登录规则》作出拒绝对当事人所持外国刀剑进行登记的行政处分。该规则第4条第2项将《枪炮刀剑类等持有取缔法》第14条第1项所规定的刀剑类鉴定标准，仅限于作为美术品的具有文化财产价值的日本刀。日本最高法院认为此项规定违背了

---

① 最高裁昭和46年（1971年）1月20日大法廷判決・民集25卷1号1頁（土地売渡処分取消請求事件）。
② 最高裁平成2年（1990年）2月1日第一小法廷判決・民集44卷2号369頁（刀剑類登録申請拒否処分取消請求事件）。

前法所委任的宗旨,应为无效,而依据该规则作出的拒绝登记申请的处分也被判违法和责令撤销。在 1991 年"禁止监狱会见许可处分撤销请求事件"中,日本最高法院判决原《监狱法施行规则》第 120、124 条规定禁止被拘留嫌疑人会见未满 14 周岁儿童,超出了《监狱法》第 50 条的委任范围,且违反了该法第 54 条的立法宗旨,应为无效。①

还有在 2002 年"儿童抚养资助受领资格丧失处分事件"中,根据《儿童抚养资助法》第 4 条第 1 项第 5 号的委任,《儿童抚养资助法施行令》就领取相关资助的对象范围作出规定,将"具有和父亲的法律关系的非婚生怀胎儿童"排除于"母亲所生的非婚生儿童"范围之外。日本最高法院认为这一除外规定违背了《儿童抚养资助法》的立法宗旨和委任目的,应为无效。②

与此类似的还有在国家赔偿诉讼中,以违法性的判断为前提主张行政立法违法。这里以 1993 年"产业废弃物处理许可国家赔偿请求事件"为例。③ 东京高等法院认为,由厚生省环境卫生局某部门发布的名为《关于产业废弃物处理业的许可事务实行上的注意事项》的通知中,建筑物解体工程的承包者必须具有产业废弃物处理业的许可资质的规定违背了《关于废弃物处理及清扫的法律》第 14 条第 1 项的规定,故相应的法律解释有误,依据该通知作出的行政指导也属违法。该案中行政指导违法致使相关从业者进行了本无必要的许可申请,东京高等法院支持了相应的国家赔偿请求。

第二种是在涉及"公法上的法律关系"的确认诉讼时,可以主张以

---

①　最高裁平成 3 年(1991 年)7 月 9 日第三小法廷判决·民集 45 卷 6 号 1049 頁(监狱接见不許可処分取消请求事件)。

②　最高裁平成 14 年(2002 年)1 月 31 日第一小法廷判决·民集 56 卷 1 号 246 頁(児童扶養手当受給資格喪失処分事件)。

③　東京高裁平成 5 年(1993 年)10 月 28 日判决·判例タイムズ863 号 173 頁(産業廃棄物処理許可国家賠償請求事件)。

变更权利义务等法律关系为前提的行政立法无效。但在 1988 年"浦和
建筑设施判定及通知撤销请求事件"中,法院认为案件中的判定及通
知并不产生法律效果,相应规则的宗旨仅在于告知酒店建设者其所要
建设的建筑物属于相关条例中的何种酒店类型,以督促其重新考虑建
筑方案。[①] 由于案中的"判定及通知"并不产生具体的法律后果,对于
通知对象的法律地位和权利关系不产生直接影响,因此不具有处分性,
不属于抗告诉讼的对象,法院最终驳回了原告的诉讼请求。

　　第三种是在住民诉讼中,依照日本《地方自治法》第 242 条之 2,可
以以公共财务的支出行为违法为由,主张其所依据的行政立法违法。
住民诉讼属于民众诉讼的一种类型,指行政区域内的住民(即居民)对
行政机关在财政资金的支出、合同缔结、债务承担等方面作出的行政行
为不服而提起的诉讼。[②] 由于住民的权益并不受到该行政行为的直接
影响,因此住民诉讼具有监督行政机关的公益性质。我国行诉法修改
后增加了以检察机关为主体的行政公益诉讼制度,但行政立法能否在
公益性诉讼中受到司法审查仍未有定论。

　　无论是直接审查还是间接审查,日本法院都以宪法和法律为根本
审判依据,即在一元准据主义原则下进行的。法院会从制定行政立法
所依据的法律的立法目的、原意出发,对行政立法是否超过法律授权范
围等进行判断,只有被认定为合乎法律的行政立法才可以成为审理依
据。而我国对规范性文件的附带审查,以"袁西北诉于都县政府物价
行政征收案"为例,最高法院认为案中的《污水处理费征收工作实施方
案》扩大了污水处理费征收范围,违反了法律法规、规章及上级规范性

---

　　① 浦和地裁昭和 63 年(1988 年)12 月 12 日判决・判例时报 1314 号 50 页(浦和ラ
ブホテル建築判定及び通知取消请求事件)。
　　② 日本《行政事件诉讼法》第 5 条规定,民众诉讼是指当事人请求法院纠正国家或公
共团体的机关的不合法行为的诉讼。

文件的规定,不能作为案中征收袁污水处理费的合法性依据。^① 这体现出我国法院的多元准据主义原则,即以多重上位法为依据或标准。日本法院对于行政立法的审查也是以上位法为依据,但这种上位法依据一般仅限于宪法法律,而不包括法规命令。

在我国司法实践中,法院对于行政法规、规章、规范性文件的尊重程度往往有所不同,行政法规和规章不是法院的直接审查对象,而更多的是审理标准,即依据或参照。即便其出现违反上位法的情形,法院也可以选择不适用但不会直接宣告其违法。而行政法规的权威性和基准性则更高,法院仅在极少情况下有拒绝使用权而几乎没有选择适用权,更不能宣告其违法。实践中法院对规范性文件的处理其实更类似于规章,理由是规章和规范性文件在不违背上位法的前提下都可以选择适用,而即便在其违背上位法规定时,也只是采用如拒绝适用、司法建议等隐形、柔和的方式进行处理。不同的是,我国行诉法对规范性文件的附带审查作了明文规定,对于行政法规和规章的司法审查还有待立法进一步明确。

四、结论

"行政立法"更倾向于是一个学理概念而非实定法概念。我国通说即"特定说"以行政法规范的具体形式为标准划分行政立法的外延,即限定为行政法规和规章。日本行政法理论对于行政立法的外延划分显然更广,通说认为其既包括法规命令也包含行政规则,这就将不具对

---

① 参考中国法院网:"袁西北诉江西省于都县人民政府物价行政征收一案"https://www.chinacourt.org/article/detail/2018/10/id/3551936.shtml(最后阅览日期:2021 年 2 月 8 日)。

外法律效力的内部规范也涵盖其中。相对于我国"特定说"强调区分行政立法的具体表现形式，日本法院对于各层级行政立法的态度是一视同仁地对其适法性进行具体判断。行政立法权限不高造成学界更加关注法律本身。由于日本采用一元准据主义而非多元准据主义，法院只需要以宪法和法律为依据，对地方议会立法、行政立法都可以进行合法性审查，甚至对国会立法也能进行合宪性判断。

不论是将法规命令和行政规则都归于行政立法的学界通说，还是认为行政规则仅为内部规范而不属于行政立法的"平冈说"，对于法规命令和行政规则均应纳入司法审查射程这一点并无本质分歧。而我国以法规范的位阶、层级为标准，将较高层级的行政法规和规章作为审查依据，客观上造成了法院对行政立法合法性判断的规避。尽管相对于层级较高的主体所制定的法规范，法官挑战较低级别的主体所制定的规章或规范性文件，能承担更低的判决失误率以及职业和政治风险，但现实中法官往往仍选择更为隐性的审查方式。应从法规范制定主体类别而非制定主体位阶的角度来对行政立法的概念外延进行界定。在学理上应逐步抛弃特定说，将行政法规、规章和其他规范性文件等都作为行政机关制定的实质法规范归入行政立法的概念范畴。在司法实践中，首先不应止步于对法规范的位阶、形式或权威性的区分，而更应该以是否具有实质意义上的法律规范性质为标准，对行政立法的可司法审查性作扩大解释。对于能够直接产生外部效果、影响特定对象权利义务的内部规范，也应认可其可司法审查性。

关于审查依据，我国对规章、规范性文件的司法审查也以上位法为依据。只是这种上位法依据具有多元性，包括了法律、行政法规、地方性法规、规章。而与我国以法律和法规为依据、规章为参照的方式不同，日本法院对于行政立法的审查采用的是一元准据主义，对包括法规命令和行政规则在内的具有行政法规范性质的所有行政立法都可以依据宪法和法律进行司法审查，只有未超过法律委任范围的、适法的行政立法才可以成为法院审理依据。

我国行政机关作出的不产生外部法律效力的行为、对公民权利义务不产生实际影响的行为都不属于受案范围。行政组织的内部规范由于不产生外部法律效力，一般不承认其可司法审查性。但日本法院可以将各层级的行政立法，包括产生实际外部效果的内部规范都列入审查范围，或通过对处分性的扩大解释直接判定行政立法违法，甚至还可以通过客观诉讼规避原告适格的限制。这一方式有可借鉴之处，至少可通过立法逐步扩大受案范围并完善行政诉讼类型制度。有学者提出，司法要在能动与克制之间确定明确界限，既要尽量避免宽泛规则和抽象理论，也要发挥司法权对解决特定争议的能动性。[1] 对行政立法的司法审查应以本国的行政诉讼制度为基础，同时也要进一步拓宽法定要件。司法机关也应充分发挥能动性，不能过分教条、恪守文本而对行政立法的违法性判断避之不及；应本着司法为民的原则，通过合理地解释和演绎行政立法所依据法律的立法目的和宗旨，并运用直接、间接多种审查方式和手段来将行政立法纳入审查范围，树立司法权威。

综上，一方面，我国通说"特定说"人为地将其他规范性文件和内部规范隔离在行政立法范围外，更注重强调行政立法作为法院审查基准的特性，而忽视了其作为司法审查对象的特性。另一方面，"特定说"由于自身逻辑难以自洽，导致一定程度上的概念混用，还会间接削弱司法对抽象行政行为的规制效果。相对而言，日本对于行政立法的司法审查仍适用传统行政行为理论，以存在法律上的争诉和利益为要

---

[1]　参见吴英姿：《司法的限度：在司法能动和司法克制之间》，《法学研究》2005 年第 5 期。

件,保持了司法权的必要克制;同时又能在必要时以对权利义务关系造成实质影响为依据,通过对处分性的扩大解释、诠释立法目的等手法以达成对行政立法的实质审查,实现国民权益的实质救济,体现了司法权的能动性。"非特定说"的观点更具可取之处,即以具有实质法规范性质为标准来界定行政立法的学理概念。这不会改变行政立法在实定法上的形式类别,即仍然保留行政法规、规章和规范性文件的具体区分,还有利于弱化上述类别在可司法审查性上的界分,逐步推动各类行政法规范进入司法审查射程。同时也要注意明确行政立法与法律的二元界分,强化行政立法的对象性并弱化其基准性,通过直接或间接的审查方式来推动司法审查逐渐由多元准据主义向一元准据主义方向转变。

第二部分 ◆ 行政法分论

日本行政法的"处分性"判断
与判例动向[*]

日本法院在行政诉讼中对有无"处分性"的判断决定了被诉行政机关的行为是否属于行政行为,进而决定了对案件可诉性的判断。与我国对于可诉行政行为的规定方式侧重于详细列举的方式不同,日本《行政事件诉讼法》并无具体条文划定可诉范围,处分性与公权力的行使等概念的延展性为行政争议可诉性创造了较大的解释空间。近年来,日本最高法院重视对国民权利利益救济的实效,以单方意志性、产生法律效果、具体直接性三点为重要指标,存在明显对"处分性"作扩大化解释的倾向,造成"处分"概念在具体情况下还会涵盖行政指导、行政立法、行政规划等行政主体的多种行为形式。法院应对当事人所承受的利益损失的性质和程度等因素综合考量,对"权利义务受行政行为所实际影响"的客观判定标准作扩大化解释。

一、比较法研究现状

我国已有少量文献论述了日本行政法"处分性"概念的限定要件、

---

　　* 本章内容在作者《日本行政法的"处分性判断"与判例动向研究》(《行政法论丛》[第 28 卷],法律出版社 2022 年版)一文基础上修改完善而成。

学说及近年司法判例中对其作扩大性解释的基本情况,并提出了一些宝贵观点。如石龙潭指出"行政处分性"是一种工具性概念,日本在2004年《行政事件诉讼法》修改后呈现出受案范围逐渐拓宽、国民可以以此获得司法救济的领域愈发扩展的趋势,而其中"行政处分性"理论厥功至伟。[①] 他还特别强调,我国在处理行政诉讼的受案范围以及判断行政作用的可诉性等问题时,也应"在充分考虑行政诉讼所肩负的救济机能的前提下,通过对行政处分性加以灵活解释,以满足国民的要求、实现富有实效的救济"[②]。再如江利红指出,由于"处分性"概念包含了外部性、具体性、法律效果性、公权力性等要件,为扩大撤销诉讼对相对人权益的救济功能,学说和判例往往对"处分性"进行扩大性解释。他强调由于学说及判例对"处分性"的解释并不一致,需要立法对该概念的解释加以一定的规范与限制。[③] 另外江利红对于行政行为理论在日本的发展也有较系统的论述,文中还特别提到了行政行为概念和行政处分概念的关系及相关学说。[④]

　　总体而言,许多文献往往是在论述日本抗告诉讼或撤销诉讼以及具体的行政作用时附带性地将"处分性"作为其法定要件之一作简单论述。[⑤] 除有关日本行政诉讼法的译著和专著以外,目前与"处分性"概念相关的中文文献仍较少,近几年进行系统性论述的新作更是屈指

---

① 参见石龙潭:《日本行政诉讼救济范围之拓展——"行政处分性"之理论解析》,《行政法学研究》2017年第3期。

② 石龙潭:《日本行政诉讼救济范围之拓展——"行政处分性"之理论解析》,《行政法学研究》2017年第3期。

③ 参见江利红:《论日本撤销诉讼的受案范围——行为的"处分性"》,《朝阳法律评论》2012年第1期。

④ 参见江利红:《论行政行为理论在日本的发展》,《研究生法学》2008年第3期。

⑤ 类似文献如,佟连发、曾祥瑞:《日本行政诉讼中的抗告诉讼与撤销诉讼研究》,《辽宁大学学报(哲学社会科学版)》2012年第6期;江利红:《论日本行政事件诉讼法的修改》,《研究生法学》2008年第4期;闫尔宝:《日本的行政指导:理论、规范与救济》,《清华法学》2011年第2期。

可数。此外,日本立法并未明确处分性的判断标准,日本学界对于行政处分与行政行为等基本概念的区分仍存有一些争议,需根据个案对"处分性"判断作具体分析。所以要进一步参照近年的案例动向对具体的行政活动,如行政指导、行政立法、行政规划等,作分类化、系统化的对应分析,特别是找到针对具体行政活动的扩大解释方法。以行政活动类型为脉络,较系统地梳理日本行政法的"处分性"判断与判例动向,对于我国可诉行政行为的判断无疑具有借鉴意义。

二、日本行政处分的概念演变

(一)"处分"用语的由来和变迁

"处分"是日本行政法学中最重要的概念之一。行政活动是否具有"处分性"往往是判断其是否属于行政行为的基本标准,一般而言,行政处分的含义基本等同于行政行为。日语"处分"(処分)一词在日常使用时有废弃、制裁等意思,往往给人以负面印象。我国"处分"的语义概念更近似于此,如"行政处分"是国家机关内部对工作人员及委派到企事业单位任职人员的违法、失职行为给予的制裁性处理,完全区别于日本行政法学上的"行政处分"概念(本章后续使用的"行政处分"指此)。日本作为法律用语的"处分"具有赋予资格资质、给付金钱等积极意义。参照日本《角川古语大辞典》的解释,"处分"一词原本就有给予"分"(对象)以"处"(处所)的含义,也可以理解为针对人或物在社会生活中所处的作用或地位等作出相应处置或对策。① 1889 年日本明治宪法第 61 条规定设立行政法院并正式将行政厅的处分纳入行政

---

① 参见中村幸彦ほか編『角川古語大辞典・第三巻』(角川書店、1987 年)333 頁。

诉讼的对象范围。① 实际上这里的"处分"就已经具有了该层含义。紧接着在 1890 年制定的《行政裁判法》中,在法国法的影响下,又将权力行为以外的事实行为和非权力行为都作为行政处分纳入了行政法院的管辖。

藤田宙靖指出,尽管"行政行为"这一用语自 19 世纪末使用以来在德国和日本的行政法领域起到了重要作用,但更多停留在理论概念的层面。而且实际上在日本的现行法律中并没有具体条文使用"行政行为"一词,而是多被冠以许可、批准、承认、更正、决定、裁决等名称,特别是在《行政事件诉讼法》《行政不服审查法》和《行政程序法》中都将"处分"作为一般用语来使用。② 尽管"行政行为"与"处分"的概念几乎一致,但前者更侧重于理论上的概念,"处分"的概念是以其为前提设立的。

(二) 行政处分与行政行为

进入 20 世纪以后,日本学界及实务界对"行政行为"这一用语的使用逐渐增多,"行政处分"的含义也随之开始发生变化。基于奥托·迈耶的学说,"行政行为"是指具有公权力性质的法律行为。随着法学界和实务界中德国法影响力与地位的提升,"行政处分"也逐渐采用和"行政行为"相同的解释,"行政处分=行政行为=公权力的行使"这一理解在战后逐渐成为通说。③ 日本战后的相关立法基本建立在这一认

---

① 旧《大日本帝国宪法》第 61 条规定:"因行政官厅之违法处分而使其权利受到伤害之诉讼,当属于另依法律规定之行政法院审理,不在司法法院受理范围之内。"
② 参见藤田宙靖:《日本行政法入门》,杨桐译,中国法制出版社 2012 年版,第 68 页。
③ 有关行政处分和行政行为的关系之演变可参考田中二郎『行政法総論』(有斐閣,1957 年)258 页以下。

识之上,行政诉讼法中的"处分"概念与学理上的"行政行为"概念也基本等同。比如 1961 年制定的《行政事件诉讼法》第 3 条就将"事实行为撤销诉讼"排除在法定诉讼类型之外,仅将具有法律效果的行政活动作为抗告诉讼的对象。

另外,1961 年制定的《行政不服审查法》起初曾将事实行为归于"处分"范围(原第 2 条),尽管在 2014 年修改以后废除了这一规定,但由于在第 47 条规定了"事实行为"的审查请求的支持要件,这等于事实上承认了"处分"包括公权力的事实行为。①《行政事件诉讼法》将事实行为和非权力行为排除在抗告诉讼对象以外。抗告诉讼虽是最主要、最常见的救济手段,但在现代法治环境下,行政活动的行为形式愈发多样化,仅仅依靠抗告诉讼并不能充分实现相应的救济目的,那么理论上就需要对"处分性"的概念进行扩大性解释。该法第 3 条第 2 项除了"行政厅的处分"之外,还增加了"其他行使公权力的行为",那么公权力的事实行为在理论上就有可能成为行政诉讼的对象,这也为"处分性"的扩大解释提供了可能性。②

对于日本《行政事件诉讼法》规定的"处分和其他公权力的行使",直到现在学者们仍有不同理解。③ 一般观点认为二者之间是包含关

---

① 日本《行政不服审查法》第 47 条:"对事实行为的审查请求有正当理由时,审查厅应在裁决中宣告该事实行为违法或不当,并依如下各号规定区分审查厅并采取相应措施……"

② 日本《行政事件诉讼法》第 2 条:"本法所称的行政事件诉讼,是指抗告诉讼、当事者诉讼、民众诉讼和机关诉讼。"第 3 条第 1 项:"本法所称的抗告诉讼,是指对行政厅行使公权力不服的诉讼";第 2 项:"本法所称的处分撤销之诉,是指请求撤销行政厅的处分或其他相当于行使公权力行为的诉讼";第 3 项:"本法所称的裁决撤销之诉,是指请求撤销行政厅对复议请求或其他不服申请作出的裁决、决定等行为的诉讼"。另外,"当事者诉讼"作为法定的行政诉讼类型,是指行政行为确认或形成的法律关系中以一方为被告的诉讼(形式当事者诉讼)以及公法上法律关系的确认之诉(实质当事者诉讼)。

③ 原文为"处分その他公権力の行使"。

系,即公权力的行使包含处分;但也有一种观点认为法律文本表述上使用的是"处分和其他公权力",而不是"处分和其他的公权力",这体现出"处分"与"公权力的行使"二者之间是并列关系。① 近年来,有学者强调行政诉讼法上的"处分"概念在某些具体情况下还会涵盖行政指导、行政立法等多种行政主体的行为形式,因此有必要在理论上对二者作出更明确、细致的区分。② 也有学者认为,"处分"的概念更多的是从司法救济的角度出发,作为抗告诉讼的对象而设立的。按照这种观点,在"横滨关税通知事件"判决中,税官长官的通知虽然具有表明其判断即"观念上的通知"的性质,理论上本不属于行政处分,但法院从权利救济的角度出发承认了该通知的处分性,从而将其作为抗告诉讼的对象。③ 因此日本最高法院肯定该通知具有处分性也可以理解为是对"处分性"的扩大解释,而并非"行政处分"与理论上"行政行为"概念的脱离。

(三) 处分性的判断指标

日本的行政诉讼制度采用诉讼类型法定化的方式,抗告诉讼是行政诉讼中最主要的诉讼类型。依照日本《行政事件诉讼法》第 3 条第 1 项的规定,抗告诉讼以"处分和其他公权力的行使"为对象。处分性不仅仅是日本行政法学体系中最重要的概念之一,而且由于行政主体的行为有无处分性直接影响到对案件是否可诉的判断,在司法实务中,处

---

① 参见松塚晋輔「処分その他公権力の行使について—行政処分の新たな類型化の構築に向けて—」京女法学 8 号(2015 年)2 頁。
② 参见大久保規子「処分性をめぐる最高裁判例の展開」ジュリスト1310 号(2006年)18 頁。
③ 参见桜井敬子・橋本博之『現代行政法』(有斐閣、2004 年)81 頁。

分性判断和原告适格、被告适格、诉的利益、案件管辖等一起构成司法
机关受理行政诉讼案件时须考量的基本要素。

　　1964 年的"大田区垃圾焚烧厂设置事件"是有关处分性判断标准
的著名案例,日本最高法院在判决中提到,行政厅的处分是指"公权力
的主体即国家或公共团体所作的行为中,直接形成国民的权利义务或
确定其范围并为法律所承认的行为"①。据此,判断某一公权力行为是
否具有处分性,需要看其是否满足行为主体为公权力主体、直接形成国
民的权利义务或划定其范围、为法律所承认这三个要素。尽管该判例
已被法院多次引用,但由于这种判断方式缺乏具体明确的可操作性,一
般将单方性、产生法律效果、个别具体性和直接性来作为处分性的三个
重要判断指标:第一,单方性,也可称公权(力)性、单方意志性,是指国
家或地方公共团体被法律赋予了相对强势的主体地位,行政机关不需
要获得相对人同意,仅通过自身的意思表示就可以产生一定的法律效
果;第二,产生法律效果,包括在形式上特指对行政组织外部产生效果,
在性质上特指法律效果而非事实效果,在程度上特指超过了该行为的
附随程度,因此行政组织的内部行为、事实行为和仅产生附随的法律效
果的行为一般不被认为是行政处分;第三,个别具体性和直接性,包括
在形式上是针对特定相对人的行为(具体性),在性质上是基于该行为
的作出而直接产生法律效果,不需要再借助其他行政行为(直接性)。
相反,制定行政法规的行为、针对不特定相对人的行为、划定区域限制
的行为、仅对违反者行使限制权限后法律关系才发生变动的行为等,一
般都不具备处分性(见表2)。

---

　　① 最高裁判所昭和 39 年(1964 年)10 月 29 日判决・最高法院民事判例集 18 卷 8
号 1809 页(大田区ごみ焼却場設置事件)。

表 2　处分性的判断指标

行政处分	非行政处分的行政活动
单方性	双方性(合同)
产生法律效果	内部效果(内部行为)、事实效果(事实行为)、附随效果(规划等)
个别具体性、直接性	抽象性(法规等的制定行为)、间接性(后续处分中对特定的相对人的行为)

三、处分性判断的司法实践

(一)单方意志性的判断

1. 民事关系上的合同

依照社会契约论的观点,公共社会关系是基于"契约(合同)"形成和建立的,如垄断营业权的许可、国籍归化的许可、官吏的任用制度的构造都基于此原理。但进入 19 世纪以后,契约自由和私人自治相互影响,公共社会关系的形式开始呈现多样化的特点。出于公正、平等和效率的要求,确立多数人法律关系的行为,或者通过一个意思表示对多个利益关系人形成法律关系的行为等,都需要以行政主体的公权力地位为基础,以行政主体具备确立和形成法律关系的权限为前提。奥托·迈耶、美浓部达吉等行政法学者最初曾将垄断营业权的许可、官吏任用等解释为"基于允诺的行政行为",但到了 20 世纪 10 年代以后则更为强调行政行为的单方性,并将"相对人的允诺"这一要素排除在外。

随着民法的私法化和行政法体系的形成、完善,行政机关在签订买卖或承包合同、用水供给和保障性住房合同等时,其自身作为独立的财产权主体应遵守民法的基本原则。这些行政活动虽然一般不被认为是行政行为,但往往又以公共目的为目标,总体而言,其公权力性质尚有待商榷,司法实践中一般会就具体争议或事项作具体判断。

2. 公共服务和社会保障

日本法律规定公共设施和服务的提供形式除了使用(如道路、公园等)和许可以外,还包括了以合同为主要形式的用水、燃气等生活基础设施以及社会保障相关服务的提供。特别是涉及提供公共服务和公共设施、社会保障资金的发放和委托等行政活动时,往往会签署行政合同。

社会保障资金的发放一般采取合同的形式,但涉及其发放的行政决定一般被认为具有处分性,相关争议的处理适用于《行政不服审查法》和《行政程序法》的相关规定。在"返还交托金请求事件"中,尽管清偿委托具有民法上委托合同的性质,但由于供托官具有特别权限且设置了特别的行政复议程序,最高法院判定供托官的驳回决定具有处分性。[①] 在"摄津诉讼上诉判决"中,东京高等法院认为"根据《补助金适正法》,具体补助金额的认定首先由行政厅决定,对其可申请行政复议,同时伴随该决定,补助金经营者会承担一定义务",从而认定案中补助金的交付决定具有处分性。[②]

也有部分社会保障资金的发放决定属于行政规则的规制范围,多被理解为允诺合同,一般不被认为属于"法律规定"的范围。但在2003年"劳灾就学援助金不予支付决定事件"中,最高法院认为,不予发放

---

① 最高裁判所大法廷昭和45年(1970年)7月15日判决·最高裁判所民事判例集24卷7号771頁(供託金取戻し請求事件)。

② 東京高等裁判所昭和55年(1980年)7月28日判决·行政事件裁判例集31卷7号1558頁(摄津訴訟控訴審判决)。

劳动灾害就学援助金的决定虽然在形式上由行政规则调整,但仍属于《劳动者灾害补偿保险法》的调整范围,是法律上的"决定",应属于行政处分。另外依据该法第 3 章的规定,在劳动者遭受劳动灾害时,可以按照社会保险的发放程序对受害人或其家属发放劳动灾害就学援助金,作为社会保险金的补充,这符合该法的立法原意。①

此外,垃圾回收、儿童托养、公共设施的运营管理等行政事务的委托多采用合同形式。在"纹别市福利院民间移管未选定通知事件"中,日本最高法院认为行政机关选定被委托单位的行为属于合同的准备行为,因此该案中行政厅的通知不具备处分性。②

3. 行政主体特有的合同

行政主体与经营者签订的公害防止协定、灾害防止协定并非一般民事上的平等财产权主体间的合同,而是行政主体特有的合同。那么问题就在于,行政主体基于协定请求履行合同义务是否具有法定约束力。按照法治主义的基本原则,行政主体行使要求停止经营活动的权限必须具有法律依据,因此基于协定内容行使该权限并不被承认具有法律效力,而仅限于君子协定。最高法院在 2009 年"旧福间町公害防止协定事件"判决中肯定了经营者基于自由自主的判断签订的协定具有法定约束力。③ 这也就意味着,行政主体在平等财产权主体与公权力主体的两者之间,还可以充当既非民事又非公权力的角色。而此时涉及行政活动的争议,则可以灵活诉诸抗告诉讼以外的行政诉讼类型来解决。

---

① 最高裁判所平成 15 年(2003 年)9 月 4 日判决·判例时报 1841 号(2004 年)89 頁(劳灾就学援護費不支給决定事件)。
② 最高裁判所平成 23 年(2011 年)6 月 14 日判决·最高裁判所裁判集民事编 237 号 21 頁(纹别市福祉施设民間移管不選定通知事件)。
③ 最高裁判所平成 21 年(2009 年)7 月 10 日判决·最高裁判所裁判集民事编 231 号 273 頁(旧福間町公害防止協定事件)。

（二）法律效果的判断

1. 行政机关的内部行为

仅对行政组织内部产生效果的决定等行政活动,例如上级行政厅对下级行政厅的命令,因为不会对行政相对人的权利义务产生影响,所以不属于行政处分。但是在现实中,类似活动对于行政组织外部的法律关系产生实际影响的例子并不在少数。

首先以行政机关之间的"同意"为例。在 1959 年"消防长官同意撤销事件"中,程序上要获得建筑许可必须要经过消防长官的同意,该同意的性质成为审判焦点。[①] 当时的最高法院最终否认了其具有处分性,理由是"本案中消防长官的同意属于行政机关相互之间的行为,并不会直接对国民权利义务的形成及范围的确定产生影响"。但同时,虽由于该同意不具有处分性导致当事人不能就该"同意"提起诉讼,但因为按照程序如果未获得该"同意"以后也将无法获得建筑许可,因此可以对不颁发建筑许可的行政行为提起撤销诉讼。

但是需要注意的是,近年来日本最高法院更强调权利救济的实效性,给类似案件提供了更多的救济方式和途径。比如,前述案件中未附有"同意书"的许可申请属于日本《行政程序法》第 7 条规定的"不符合申请的形式要件",应根据行政厅的要求进行补充,但最终能否获得许可尚未可知,许可一旦未获批准再寻求救济则很有可能为时已晚。所以从实质上(相对于形式上)确定不颁发许可的时间点起,当事人应当就已经可以寻求救济。

其次来看法律上的"认可"。如果认可存在于上级与下级行政机

---

① 最高裁判所昭和 34 年(1959 年)1 月 29 日判决·最高裁判所民事判例集 13 卷 1 号 32 頁(東山村消防长同意取消事件)。

关之间,则不属于行政处分。关于"认可"是否具有处分性,在 1978 年"成田新干线事件"判决中,最高法院认为:"本案的认可由上级行政机关运输大臣对下级行政机关即日本铁道建设公团作出,是审查和监督工程实施规划是否符合整备规划的一种手段,并不具有外部效力,而应视为行政机关相互间的行为。"①但按照现在的观点,"公团"作为与政府相对独立的组织,对于其性质到底是否应属于掌握行政权力的内部机关还存在争议。

另外,以公务员为对象的"训令""通达"等职务命令一般也不属于行政行为。在 2012 年的"国歌齐唱预防诉讼事件"中,尽管原审法院起初以"对于特定教职员产生法律效果"为由肯定了"通达"的处分性,但之后最高法院否认了该判决。② 有学者认为,职务命令中对于公务员个人的身份、工作条件等权利义务产生直接影响的部分实际具有外部效果,应承认其处分性。③ 另外在下级法院的判决中,对于《行政不服审查法》规定的"停止执行决定",东京地方法院曾在判例中以其具有法律效果为由肯定了其处分性。④

2. 事实行为

事实行为是指不产生法律效果的行政活动,但有可能会产生物理作用(如公共工程)或精神作用(行政指导)。以公共工程为例,如焚烧厂的选址行为,在最高法院判例中被分解为内部行为和私法上的民事

---

① 最高裁判所昭和 58 年(1978 年)12 月 8 日判决・最高裁判所民事判例集 32 卷 9 号 1617 页(成田新幹線事件)。

② 最高裁判所平成 24 年(2012 年)2 月 9 日判决・最高裁判所民事判例集 66 卷 2 号 183 页(日の丸・君が代予防诉讼)。

③ 塩野宏『行政法 III・行政組織法(第 4 版)』(有斐閣、2012 年)316 页以下。

④ 東京地方裁判所平成 28 年(2016 年)11 月 29 日判决・判例タイムズ 1445 号(2018 年)189 页(執行停止不開始決定取消请求事件)。

合同,其中内部行为涵盖了向议会递交选址规划书、议会决议等程序,基本否定了其处分性。① 但在下级法院的判例中,也有从权利救济的实效性出发,回避法律效果判断从而肯定处分性的情况。②

在 1993 年的"厚木基地诉讼"中,日本最高法院认为"自卫队战机航行"具有处分性,理由是决定航行与否的权限归属防卫厅长官,且伴随战机航行,周边居民必然需承担忍受义务。③ 2016 年的"厚木基地诉讼"中,最高法院认定有关自卫队战机航行的诉讼请求可适用于法定抗告诉讼之一的差止诉讼(或称禁止诉讼、预防诉讼),也等于肯定了其处分性。④ 另外,有关行政指导的处分性判断可参见"富山县医院开设中止劝告事件"。⑤ 该案中行政主体"劝告中止开设医院"的劝告行为本属于行政指导的范畴,对于保险医疗机构资格的认定则属于行政处分,但最高法院认为该劝告的作出会有很高概率导致保险医疗机构的资格认定最终不予通过,因此肯定了该"劝告"的处分性。

3. 行政规划

以土地区划整理事业规划为例,有判例否定了其处分性,理由是其

---

① 最高裁判所昭和 39 年(1964 年)10 月 29 日判决·最高裁判所民事判例集 18 卷 8 号 1809 頁(大田区ごみ焼却場设置事件)。

② 東京地方裁判所昭和 45 年(1970 年)10 月 14 日决定·行政事件裁判例集 21 卷 10 号 1187 頁(国立步道橋事件)。

③ 最高裁判所平成 5 年(1993 年)2 月 25 日判决·最高裁判所民事判例集 47 卷 2 号 643 頁(厚木基地第 1 次诉讼)。

④ 最高裁判所平成 28 年(2016 年)12 月 8 日判决·最高裁判所民事判例集 70 卷 8 号 1833 頁(厚木基地第 4 次诉讼)。另外,在上诉审中東京高等法院支持了差止请求,但最高法院终审判定不予支持。参见東京高等裁判所平成 27 年(2015 年)7 月 30 日判决·最高裁判所民事判例集 70 卷 8 号 1837 頁。

⑤ 最高裁判所平成 17 年(2005 年)7 月 15 日判决·最高裁判所民事判例集 59 卷 6 号 1661 頁(富山县病院开设中止勧告事件)。

"仅为一般抽象的规划",对所涉及的权利限制仅产生附随效果。① 但在 2008 年日本最高法院基于权利救济的时效性考虑在判决中肯定了事业规划决定的处分性,理由是"伴随土地规划整理事业程序的开展,该区域的住宅用地所有者的法律地位将受到直接影响"。② 这也符合"对行政组织外部产生法律效果"的判断标准。另外,最高法院还确立了将规划决定分为"完结型"与"非完结型"两类的惯例,"完结型"是指类似确定土地用途区域等无后续行政行为的行政规划决定,"非完结型"是指前述的土地区划整理事业规划等后续还会伴随有其他行政行为的行政规划决定。依照最高法院判例,仅"非完结型"规划决定具有处分性。

4. 准法律行为

日本的行政法学受到民法学上意思表示理论的影响,将行政行为分为法律行为的行政行为与准法律行为的行政行为。一般而言,作为准法律行为的确认、公证、通知、受理等行政活动并不产生法律效果,可以理解为行政主体的意思表示,因此属于不具备处分性的准法律行为。但从近年日本最高法院的倾向来看,也有部分准法律行为,比如建筑确认以及行政主体对于部分申请的不予受理决定等的处分性得到肯定。③ 另

---

① 最高裁判所昭和 41 年(1966 年)2 月 23 日判决・最高裁判所民事判例集 20 卷 2 号 271 頁(高円寺土地区画整理事業計画事件)。

② 最高裁判所大法廷平成 20 年(2008 年)9 月 10 日判决・最高裁判所民事判例集 62 卷 8 号 2029 頁(浜松市土地区画整理事業計画決定事件)。类似案件还有最高裁判所平成 4 年(1992 年)11 月 26 日判决・最高裁判所民事判例集 46 卷 8 号 2658 頁(市街地再開発事業計画決定事件)。最高法院肯定了该决定的处分性,认为该决定和《土地收用法》中规定的"事业认定"具有同样的法律效果。

③ 如最高裁判所平成 15 年(2003 年)6 月 26 日判决・判例時報 1831 号(2003 年)94 頁(住民転入届不受理事件);最高裁判所平成 26 年(2014 年)4 月 14 日决定・最高裁判所民事判例集 68 卷 4 号 279 頁(親権者変更届出不受理事件)。另有案例中,名古屋高等法院认定地方法务局长对于土地房屋调查专员的"不予进行惩戒处分"的决定具有处分性,理由是"地方法务局长具有回答义务"。见名古屋高等裁判所平成 27 年(2015 年)11 月 12 日判决・判例時報 2286 号(2016 年)40 頁(土地家屋調査士懲戒処分事件)。

外,判例上对于公证行为,如证明文件的发行(或不予发行)等是否应属于行政行为还并不明确。①

关于"通知"的处分性,1979 年的"横滨关税通知事件"中,日本最高法院认定案中"通知"具有处分性,理由是"依据《关税定率法》的通知虽然具有表明判断结果即一般观念上通知的法律性质,但是由于是依据法律规定作出,且因作出该通知必然会带来本案货物无法合法进口的法律效果"②。之后的最高法院判例也多以通知产生法律效果为由肯定了其处分性。③

(三)具体性与直接性的判断

1.行政立法行为

由于行政法规、条例等的制定和修改属于对公众的普遍性规制行为,其所产生的是一般性和抽象性的法律效果,因此一般不具有处分性。如行政机关就自来水收费标准制定条例的行为,由于条例修改是对于管辖区域内自来水收费标准的统一修改,并非仅适用于一定范围

---

①　曾有最高法院判例否认了"发放土地购买适格证明书"的处分性,见最高裁判所平成 8 年(1996 年)10 月 8 日判决·訟務月報 44 卷 5 号(1997 年)759 頁(農地競売買受適格証明書交付事件),但同时也有判例认为,行政方发布的有关违反《食品卫生法》的通知具有不予发放"进口食品资格"之决定的性质,因而肯定了该通知的处分性,见最高裁判所平成 16 年(2004 年)4 月 26 日判决·最高裁判所民事判例集 58 卷 4 号 989 頁(冷凍スモークマグロ食品衛生法通知事件)。

②　最高裁判所昭和 54 年(1979 年)12 月 25 日判决·最高裁判所民事判例集 33 卷 7 号 753 頁(横浜税関通知事件)。

③　具体如最高裁判所平成 16 年(2004 年)4 月 26 日判决·最高裁判所民事判例集 58 卷 4 号 989 頁(冷凍スモークマグロ食品衛生法通知事件);最高裁判所平成 17 年(2005 年)4 月 14 日判决·最高裁判所民事判例集 59 卷 3 号 491 頁(登録免許税還付拒否通知事件);最高裁判所平成 24 年(2012 年)2 月 3 日判决·最高裁判所民事判例集 66 卷 2 号 148 頁(土壌汚染対策法施設廃止通知事件)。这些判决都肯定了"通知"的处分性。

内的特定对象,因此其不具有处分性。①

　　但也有肯定处分性的判例值得关注。如在"御所町二项道路制定事件"中,原审法院认为,行政主体依据《建筑基准法》第 42 条第 2 项发布统一指定道路规划的告示属于确立一般标准的行为,而不具备处分性,理由是告示本身对于私人权利并不产生直接限制。② 但实际上不论是"统一指定"还是"个别制定",其所带来的建筑规制、道路变更或废止等都会对土地所有者的私人权利产生限制性的法律效果。最高法院认为,该案中的道路指定行为即便是"统一指定",也会对私权产生具体限制并对个人的权利义务造成直接影响。

　　有关行政立法的处分性,"横滨市保育所事件"中涉及了条例修改中公立保育所废止的问题。③ 条例的制定一般不具有处分性,不属于抗告诉讼的对象。但本案中的条例修改是以废止保育所为唯一修改内容,而且修改后的条例一旦开始施行就会带来废止保育所的效果,不需要再借助其他的行政行为。这对于保育所的儿童和工作人员等特定的人群而言,等于面临被剥夺了相应的法律地位的后果。因此法院判定本案中条例的制定行为实质上等同于行政处分,这符合"针对特定相对人作出"并"直接产生法律效果"的判断标准。

2. 行政规划

　　行政规划为行政活动提供方针和标准,出台行政规划的行为类似于行政法规的制定行为,一般不具有处分性。但在前述"土地区划整

---

　　① 最高裁判所平成 18 年(2006 年)7 月 14 日判决·最高裁判所民事判例集第 60 卷 6 号 2369 页(給水条例無効確認等請求事件)。
　　② 最高裁判所平成 14 年(2002 年)1 月 17 日判决·最高裁判所民事判例集 56 卷 1 号 1 页(御所町二項道路指定事件)。
　　③ 最高裁判所 2009 年(平成 21 年)11 月 26 日判决·最高裁判所民事判例集 63 卷 9 号 2124 頁(横浜市保育所廃止条例事件)。

理事业规划决定事件"中,日本最高法院认为该行政规划决定"带来的法律效果并不仅限于一般性、抽象性的程度",判定其具有处分性。需要注意的是,尽管当事人也可以在规划制定完以后就"换地处分"等具体的行政决定提起撤销诉讼,但一旦换地规划制定完毕,建设工程往往已实际开展,此时再提起撤销诉讼难免会给整个工程的进展带来混乱。即便法院在撤销诉讼中认定行政规划违法,但实际撤销原行政决定很有可能有违公共利益,成为行政诉讼法规定的"事情判决",这对于当事人的权利救济并不能起到充分的实际作用。① 因此法院认为,从保证权利救济的实效这一角度考虑,在事业规划决定作出后就可以对其提起撤销诉讼。

四、日本"处分性"判断于我国之借鉴

(一) 处分性扩大解释的依据

日本最高法院在 2004 年《行政事件诉讼法》修改以后愈发注重国民权利利益救济的实效性,在审判实践中对"处分性"进行扩大解释成为其重要特点之一。与我国侧重于详细列举可诉行政行为的规定方式不同,日本《行政事件诉讼法》并没有划定可诉范围的具体条文,为司法机关就行政纠纷可诉性创造了较大的解释空间。

法院可以从相关法律法规的立法宗旨、目的以及其实际的运用效

---

① "换地处分"是指依照日本《土地区划整理法》规定,行政机关为开展土地区划整理工程对原有住宅用地返修翻建并对土地所有人交付新的住宅用地的行为。"事情判决"是指日本《行政事件诉讼法》第 31 条第 1 项规定的,行政行为违法但判决撤销有违公共福祉,法院驳回原告请求同时宣告行政行为违法的情形。类似于我国《行政诉讼法》第 74 条中"判决确认违法,但不撤销行政行为"的规定。

果,同时考虑到当事人所承受利益损失的性质、程度等因素,从制度构架层面综合考量,进行处分性的判断。这就造成日本行政诉讼法上的"处分"概念在某些具体情况下还会涵盖行政指导、行政立法、行政规划等多种行政主体的行为形式。日本虽不是判例法国家,但最高法院的判例作为先例具有事实上的拘束力。[1] 如在 1979 年"横滨关税通知事件"判决之后,日本法院在类似案件中多以实际产生法律效果为由偏向肯定通知的处分性。

在成文法国家里,司法在传统意义上扮演的角色是以具体的权利义务和法律关系的争议为前提适用法律和解决纷争。[2] 和我国类似,日本行政诉讼案件中对于"处分性"的判断决定了被诉的行政机关的行为是否属于行政行为,进而决定了对案件可诉性的判断。另外由于采用附随性司法审查方式,司法机关审判具体的诉讼案件时一般是以该事件的解决为必要限度,以保护个人权利为目的,采取的是对适用法条的司法审查方式。总的来说,国家权力的配置方式与司法制度的设计架构客观决定了日本法院在行政诉讼中对于处分性的判断必然受到若干现实因素限制。

但是,日本最高法院注重国民权利利益救济的实效,对处分性进行扩大解释,反映了对于国民接受裁判权的宪法规定的维护与及时有效保障人权的重视。[3] 战后的日本宪法确立了国民主权和保障人权的基本原则,第 11 条规定:"国民享有一切基本人权","本宪法所保障的基本人权不受侵犯,作为一项永久权利在现在以及将来都赋予全体国

---

①　参见牟宪魁主编:《中日比较法讲义》,法律出版社 2017 年版,第 208 页。

②　参见杨官鹏:《涉土地征收之权利救济的立法现状与问题——浅论人大主导土地征收立法的必要性》,载莫纪宏、牟宪魁主编:《法治国家的法理——户波江二先生古稀祝贺论文集》,中国民主法制出版社 2018 年版,第 480 页。

③　《日本国宪法》第 32 条:"不得剥夺任何人接受审判的权利。"

民"。基本人权具备固有性、不可侵犯性和普遍性三个属性,保障基本人权是现代宪法的目的所在,也是宪法作为最高法规的基本价值所在。司法诉讼是现代法治社会实现公民权利救济的最后一道屏障。当基本人权受到或即将面临公权力的侵害时,需要得到及时有效的、实质性的司法救济。

因此,日本《行政事件诉讼法》采取概括式模式,并没有用具体条文划定可诉范围。另外该法第 2 条概括性地规定了四种诉讼类型,第 3 条规定了抗告诉讼是以"公权力的行使"为对象,处分撤销之诉是以"处分或其他相当于行使公权力的行为"为对象。这样一来,"处分性"与"公权力行使"等概念的延展性就为行政争议可诉性创造了较大的解释空间。这都为法院对于处分性作扩大解释提供了重要基础。

(二)我国可诉行政行为的范围

我国可诉行政行为的判断标准对行政诉讼的实践有重大意义,它既关系到法院对行政机关的监督范围与程度,也关系到对相对人合法权益的保护力度。为扩大行政诉讼的可诉范围,新《行政诉讼法》(2015 年)将原来的"具体行政行为"概念统一替换为"行政行为",规定行政相对人"认为行政机关和行政机关的工作人员侵犯其合法权益"时有权提起行政诉讼(第 2 条第 1 款),同时大幅扩大了法定受案范围(第 12 条)。

对此有学者认为,就行政纠纷可诉性的确定模式而言,我国实现了由列举式、形式混合式到实质混合式的跨越。① 而我国对可诉行政行为的扩大化解释也现实存在,包括:(1)单方行为以外的合同行为,如

---

① 参见梁君瑜:《论行政纠纷可诉性》,《北方法学》2019 年第 6 期。

行诉法已将行政协议纳入受案范围;(2)行政机关委托职权的行为,如我国 2018 年行诉法解释的第 24 条、第 25 条规定对于行政机关委托作出的行为应以委托方为被告。[1] (3)属于内部行为但具有外部效力的行为,如公务员的招考行为以及有关行政程序的专门规定。[2] (4)针对具体和特定的对象的行为,2000 年行诉法司法解释给"具有普遍约束力的决定、命令",即抽象行政行为下定义,指出其具有"针对不特定对象"和"反复适用"两个条件。[3] (5)影响相对人合法权益的事实行为,2010 年有关行政许可的司法解释肯定了"告知补正申请材料、听证"等通知行为的可诉性。[4] (6)涉及相对人人身权和财产权以外的其他合法权益的行为,新行诉法已将可诉行政行为保护的权益范围扩展为"人身权、财产权等合法权益"。

总体而言,我国就行政纠纷可诉性的判断仍采用以列举式为核心、以概括式为辅助的模式,司法实践对可诉行政行为的扩大化解释仍受到严格限制。特别是在《行政诉讼法》第 12 条、第 13 条和 2018 年行诉法解释第 1 条等对受案范围进行了近乎穷尽列举式规定的背景下,司法机关的判断呈现出相对审慎、抑制和保守的态度。

以 2016 年"金实诉海淀区政府履行法定职责案"(以下称"金实案")为例,最高法院认为,除去涉及行政不作为、行政事实行为、双方行政行为的场合,在撤销诉讼中"行政行为"的概念仍等同于原来的

---

① 《最高人民法院关于适用〈中华人民共和国行政诉讼法〉的解释》,法释[2018]1 号。

② 如国务院《国有土地上房屋征收与补偿条例》第 24 条第 2 款规定,作出房屋征收决定前应当依法对征收范围内未经登记的建筑进行调查、认定和处理。

③ 《最高人民法院关于执行〈中华人民共和国行政诉讼法〉若干问题的解释》,法释[2000]8 号。

④ 《最高人民法院关于审理行政许可案件若干问题的规定》,法释[2009]20 号。其中第 3 条规定:"公民、法人或者其他组织仅就行政许可过程中的告知补正申请材料、听证等通知行为提起行政诉讼的,人民法院不予受理,但导致许可程序对上述主体事实上终止的除外。"

"具体行政行为",即"行政机关针对具体事件、单方面作出的、具有外部效果的、行政法上的、处理行为"。据此,决定作出前的准备行为、阶段行为、不具有外部效果的内部行为、不针对具体事件的普遍性的调整行为,都应被排除在受案范围之外。①

另外我国《行政诉讼法》已明确将抽象行政行为排除在可诉范围外。主要体现在:(1)法院审理行政诉讼案件"以法律和行政法规、地方性法规为审判依据"并以规章为参照;(2)"行政法规、规章或者行政机关制定、发布的具有普遍拘束力的决定、命令"不属于行政诉讼的受案范围(第13条第2项);(3)对于各级行政机关及其部门的规范性文件,当事人也只有在对行政行为提起诉讼时才可以一并请求对其进行附带性审查(第53条)。

但是另一方面,除去法律明确规定的除外情形,法院应当在法律范围内为给当事人的合法权益提供及时充分的保护,在司法实践中本应适当对可诉性作扩大解释。按照前述"金实案"的裁判说理,行诉法用"行政行为"替换过去"具体行政行为"的目的是"为了使行政不作为、行政事实行为、双方行政行为等能够纳入受案范围",除去上述三种行政作用类型,撤销诉讼中"行政行为"的概念仍等同于原来的"具体行政行为"。但是,如果说修改目的是将"行政不作为、事实行为、双方行政行为等能纳入受案范围","撤销诉讼中行政行为概念仍等同于具体行政行为",为何前面又加一个"等"字呢?有"等"就说明还有例外,既然承认有例外又怎么能等同呢?如此一来,对于行政决定前的调查认

---

①　参见最高人民法院行政裁定,(2016)最高法行申2856号。另外,1991年最高人民法院在《关于贯彻执行〈中华人民共和国行政诉讼法〉若干问题的意见(试行)》(法释[1991]19号,已废止)中曾规定:"'具体行政行为'是指国家行政机关和行政机关工作人员、法律法规授权的组织、行政机关委托的组织或者个人在行政管理活动中行使行政职权,针对特定的公民、法人或者其他组织,就特定的具体事项,作出的有关该公民、法人或者其他组织权利义务的单方行为。"

定、带来法律效果的行政指导、产生个别效力的行政立法行为和产生对外效力的内部行为等,行诉法与司法解释等有待进一步明确可诉性判断标准的行政作用形式,不能一律推定其不具有可诉性。新《行政诉讼法》用"行政行为"替换"具体行政行为"的意义也绝不仅仅停留在"行政不作为、事实行为、双方行政行为等能纳入受案范围"层面。不论是从行政行为与处分性概念的诞生和发展历程来看,还是从国外司法审判实践的经验来看,公权力的行使应当装在行政行为概念的笼子里,这既符合现代法治国家的基本规律,也符合习近平总书记在十八届中央纪委第二次全会上"要加强对权力运行的制约和监督,把权力关进制度的笼子里"的重要讲话精神。

(三) 处分性判断的借鉴

1. 现实背景

我国并未采用日本行政法上"处分"的概念,而"行政行为"概念也是到了 1983 年才开始使用。[①] 当时的行政行为理论尚在起步阶段,更多地还停留在强调国家行政管理层面,同时受到行政诉讼法"具体行政行为"概念等的影响,行政行为概念并没有很好地与行政诉讼制度理论结合起来。此时的行政行为理论以"广义说"为代表,如 1992 年的《行政行为法》一书指出,行政行为是"行政机关和法定授权组织为实现行政管理目标执行公务的方式方法总称"[②]。同年的《行政行为概论》一书认为,行政行为是"国家行政机关为实现国家的目标和任务,

---

①　"我国 1983 年法律出版社出版的《行政法概要》最早使用行政行为概念,其后绝大多数行政法专著教本相继沿用了这一概念。"杨建顺:《关于行政行为理论与问题的研究》,《行政法学研究》1995 年第 3 期。

②　应松年主编:《行政行为法》,人民出版社 1992 年版,第 1 页。

行使国家权力,从事国家政务管理活动的总称"①。

从 1989 年第七届全国人大通过《行政诉讼法》至今,我国《行政诉讼法》已经颁布 30 余年。这期间我国的行政诉讼制度从无到有并逐渐发展完善,"广义说"也增加了对有无"法律效力"的要素判断,逐渐发展出行政行为是"行政主体实施的所有生效行政法律效力的行为"这一观点。相对于"广义说",过去"狭义说"主张行政行为是单方的、外部的具体行政行为,强调其应是具有行政法意义的行为,不包括行政机关的抽象行为、事实行为和内部行为。在 2014 年修正的我国行政诉讼法将"具体行政行为"替换为"行政行为"以后,"狭义说"多偏向于认为行政行为是行政主体及其工作人员行使行政职权对行政相对人作出的法律行为。

从大陆法系国家的历史经验来看,行政行为原本并非实体法上的表述,而是随着行政诉讼制度确立和发展起来的学术用语。如今日本实定法上多采用"行政处分"的表述,在某种意义上已经取代了"行政行为"概念的理论地位。在行政诉讼中,日本法院对有无"处分性"的判断决定了被诉行政机关的行为是否属于行政行为,进而决定了对案件可诉性的判断。事实上无论是对"处分性"还是"行政行为",日本法律都没有作明确的概念界定。学界关于"处分性"判断的探讨也一直在随着审判实务和学术理论的发展而不断深化。相对而言,尽管我国行政诉讼法已经直接采用了"行政行为"的表述,也对"受案范围"作出了列举式规定,但由于并未对行政行为的概念作严格定义,同样在理论上留出了很大探讨空间。如已有学者提出,客观存在着概括主义法解释路径,完全可以依据实定行政诉讼法的规范规定,通过全项列举或另

---

① 刘永安编著:《行政行为概论》,中国法制出版社 1992 年版,第 3 页。

定根据规范等方法消解列举主义"受案范围"的局限性。①

我国的行政诉讼制度已历经 31 年的发展,对监督促进依法行政、保护行政相对人的合法权益、化解行政争议起到了重要作用。但关于行政诉讼受案范围的问题,理论和实务上仍存在不少争议和问题。不少行政机关担心行政诉讼增多,长期以来倾向于对受案范围作出一定限制。但司法实践一般倾向严格执行法律规定,不随意限缩行政诉讼受案范围,同时通过积极解释法律把应该受理的案件纳入受案范围。②

已有学者主张应在广义上使用行政行为概念,认为行政行为的内涵和外延应进一步丰富和扩大,还应包括事实行为、双方行为、赋权性行为、制裁性行为、柔性行为等。③ 也有观点认为,以被诉行政行为为中心、以撤销诉讼为主要形态的诉讼制度存在着"漠视私权保护、逻辑不统一、不能涵盖新类型诉讼等一系列问题","要从高度重视私权保护的角度,重视原告的诉讼请求,并从理念、制度、诉讼类型化等方面对行政诉讼进行建构"。④ 还有学者明确主张应扩大受案范围,"以行政争议替代行政行为作为受案范围的接口,通过概括主义的立法模式实现受案范围的正常扩张"⑤。

2. 比较分析

在此背景下,本章试图分别就具体的行政作用或行政活动类型作

---

① 参见朱芒:《概括主义的行政诉讼"受案范围"——一种法解释路径的备忘录》,《华东政法大学学报》2015 年第 6 期。

② 参见江必新:《行政诉讼三十年发展之剪影——从最高人民法院亲历者的角度》,《中国法律评论》2019 年第 2 期。

③ 参见江必新:《论行政案件的受理标准》,《法学》2009 年第 6 期。

④ 付荣、江必新:《论私权保护与行政诉讼体系的重构》,《行政法学研究》2018 年第 3 期。

⑤ 章志远:《新时代我国行政审判的三重任务》,《东方法学》2019 年第 6 期。

比较分析。

（1）关于内部行为的可诉性。我国 2018 年行诉法解释第 1 条已明确规定"行政机关作出的不产生外部法律效力的行为""上级行政机关基于内部层级监督关系对下级行政机关作出的听取报告、执法检查、督促履责等行为"都不属于受案范围。在日本判例中，关于内部行为、准法律行为的处分性，是否对行政组织外部产生法律效果也是重要判断依据，如"大田区垃圾焚烧厂设置事件"判决认为，行政机关设置垃圾焚烧厂是通过购买私人土地，并与私人以平等立场签订私法上的合同进行的。而行政机关对于焚烧厂的规划和将规划提交地方议会的行为属于行政机关的内部行为，因此设置垃圾焚烧厂的行为并不直接对当事人的权利义务造成影响。

但是以"行政规划决定"为例，如果内部行为后续还会伴随其他行政行为，就很有可能会对行政组织外部产生法律效果。不管是从保障人权、依法行政的角度出发，还是依照行政过程理论的要求，都需要在行政规划决定作出后对当事人提供及时有效的司法救济。前述的"浜松市土地区划整理事业计划决定事件""市街地再开发事业规划决定事件"等肯定处分性的判例都属于这类情况。准法律行为以"通知"为例，"横滨关税通知事件"判决虽然没有否认通知作为准法律行为的法律性质，但以实际产生法律效果为由肯定了其处分性。

对答复或通知等程序性行为的可诉性认定，有观点认为要从行政机关是否具有法定义务、是否仅仅构成行政行为的中间性程序和是否构成行政决定的构成要件三个方面进行考量。[①] 总体而言，我国审判实践对于通知的可诉性倾向于持否定态度。以"蔡某诉龙海市自然资

---

① 参见林振通、陈炎锋：《程序性行政行为可诉性之考量——福建漳浦法院裁定蔡某诉龙海市自然资源局其他行政管理行为案》，《人民法院报》2019 年 11 月 14 日。

源局案"为例,法院认为案中的"通知"行为不属于受案范围,理由是"依照职权在行政执法过程中实施的阶段性行为,是整个行政处理行为的一个环节,两份通知对原告的合法权益未产生实际影响"①。由于我国尚未制定统一的行政程序法,对过程性行政行为可诉性的判断标准仍需进一步明确。

（2）关于行政规划。我国理论和实践上都就能否对行政规划进行司法审查这一问题争议颇大。曾有学者提出双"成熟"标准,即只有同时满足行政决定的成熟性（必须是最终的规划）以及规划纠纷争议的成熟性,规划才能纳入诉讼范畴。② 日本司法实践普遍倾向于认为一般的抽象性规划所涉及的权利限制仅产生附随效果,因而不应肯定其处分性。但如规划决定在具体案件中对行政组织外部产生法律效果,例如在 2008 年"浜松市土地区划整理事业计划决定事件"中,判决就以"对行政组织外部产生法律效果"为由肯定了事业规划决定的处分性,并且这种标准并非限于具体直接法律效果的处分性判断标准,而是综合考虑该行为与和其有关联的法律规定相互结合所引发的实际效果出发来作出更为灵活的处分性判断。这种为相对人权利利益提供实质有效的司法救济的审判理念可以为我国法院审理相关案件提供宝贵借鉴。

（3）关于行政协议的可诉性。我国 2014 年行政诉讼法修改后把"行政协议"纳入受案范围,涉及招商引资、征收补偿和特许经营协议等的案件因而大幅增加。同时行政协议诉讼还牵涉到与行政诉讼类型间关系的复杂性。该修改在实践中遇到了问题,比如超出法条列举范

---

① 《福建省漳浦县人民法院行政裁定书》,(2019)闽 0623 行初 74 号。
② 参见郭庆珠:《行政规划的司法审查研究——与王青斌博士商榷》,《东方法学》2012 年第 2 期。

围的行政协议是否应纳入受案范围,再如行政协议案件的法律适用问题等。在我国并未实现行政诉讼类型化的情况下,立法虽然将部分行政合同争议纳入受案范围,赋予了相对人诉权,但也有学者指出,立法并未认可行政合同的双方合意的属性,许多诉讼救济程序上的问题依然没有得到解决。① 另外,关于审理行政协议案件的司法解释第 27 条规定,审理行政协议案件适用行政诉讼法的规定,没有规定的参照适用民事诉讼法的规定。② 也有学者提出,行政协议案件应当优先适用行政法律规范,同时适用一定的民事法律规范。③ 可以说在我国,行政合同行为中行政主体在行政合同的缔结、变更、解除与履行等方面都体现出与民事合同不同的单方意志性。

日本行政机关涉及社会服务、社保资金的发放时多采取签订合同的方式。因为合同是行政机关就平等的民事关系签订的,所以一般不体现行政主体的单方意志性,不被认为是行政处分。以委托合同为例,"纹别市福利院民间移管未选定通知事件"判决认为行政机关选定被委托单位的行为属于合同的准备行为,不具有处分性。因此此类合同发生纠纷时的法律适用也与我国有显著不同。但日本东京高等法院在"摄津诉讼上诉判决"中,以"具体补助金额的认定首先由行政厅决定,对其可申请行政复议,同时伴随该决定补助金经营者会承担一定义务"为由,认定补助金的交付决定具有处分性,这可为我国对部分行政协议是否应纳入受案范围以及对适用法律规范的判断提供借鉴。

(4) 关于行政指导的可诉性。2005 年日本"富山县医院开设中止

---

① 参见闫尔宝:《行政诉讼受案范围的发展与问题》,《国家检察官学院学报》2015 年第 4 期。

② 《最高人民法院关于审理行政协议案件若干问题的规定》,法释〔2019〕17 号。

③ 参见梁凤云:《行政协议案件的审理和判决规则》,《国家检察官学院学报》2015 年第 4 期。

劝告事件"判决在肯定"劝告"属于行政指导的同时,仍然从其所会造成的实际效果出发,判定其属于《行政事件诉讼法》第 3 条第 2 项中"行政厅的处分或其他相当于行使公权力(的行为)",即具有可诉性。行政指导的诉讼救济在日本也一直是个难题。① 长期以来,日本实务界倾向于认为行政指导不属于撤销诉讼的受案范围。然而正如我国学者指出的那样,日本的司法实务并未基于行政指导属于事实行为这一性质判断就一概排斥对其提起的抗告诉讼,"处分性扩大"的解释理论成为对行政指导进行司法救济的重要途径。② 特别体现在日本最高法院注重相对人的权利救济,以通知产生实质法律效果为由肯定了其处分性。典型案例还有 1979 年"横滨关税通知事件"等。

虽然我国 2018 年行诉法解释第 1 条已明确规定行政指导不属于受案范围,但是基于法律并未对行政行为概念进行定义以及行政指导须坚持正当性、自愿性和必要性原则,《行政诉讼法》第 70 条的适用不论是在理论上还是实践中都仍存有相当大的空间。③

(5)关于抽象行政行为的可诉性。我国《行政诉讼法》第 13 条规定不予受理"行政法规、规章或者行政机关制定、发布的具有普遍约束力的决定、命令"。虽然抽象行政行为不具有可诉性,但该法第 53 条又赋予了法院对规章以下规范性文件进行附带性司法审查的权力。

日本也倾向于否认抽象行政行为的处分性,但"横滨市保育所事件"判决的意义在于,即便是属于抽象行政行为的行政立法行为,如果

---

① 详细论述可参见闫尔宝:《日本的行政指导:理论、规范与救济》,《清华法学》2011年第 2 期;崔卓兰、鲁鹏宇:《日本行政指导制度及其法律控制理论》,《行政法学研究》2001年第 3 期。

② 参见闫尔宝:《日本的行政指导:理论、规范与救济》,《清华法学》2011 年第 2 期。

③ 我国《行政诉讼法》第 70 条:"行政行为有下列情形之一的,人民法院判决撤销或者部分撤销,并可以判决被告重新作出行政行为:(一)主要证据不足的;(二)适用法律、法规错误的;(三)违反法定程序的;(四)超越职权的;(五)滥用职权的;(六)明显不当的。"

以特定的事项为内容,并且会产生对特定的对象带来法律关系改变的效果,其实质也具有和行政行为相同的性质。

3. 总结

综上所述,笔者认为,处分性概念以及日本立法和司法实践中有关处分性判断的经验至少能为我国提供以下几点值得借鉴与思考之处。

(1)通过导入"处分性"概念可以解决部分基础理论与审判实践的难题。不同于我国行政诉讼法直接采用"行政行为"的表述,日本在行政立法上多采用"处分"这一表述。"处分性"概念的引入可以解决一些理论上的问题。如在我国,行政不作为作为一种拟制的行政行为,即使通过立法技术使得行政不作为和行政行为一样接受司法审查,但严格来讲,行政不作为始终不能归入行政行为的概念中。①

尽管日本行政法学中"行政处分"的概念几乎等同于"行政行为",但在行政诉讼案件中法院对于有无处分性的判断,实际上巧妙地避开了古典行政法学中"行政行为"的概念之羁绊。在审判实践中,法官不拘泥于对行政行为概念的判断,更专注于对案件本身可诉性的判断,也不需要纠结于围绕行政行为概念进行解释和说理,而只需要对有无处分性的判断依据进行说明。

(2)日本立法并不划定具体的受案范围,而是采用概括方式,充分利用"处分与公权力的行使"等概念的延展性,为行政争议可诉性创造了较大的解释空间。与我国对受案范围以列举为主、概括为辅的方式不同,日本《行政事件诉讼法》并没有明确划定可诉范围,也并未详尽设定处分性判断的要件基准。在此背景下,一方面日本公法学界普遍支持对处分性作扩大解释;另一方面以日本最高法院判例为代表的司

---

① 参见江必新:《论行政案件的受理标准》,《法学》2009 年第 6 期。

法实践也愈发倾向于对"处分性"进行扩大化解释,学界与实务间形成有效互动。

(3) 近年日本行政诉讼的司法实践重视相对人的权益保障,特别讲求国民权利与权益救济的实际效果,日本法院对处分性的扩大解释也正是基于此理念。近年来,以单方意志性、产生法律效果、具体直接性三点为重要指标,"处分"概念在具体情况下还涵盖行政指导、行政立法、行政规划等行政主体的多种行为形式,实际扩展了对国民权益救济的维度和空间。

据统计,我国行政诉讼法修改后行政诉讼案件数量大幅增加,2015年全国一审行政诉讼案件比2014年增长了55%,达到22万件,2016年达到了23万件。这一庞大规模是日本行政诉讼实务所不能比拟的。有观点据此认为,盲目扩大受案范围会增加法院立案工作的压力。但我国行政诉讼制度除了解决行政争议以外,还肩负着监督行政机关依法行政、保护相对人合法权益的重任。同时鉴于行诉法已经增加了简易程序,能够提高审判效率并降低诉讼成本。我国法院也应在具体案件审理中,对当事人所承受利益损失的性质和程度等因素综合考量,对"权利义务受行政行为所实际影响"的客观判定标准作扩大化解释。

(4) 关于构建行政诉讼类型制度。日本行政诉讼制度的"处分性"概念与行政诉讼类型法定化紧密关联。我国并未建立起行政诉讼类型标准,近年已有多名学者主张推动行政诉讼类型化,在此不再赘述。

日本行政诉讼类型包括抗告诉讼、当事人诉讼、民众诉讼和机关诉讼,抗告诉讼除撤销诉讼外还包括无效等确认诉讼、不作为的违法确认诉讼、课予义务诉讼和禁止诉讼多种类型。日本行诉法立法技术和形式结构特征是由行政诉讼类型法定化的原则决定的,特点是以各种法定诉讼类型的有机整合确定行政诉讼的具体受案范围和救济范围。① 行政作用具有处分性是抗告诉讼得以受理的前提,而这又是建立在日本明确的行政诉讼法定类型制度基础上的。日本对受理范围采取概括式表述,但对诉讼类型作了明确分类。如果行政纠纷和争议不能划入相应的诉讼类型,就无法作为行政诉讼起诉或受理,而受案范围的列举式规定一是理论上并无法做到穷尽列举,二是无法将受案范围内的行政行为类别与判决类型形成一一对应的严密关系,需要出台具体司法解释来弥补。

（5）关于处分性扩大解释和滥诉的问题。日本行诉法对受案范围采取概括式表述并不意味着行政诉讼没有门槛。在司法谦抑主义的理念下,除了处分性判断外还有原告适格、明确的诉的利益、被告适格等诉讼要件的限制,处分性扩大解释并不会盲目地将行政作用全部纳入受理范围。相反,司法通过结合与行政作用相关联的法令的宗旨及立法原意,并对当事人所承受利益损失的性质和程度等因素作综合考量,能够更好地促进行政机关依法行政和保护相对人权益。我国已有学者提出,基于行政诉权兼具基本人权和监督依法行政的基本价值,需设定具体的滥用认定规则。② 处分性扩大解释与产生行政滥诉并没有先天的因果关系,更重要的是如何处埋好预防滥诉与保障诉权二者间的关系。

五、结论

如前所述,日本法院将单方意志性、产生法律效果、个别具体性和

---

① 王丹红:《诉讼类型在〈日本行政诉讼法〉中的地位和作用——以我国〈行政诉讼法〉的修改为观察视角》,《法律科学（西北政法学院学报）》2006 年第 3 期。

② 曹伊清、崔小峰:《行政诉权滥用认定要件研究》,《学习与探索》2020 年第 5 期。

直接性作为处分性的判断指标,其中特别要求对行政组织外部的特定相对人的行为产生法律效果。虽然我国也采用"权利义务受行政行为所实际影响"的客观判定标准,但相对于日本,由于行政诉讼法和司法解释等对于受案范围的详尽规定,行政纠纷可诉性的判断模式仍是以列举式为核心、以概括式为辅助,对可诉性行政行为进行扩大化解释显然受到更多限制。

　　司法对于可诉行政行为的判断标准不应拘泥于行政作用的具体类型和法律文本规定,而应更加注重为当事人的合法权益提供全面及时充分的救济,这也符合党领导我国司法事业所践行的司法为民之宗旨。

日本行政诉讼法修改与原告适格论的动向[*]

本章主要阐述的是有关日本行政诉讼中原告适格的学说、判例,以及最近的立法动态。2004 年修改以前的日本《行政事件诉讼法》(本章简称"行政诉讼法")第 9 条(即修改后的第 9 条第 1 项)规定,只有"法律上的利益所有者"可以提起取消诉讼——所谓"法律上的利益所有者",也就是原告适格者。本章参照行政诉讼法修改前的判例和学说,在粗浅了解修改后行政诉讼法第 9 条第 2 项的宗旨和意义的基础上,以小田急高架化诉讼等最高裁判所判决结果为焦点,围绕该法修改后涉及原告适格的判例,进行简单的研究。

一、修改前的判例、学说

(一)同原告适格相关的两种观点

有关修改前的行政诉讼法第 9 条中"法律上的利益"的各种观点,大致可以分为两种学说:"法律上被保护的利益说"和"值得法律保护的利益说"。

---

　　*　本章内容在作者《日本行政诉讼法修改与原告适格论的动向》(《法学思潮》[第 1卷],中国政法大学出版社 2012 年版)一文基础上修改完善而成。

1. "法律上被保护的利益说"

"法律上被保护的利益说"认为,当法律上被保护的利益受到无处分权行为的侵害,或有必然受到侵害的可能时,必须确认受害者的原告适格。这里把法律上受保护的利益作为"法律上的利益"。该学说还认为,依据相关法律规定,作为个别的利益而受到保护的利益,需具备以下两个要件,才能成为"法律上的利益":①归属法律的保护范围(即保护范围要件),②作为个别人的个别利益而受到保护(即个别保护要件)。当然,这里存在一个问题,就是该说中"法律"的含义。另外,围绕"个别利益是否应要求受到保护",学界尚有争论。

(1)"法律"的含义

关于"法律上被保护的利益"中的"法律"是指什么,有以下几种观点:

A. 规定处分要件的法律规范(条项),如:某法某条(某项某号)。

B. 包含规定处分要件的法律规范的所有法令,如:某法。

C. 与 A 或 B 目的相通的各个法律所形成的整个法律体系。

D. A、B、C 以外的全部法令,或者是包括习惯法等的整个法律秩序。

E. 包括宪法的各法令,或者是整个法律秩序。

(2)"修改个别利益要件论"

最初的"法律上被保护的利益说"认为,所谓"法律上的利益",就是受到保护的个别利益。有观点认为应该对此进行修改,如:

A. "法律保护公益关联私益论"。其代表之一是被称为"公益关联私益论"的观点。这种以原告适格为根据的学说认为,同法律保护的公共利益和裨益的消长有关系的利益,并不受到法律的特殊保护。例如,文化财产保护法中"现状更改许可"牵涉到的公共利益(文化财产保护)和地方旅馆业者的营业利益。①

B. "缓和的法律保护范围论"。该代表学说并不重视一般公共利益和私人利益(个别人的个别利益)的区别,而是主张某利益一旦被归入法律保护范围,就应以原告适格为基础。② 该观点还认为,如果满足法律保护要件,就应放弃个人保护要件。也就是将其作为必须被法律保护的利益(反射利益)。因此,A 中"公益关联私益论"提到的"法律上的利益",在这种学说中,则是一种反射利益,并非真正"法律上的利益"。③

2. "值得法律保护的利益说"

相对于"法律上被保护的利益说",还有一种被称为"值得法律保护的利益说"的学说。这种学说认为,成为"法律上的利益"的要件是有值得诉讼保护的利益受到侵害,且受侵害的本人原告适格。也就是说,该利益即使没有被权利和法律明确确认为被保护的利益,但只要满足了这两个条件,就构成了"法律上的利益"。另外,对这种学说的理解也有争议,即由于事实上的利益与是否受到法律保护无关,故从这一点来理解的话,这种主张"事实上的利益"的学说,就不再是"值得法律保护的利益说"。④ 因此有观点认为,满足"值得法律保护的利益说"的保护范围要件,往往也就等于放弃了个别保护要件。⑤

---

① 参见小早川光郎『行政訴訟と法律上の利益·覚書』、西谷剛ほか編『成田頼明先生古稀記念:政策実現と行政法』(有斐閣、1998 年)52 頁以下。
② 参见阿部泰隆『行政訴訟要件論』(有斐閣,2003 年)106 頁以下。
③ 参见小早川光郎『行政訴訟と法律上の利益·覚書』、西谷剛ほか編『成田頼明先生古稀記念:政策実現と行政法』(有斐閣、1998 年)113 頁。
④ 参见塩野宏『行政法 II(第 4 版)』(有斐閣,2005 年)117 頁。
⑤ 参见小早川光郎『行政訴訟と法律上の利益·覚書』、西谷剛ほか編『成田頼明先生古稀記念:政策実現と行政法』(有斐閣、1998 年)48 頁。

（二）判例

1. 有代表性的最高裁判所案例的规定

日本最高裁判所虽对此类问题有所动摇,但仍然坚持一贯的"法律上被保护的利益说"立场。作为行政诉讼法修改前的代表案例,文殊原子炉案判决对此问题作出了解答。①

对"法律利益的所有者",应从以下几个方面进行分析:①由于违法行为致使权利即法律保护的利益受到侵害,或者有必然受到侵害的可能,依照②相关法规对该行为进行处分的规定,③从不特定多数人的具体利益出发,并作为一般的公共利益来理解,遵循个人的个别利益必须受到保护的这一宗旨,那么,该利益就必须受到法律保护。至于是否包含"个别利益必须受到保护"的宗旨,还应该基于④该行政法规的立法宗旨和目的,以及⑤该行政法规对于对行为的处分方式、被保护利益的内容和性质等作出分析和判断。

2. 对最高裁判所规定的分析

（1）"法律上被保护的利益"

最高裁判所在行政诉讼法修改前,曾象征性地表明了其支持"法律上被保护的利益说"的立场。

（2）法律的意义

从受法律保护的利益的角度出发,关于什么是"法律",应在规定处分要件的法律条目中来考虑。"规定处分的行政法规"这种表达,并不同于"规定处分要件的法规",因为有法规不规定直接要件,但却同

---

① 最高裁判所平成 4 年(1992 年)9 月 2 日判決(原子炉設置許可処分無効確認等請求事件)・民事判例集 46 巻 6 号 571 頁。

处分结果密切相关。这里的立法宗旨、目的也必须列入考虑。

（3）个别的利益性

本章中的判例已经明确表明了要求保护个人的个别利益的立场。

（4）小结

通过以上分析，可以得出结论：最高裁判所将"法律上的利益"解释为"依据规定处分要件的具体法律条文而受到保护的——个人的个别利益"。

3. 最高裁判所案例中的个别法律解释方法

最高裁判所在相关案件中，依据法规保护个别利益，这就等于承认了在这种情况下"法律利益"的存在。该法律是否保护个人的个别利益，取决于对该法律的解释。那么，最高裁判所案例中采用的是何种解释方法？由于解释方法不同，结论也可能不同，因此这个问题非常重要。后面提到的行政诉讼法修改后的第9条第2项，规定了法律解释方法的原则。

（1）"合理解释"

首先，法律明文规定了保护个别利益的宗旨，并确认其为"法律上的利益"。但如在无此明文规定的情况下，通过对法令的合理解释，是否能得出同样的结论呢？从最高裁判所的立场来看，答案是肯定的。当然这也是法律解释的一种方法，所谓法律解释，就是将法律条文转化为一目了然的语言。另外，由于法律在通常情况下，并没有明文规定要保护个别利益，所以一般要求有明文规定的时候，就是所谓不能确定第三者是否原告适格的时候。

（2）该法规的宗旨和目的

其次，在无明文规定的情况下，法律解释必须参考该法规的立法宗旨和目的。文殊原子炉案等案例对此进行了明确阐述。在存在相通目的的相关法律时,必须参考立法目的和宗旨,并从这些法律在整个成文法体系中的地位来考察。① 这种解释方法是理所当然的。法律解释不能单纯对法律条文进行解释,而应该从该条文所属的整个法律体系出发,在理解该条文最初的立法意图的基础上作出判断。

（3）利益的内容和性质

最后,不仅要考虑该法规的目的和宗旨,还必须要考虑法律保护的利益的内容和性质。个别利益是应否受到法律保护与一般公共利益是否应受到保护之间,在内容和性质上,存在很大的依存关系——这对解释方法来说是当然的。但重要的是,这里所谓的内容和性质的含义是什么。最高裁判所一般将其理解为涉及"生命、身体"等利益的直接、重大侵害。② 但是,这样一来,承认"法律上的利益"的理论空间就变得十分狭小。另外,最高裁判所在新潟机场案件的判决中,也并没有仅将其限制为生命和身体的利益。那么,法律保护的利益有着怎样的内容和特质? 具备怎样的内容和性质才能成为"法律上的利益"? 无论对最高裁判所来说,还是对持此观点的学说来说,这都是一个有待研究的问题。

涉及"利益的内容和性质",一般着眼于违法行为的处分结果来进行考虑。如违反《核反应堆等规制法》第 24 条第 1 项第 3、4 号中的规

① 最高裁判所平成元年(1989 年)2 月 17 日判決(新潟—小松—ソウル間の定期航空運送事業免許処分取消請求事件)‧民事判例集 43 巻 2 号第 56 頁,新潟航空港事件最終判决。

② 例如,高橋滋『先端技術の行政法理』(岩波書店、1998 年)158—159 頁。与肯定生命、身体重要性的观点不同,有学者认为,财产利益也可以归属于一般的公共利益。参见大橋寛明‧法曹会編『最高裁判所判例解説‧民事篇(上)平成 9 年度(1997 年)』(法曹会、2000 年)155 頁。

定,欠缺技术能力,或安全审查中存在过失或缺陷,都有可能导致重大核事故。当事故发生时,距离核反应堆越近的居民,其受害的可能性越高,受害程度越直接、重大。必须假定附近居民受到生命、身体等直接、重大侵害,并在考虑被害性质的基础上,来制定技术能力和安全保障的相应标准。

二、适用案例之一的新潟机场案件的最高判决
——以相通目的的法令为中心

(一)案件的确认

以上最高裁判所的观点都在新潟机场案件中得到了体现。在该案件中,机场周边居民以噪音危害为由,要求吊销机场的定期航空运输事业执照。该执照是依据当时的《航空法》第100、101条颁发的。

(二)宗旨、目的

1. 相关法规的宗旨和目的

相关法规有:《航空法》第100条第1项中有关定期航空运输事业的规定;第101条第1项第3号中执照颁发标准的规定,其还要求"事业规划必须利于经营和航空安保"。这些规定的目的和宗旨是什么?此外,原告以噪音侵害为由提起诉讼,那么这些规定的立法宗旨是否包括防止机场附近居民受到噪音侵害,也是一个重要问题。直接按照条文解释,"安保"就是为了确保安全,必须考虑到,"安保"是否应该包括防止噪音侵害,以及得出这种结论的合理性在哪里。法律条文采用书面形式,不能做到一目了然,必须参照相关规定的立法宗旨和目的。

2. 目的相通的法律的立法宗旨和目的

参照最高裁判所判决,相关法律有《航空法》第 1 条、《国际民航条约》、《防止公用机场周边航空噪音危害法》等。

(1)《航空法》第 1 条

《航空法》第 1 条规定了该法的立法目的。可以很自然地看出,《航空法》第 100 条第 1 项、第 101 条第 1 项第 3 号都是为了实现第 1 条所规定的立法目的。换句话说,该法诸条的目的都是防止飞机航行引起的障碍和危害。这也就产生了"飞机航行引起的障碍和危害"是否包含机场周边噪音问题,以及原告适格的相关问题。

(2)《国际民航条约》

是否包含噪音危害,仅仅从法律条文本身是分辨不出来的,因此最高裁判所参照《国际民间航空条约》——这也成为 1975 年修改《航空法》的契机。依照判决,该条约第 16 条附件中采用的应对飞机噪音的标准,以及其对劝告方式的处理,都对《航空法》作出了相应的解释。因此可以判断:飞机航行引起的障碍和危害也包括噪音危害。

(3)《防止公用机场周边航空噪音危害法》

参照《航空法》第 100 条第 1 项、第 101 条第 1 项第 3 号的解释,运输大臣赋予了公共机场相关权限,以防止和减轻飞机噪音。同时,相关法律中也有防止飞机噪音等规定。最高裁判所依据行政机关运输大臣授予定期航空运输事业执照等相关规定中有关防止噪音危害的宗旨作出了判断。

3. 法律解释

最高裁判所作出法律解释:关于定期航空运输事业执照的《航空法》第 100、101 条的规定要求:审查执照的目的之一是防止飞机航行引起的噪音危害。

4. 所谓"目的相通的法令"

本案中,最高裁判所所谓"目的相通的法令",是指:按照同一法令(《航空法》)的规定,基于同一立法目的(防止航空飞行引起的噪音危害),赋予同一行政机关以权限的法令。必须注意这里的限定成分。

(三)利益的内容和性质

从利益的内容和性质上考虑,机场周边居民受害的程度同与着陆路线的距离密切相关,因而,最高裁判所将飞机噪音的受害者限定在机场周围的一定区域内。另外,对于机场周围的居民来说,飞机噪音在某种程度上是难以避免的。该判例仍存在着一些问题,如是否存在着教唆行为导致此类损害发生。另外值得注意的一点是,其中提到的居民地域的限定性。

(四)结论

最高裁判所得出结论:"不能仅仅保护机场的周边环境等一般公共利益,还必须保护受害者的个人利益。因此,作为和该执照有关的事业进行的一系列结果,如:使用该机场的飞机的噪音大小,该机场每日的离着陆次数和时间段,居住在机场周边的居民由于颁发该执照导致的、在该航空路线航行的飞机的噪音而受到的为社会观念所理解的、显著的利益损害——这些居民作为要求吊销该执照的法律利益所有者,符合取消诉讼的原告适格。"把受到噪音显著危害的居民限定在一定的范围内,在此范围内的居民利益就成为了"法律上的利益",与此同时,也确认了居民的原告适格。

（五）总结

总结以上陈述，得出以下结论：

1. 宗旨和目的

案例中所参照的（定期航空运送事业执照）法规包括：《航空法》第1条、《国际民航条约》、《防止公共机场周边航空噪音危害法》等。这些法规的宗旨在于防止飞机引起的噪音危害。

2. 利益的性质和内容

将噪音危害限定在一定居民范围内，居民离机场越近，受到的损害就越大。

3. 结论

《航空法》第100、101条的宗旨在于保护周边居民受到飞机噪音显著侵害的个人利益。

三、《行政诉讼法》第9条第2项的宗旨和意义

（一）第9条第2项的内容

通过回顾以前的最高裁判所案例，先来研究一下，行政诉讼法的修改会使判例产生什么变化。在无法单纯从法律条文来理解的前提下，对修改后的行政诉讼法第9条第2项，作出如下分析：

1. 所引用法规的宗旨和目的

首先是所引用法规的宗旨和目的。"为什么有这样的规定？""如

何实现这种规定?""保护对象是什么?"等问题随之产生。需要注意的是,还必须考虑所引用法规的立法宗旨和目的,以判断其是否保护个别利益。

2. 利益的内容和性质

其次要考虑的是,利益的内容和性质是什么。现有案例和行政诉讼法修改前的判例一样,对于利益具有什么样的特质这一问题,依然没有清楚地解答。本章对于该利益是否是重要利益,以及能否对利益主体进行限定进行了相应分析。

3. 目的相通的法令的宗旨和目的

存在相通目的的法令时,还必须考虑其立法目的和宗旨。对规定处分的行政法规的宗旨和目的如何进行解释,是一个必须考虑的要素。

4. 违法情况下对利益的损害的内容、性质、态样、程度

违法行为导致利益受到损害时,该损害的内容、性质、态样、程度也是必须考虑的要素。"态样"一词从条文上无法明确界定,大致意思是损害是直接还是间接的。如:放射性物质是否对身体造成直接影响;食用被污染的农作物或鱼贝类食物是否直接有损健康等等。

(二)保留和变化

行政诉讼法修改后增加的第9条第2项保留了什么,改变了什么?下面对其进行探讨。

1. 保留——维持"法律上被保护的利益说"

首先,不变的是维持了"法律上被保护的利益说"。第9条第2项基本上延续了过去最高裁判所案例的规定。其次,"法律上被保护的

利益说"中"法律"等于"规定处分的行政法规"的观点仍然保留不变。①将被处分的违法行为所损害的利益内容、性质,以及损害的态样、程度等列为考虑要素,或许是一种新的观点,其来源于文殊原子炉案判决。

2. 变化——原告适格范围的扩大(全部考虑要素的考虑义务)

沿袭行政诉讼法修改前最高裁判所案例的有关规定——将考虑要素规定在第 9 条第 2 项中,究竟有什么含义? 目的又是什么? 第 9 条第 2 项举出的考虑要素相比以前,增加了被确认为"法律利益"的可能性,因此实质上扩大了原告适格的范围。也就是说,如果前面所述的考虑要素存在于各个案件中,而不对部分要素加以考虑,这较对其全部要素加以考虑的情况而言,原告适格的范围扩大了。②

但是,这也并不意味着所有的案件都必须考虑上述所有要素。例如:依据行政法规的宗旨和目的进行法律解释,原告主张的利益若被判定属于保护范围,就不用再考虑原告主张的利益的内容和性质,既而否定原告适格。最高裁判所 2007 年 10 月 19 日就有这样的案例:现有医疗法人依据医疗法第 7 条,要求取消附近医院的开设许可,但未被承认其原告资格。

(三) 未解决的问题——判例、学说衍生的几点

第 9 条第 2 项新增加的,有关扩大原告适格范围的规定,还存在尚

---

①　但是也有争议。首先是"法律"的范围扩大的争论。笔者认为,不能单纯限制在规定处分的具体法律的条目中。另外,有学者认为,这次修改撤销了保护个别要件,根据处分的相关法规,可不保护个别利益。

②　塩野宏『行政法 II(第 4 版)』(有斐閣、2005 年)124—125 頁。

未解决的问题。处理这些问题的时候，有可能无法实现原告适格范围的扩大。怎样处理这样的问题，依赖于修改后的判例和学说。笔者对此问题现指出两点。

1. 目的相通的法令

在最高裁判所对新潟机场案件的判决中，对于判定法令的目的是否相通的标准，曾有过类似叙述。在与该案判决相同的情况下，可以说，对于目的相通的法令的限制，相应地削弱了第9条第2项中原告适格范围扩大的作用。

2. 个别利益和一般的公共利益的区别标准

这个区别的问题在于：如何判断怎样的利益在怎样的情况下应受到保护？事实上，有关第9条第2项的行政法规的目的和宗旨，以及受到保护利益的内容和性质，还没有一个具体的判定标准。区分个别利益和一般公共利益二者的方法不同，就有可能导致在具体案件中，原告受到侵害的利益无法归入法律的保护范围，原告适格的范围就无法扩大。这个问题非常重要。

四、小田急高架化诉讼的最高裁判所判决

现参照修改前的判例和修改后的行政诉讼法第9条第2项，从未解决的问题中找出两点入手，对各个要素进行简单研究。这里研究的对象是最高裁判所对小田急高架化诉讼案的判决。[①] 该案件发生在行

①　最高裁判所平成17年（2005年）12月7日判决・民事判例集59卷10号2645页（小田急線連続立体交差事業認可処分取消事件）。

政诉讼法修改后之初,涉及对原告适格的判断。

(一)对"法律上的利益"的一般论述

本判决认为:从一般意义上来说,"法律利益的所有者",是指自己的权利或者受法律保护的利益受到侵害,或者有必然受到侵害之可能的人本身。规定处分结果的相关法规,将不特定的多数人的具体利益理解为一般的公共利益,其目的和宗旨是保护个人的个别利益。在这种情况下,相关利益必然被归属到法律的保护范围内。

(二)宗旨和目的

1. 相关法令

对规定行政处分的法令的宗旨和相关解释作出说明。这里的解释参照了以下法令:(1)《城市计划法》相关规定的第 1、2 条,13 条第 1 项,第 16 条第 1 项,第 17 条第 1、2 项,第 66 条。规定了城市规划的目的和理念,防止城市规划中有公害项目的申请,以及居民参与等内容。(2)《应对公害基本法》。如规定立法目的(国民的健康保护、生活环境保全)的第 1 条,定义公害(包括噪音、振动等)含义的第 2 条,规定国家、地方公共团体防止公害政策的制定和实施的责任、义务的第 5 条,规定防止公害计划的基本方针和制定手续等内容的第 19 条。(3)《东京都环境影响评价条例》作为相关法令也曾被引用。该条例为确保民众健康和舒适的生活,规定防止工程实施造成的公害,另外还规定了环境影响评价制度,并进一步完善申请事业许可权评价书的内容等。

2. 结论——城市规划法对城市规划事业许可之规定的目的和宗旨

参照前面相关法令,可以得出结论,涉及城市规划事业许可的城市规划法,其立法目的和宗旨是防止市政工程引起的噪音和震动对周边区域居民的健康和生活环境造成损害,确保健康文明的都市生活秩序以及居民良好的生活环境。

(三) 利益的内容和性质

涉及利益的内容和性质,首先,城市规划中违法的工程建设所引起的噪音和震动等,其危害程度与距施工地的远近有关。此外,还需考虑居民受害的频率、持续情况,以及健康和生活环境的受影响程度等要素。可以参照前面所说的被害的内容、性质、程度等具体利益,从一般公共利益的角度来概括和理解。总之,必须依据受损害利益的内容、性质,被害的状态程度、地域范围,以及对被害人健康和生活环境的影响程度,来确定利益的内容和性质。

(四) 结论——个别的保护利益性的认定

作为结论,根据判决所依据的法律规定,可以这样理解该立法的宗旨:对于"法律上的利益所有者",即对因噪音、震动等而导致健康和生活环境受到显著危害的居民进行保护的同时,也保护了其他没有受到该侵害的个别人的个别利益,从而确认了一定范围内居民的原告适格。法律条文并未直接写明保护周边居民的个别利益的宗旨,但是,考虑到相关法令的宗旨、目的,以及利益的性质、内容,并以此作为最高裁判所的判断依据,来进行合理解释的结果就是得到结论:该法规的立法宗旨在于,通过保护一定范围内居民的一定利益,而保护个别利益。

（五）评价

根据以上论述,应该如何理解最高裁判所对小田急案件的判决?

1."法律利益"的一般定式

首先,一贯的基本框架并未改变。从"法律上被保护的利益说"的角度上,这里的"法律"等于处分所依据的法规,因而保护个别利益的重要性显而易见。

2. 相关法令

虽然有各种各样的法令和规定,但并不意味着判决引用的法令在任何意义上都和城市规划法引用的法规目的相通。如:《东京都环境影响评价条例》,还要参照未约束处分厅的法令。本判决对"相关法令"的理解,可以说较新潟机场判决更广,但至于原因以及其概念的界限——或者说是外延,尚不明确。

3. 个别保护利益性的判断

在最高裁判所的判例中,如新潟机场判决、文殊原子炉案判决,其判断个别利益是否应受保护的方法是一致的,即把预想的损害发生限定在一定的居民范围内,并以损害程度为依据,肯定对个别利益的保护。新潟机场案件的判决,体现了在生活环境利益上对保护个别利益的肯定。

4. 总结

在考虑到第9条第2项所规定的全部要素的前提下作出本判决,可以说,遵循了行政诉讼法修改的原意和宗旨。但是,仍然很难确定该判决在原告适格理论上有着何种意义。进一步说,在对判决所依据法规的立法目的的解释上,所参考的法令范围得到了扩大。① 只是这种扩大的界限尚不明确。另外可以很确定的一点是,保护个别利益的判断方法从未改变。②

---

① 指与《行政诉讼法》修改前相比,或者说与新潟机场案件的判决相比。

② 利用原有的判断方法可以确认原告适格,而在不同的案件中还有可能使用其他判断方法。

日本行政法的预防诉讼制度
及于我国之借鉴*

　　预防诉讼作为日本 2004 年行诉法修改后设立的行政诉讼类型,是指法院为及时实现对行政相对人权益的实质性救济,在行政主体作出行政行为前就责令其禁止作出该行为的诉讼。日本预防诉讼法定化的实现得益于学界的理论探索和积极推动。权利理论基础和诉讼要件体系是预防诉讼投入日本司法运用的重要前提,尤其是诉讼要件理论的价值已在实践中充分体现。日本学界对现行诉讼要件规定的批判与判例中的现实问题并不能掩盖预防诉讼的法定化对及时有效保障当事人实质性权利救济的重要意义。我国行诉法中并无相关规定,特别是在以事后救济为主的司法实践背景下,当事人权益救济的实质有效途径有待拓宽。我国应积极推动预防诉讼的司法运用实践并逐步促进其法定化,以进一步完善行政诉讼体系并加强公民权益保护。

一、行政诉讼体系中的定位

　　日本行政法上的预防诉讼原日文表述为"差止诉讼",我国亦有学

---

* 本章内容在作者《日本行政法的预防诉讼制度及判例动向》(《公法研究》[第 21卷],浙江大学出版社 2022 年版)一文基础上修改完善而成。

者译为"禁止诉讼"或"预防诉讼"。① 在日本《行政事件诉讼法》2004年修订以前，预防诉讼并未成为法定的行政诉讼类型，一般被列为无名抗告诉讼或者法定外抗告诉讼的一种。该法修改后，预防诉讼正式法定化，成为新增的行政诉讼类型。该法第3条第7项规定："本法所称之'预防诉讼'，是指在行政厅不应作出一定的处分或裁决的情况下，旨在请求法院禁止行政厅作出该处分或裁决的诉讼。"可以将预防诉讼理解为在行政厅作出一定行政行为之前，基于行政行为相对人的申请，责令行政机关不得（或称禁止）作出该行政行为的诉讼类型。

　　日本采用行政诉讼类型法定化原则，在《行政事件诉讼法》中明确规定了行政诉讼类型，主要包括抗告诉讼、当事人诉讼、民众诉讼和机关诉讼四种，而我国法律则主要限定在抗告诉讼这一单一的诉讼类型。尽管我国行政诉讼法尚未对行政诉讼类型作体系化规定，但现有规定中的行政诉讼类型范围较窄，主要限定在行政主体已作出行政行为之后的事后救济。另外，我国行政诉讼仍将解决行政争议列为主要目的之一，并以行政主体业已作出的行政行为为主要审查对象，以对行政行为的合法性审查为主要审查方式。② 尽管日本学界也普遍将行政诉讼本身作为一种事后救济手段，但其明显呈现出诉讼类型法定化和多样化的特点。这种特点反映了其行政诉讼不单以解决行政争议为目的，

---

　　① 我国行政法学界相关研究中虽有中文文献保留了"差止诉讼"这一表述，但多数仍采用"预防诉讼"或"预防性诉讼"的译法。为更符合我国行政诉讼的语言习惯，本章在翻译上将日本法的"差止诉讼"统一表述为"预防诉讼"。

　　② 我国《行政诉讼法》第1条："为保证人民法院公正、及时审理行政案件，解决行政争议，保护公民、法人和其他组织的合法权益，监督行政机关依法行使职权，根据宪法，制定本法。"第2条："公民、法人或者其他组织认为行政机关和行政机关工作人员的行政行为侵犯其合法权益，有权依照本法向人民法院提起诉讼。"第6条："人民法院审理行政案件，对行政行为是否合法进行审查。"

更强调对当事人权利和权益的实质性救济。特别是除了一般的撤销诉讼之外,设立了多种法定诉讼类型,更体现出司法审查对各类行政公权力行使的监督、限制的广度及深度。

按照我国行政诉讼法的规定,行政诉讼的判决类型以判决撤销行政行为为主,同时辅以判决履行法定职责或给付义务、确认违法或无效、判决变更等。虽然我国尚未对诉讼类型作体系化规定,但是如果将现有的判决类型与日本的行政诉讼类型相对应,应多属于日本法中的"抗告诉讼"类型。抗告诉讼以具有处分性的行政行为作为争诉对象,是对行政机关公权力的行使不服的诉讼,包括撤销行政行为或裁决之诉、确认无效之诉、不作为违法确认之诉,而在 2004 年《行政事件诉讼法》大幅修改以后,又另外新增了预防诉讼和科以义务诉讼两种行政诉讼类型,并相应创设了临时预防制度和临时科以义务制度。其中,科以义务诉讼作为和预防诉讼相对的一种诉讼类型,是指请求法院确认行政主体具有一定行为的义务,并责令行政主体为一定行为的诉讼。[①] 临时预防制度和临时科以义务制度、执行停止制度共同构成了日本的临时性行政救济制度。

从诉讼类型的角度看,日本的行政救济制度体系除了就行政作为和不作为本身有异议的行政诉讼(抗告诉讼、当事人诉讼)以外,还包含以支付金钱为目的的行政赔偿(国家赔偿、损失补偿)、适用于民事诉讼法规定的请求履行合同和请求损害赔偿。预防诉讼属于抗告诉讼的一个类型,是以具有处分性的行政行为作为诉讼对象。从诉讼要件的角度看,预防诉讼同样需要满足原告主体适格、上诉期间、被告主体适格、诉讼管辖、行政复议前置等一般性的行政诉讼要件。

---

① 　日本《行政事件诉讼法》第 3 条第 6 项。

二、预防诉讼制度的理论构成

（一）预防诉讼的要件

预防诉讼的诉讼要件主要有以下三方面内容：(1)根据日本《行政事件诉讼法》第3条第7项，提起预防诉讼须由法院判断其是否是以行政机关"一定的处分或裁决"为请求审查的对象，并且行政厅确实存在将作出这种"处分或裁决"的可能性或必然性。参照日本《行政事件诉讼法》第3条的内容，行政处分或处分可以理解为行政行为，裁决可以理解为行政复议决定。(2)基于该法第37条之4第1项，该"处分或裁决"必须存在"产生重大损害的可能"（积极要件），同时，为避免产生该种重大损害，不存在"其他适当的方法"（消极要件）。(3)基于该法第37条之4第5项，法院作出预防诉讼判决即禁止行政厅作出"一定的处分或裁决"的判决，还必须符合以下两项条件之一：一是该处分或裁决明显违背了其原所依据的相关法令，二是行政厅作出该处分或裁决存在裁量权的逾越或滥用。另外，法院作出的预防诉讼判决的效力适用于作出该处分或裁决的行政主体，同普通的撤销诉讼基本一致，但区别在于普通撤销诉讼的判决效力同样适用于第三人，而预防诉讼的判决效力对第三人并不适用。

（二）临时预防救济的要件

伴随预防诉讼这一行政诉讼类型的设立，日本设立了临时预防制度（第37条之5）。临时预防亦可译为临时禁止或临时预防措施，属于行政诉讼中对当事人的一种临时性的救济方式。临时预防以预防诉讼的提起为前提,具体是指:在预防诉讼请求被提起以后,如有须避免因作出该处分或裁决而导致产生难以补偿的损害的紧急必要,法院可基于申请作出临时责令禁止作出该处分或裁决的决定。

临时预防的适用需要满足以下要件:(1)临时救济的必要性,即须存在为避免产生无法挽回的损害的紧急必要。(2)案件中胜诉的可预见性,即在案件中存在当事人胜诉的可见理由。(3)符合关于执行停止的相关要件和程序,即临时预防的执行应同时参照行诉法中关于执行停止的具体规定。(4)没有对公共福祉产生重大影响的可能,即在有可能或风险对公共利益产生重大影响时,不能适用临时预防措施。

(三) 预防诉讼的理论基础

行政法上的预防请求权是从私法的权利理论中派生而来的。因为持续性的不法行为,如环境污染、噪音等公共危害,名誉权和隐私权的侵害等,一旦造成损害往往难以挽救,仅通过事后的赔偿远远不足以实现真正的权利救济,这种情况下就需要建立制度来事先及时对不法行为加以预防和禁止。此外,《行政事件诉讼法》第 7 条规定了适用民事诉讼的情形,按照诉讼类型论的观点,依照民事诉讼程序的损害赔偿请求等情形也在行政救济体系范围内。[①] 因此日本学界对于预防请求法理基础的认识涉及宪法和行政法及民法等多个部门法领域,主要存在以下几种论点。[②]

(1)权利保护说。是指为避免权利受到侵害,应基于权利保护原

[①]   日本《行政事件诉讼法》第 7 条规定:"本法就行政诉讼规定中的未尽事项参照民事诉讼。"

[②]   吉村良一「差止め訴訟の新しい展開と航空機騒音公害」立命館法学 4 号(2006年)1050—1054 頁。

则采取预防禁止措施。权利保护说主张权利自身即是实施预防禁止的依据,而其中有代表性的是"人格权说":如为保护名誉权、环境权、平稳生活权、住民的人格利益等应对侵害行为加以预防。

（2）不法行为说。因公害等持续性的不法侵害行为造成的损害,往往很难恢复原状,这就需要预先禁止侵害行为的实施。不法行为说中又以"忍受限度论"为代表论点,是指将被侵害利益的种类、侵害程度、侵害行为的种类和性质、预先禁止对当事人的影响和对社会的影响等各种要素进行综合的比较衡量,如果侵害超过了忍受限度,就应该实施预先禁止。不法行为说（尤其是忍受限度论）与权利保护说的主要区别在于:前者是以不法行为的后果为考量,通过利益衡量的方法判断是否应预先禁止;而权利保护说则是以权利的效力为基础,主要着眼于权利是否受到一定的不法侵害。

（3）复合构造说。过去在权利保护说与不法行为说之间,特别是各自的代表性观点暨环境权论与忍受限度论之间出现了不少争论。但到了20世纪70年代中期以后日本经济进入高速成长期,二者之间出现相互融合借鉴的趋势。有观点提出应通过将侵害行为类型化来将忍受限度论进一步发展。其中比较有代表性的就是泽井裕提出的"复合构造说":对于生命健康权的侵害应采取预防禁止措施,不需要进行利益衡量;而对于其他属于忍受限度以内的侵害,则应根据损害的程度和侵害行为的性质等进行衡量判断。另外,大塚直提出的"二元说"也主张,对涉及生命健康以外的较为轻度的侵害,应通过不法行为的具体构成进行判断。潮见佳男也主张应在物权的请求权说、人格权说的基础上,将不法行为说的理论进一步发展。

有学者强调,行政事件诉讼法规定的预防请求权本就是为防止民事权利受到恢复困难的"重大损害"而设立的,其本质是从民事权利中派生出的,实质上以保护私法上的权利利益为目的。① 因此预防诉讼和普通抗告诉讼一样,都是当事人通过行政诉讼来对抗行政主体行使公权力,以避免自身权利利益受到侵害的一种手段。该法第9条中关于原告主体适格规定的"法律上的利益",正是行政处分依据的法律所保护的利益,而关于原告适格的法官裁量标准也涵盖了不法行为的具体程度等因素。因此综合来看,作为日本学界主流观点的复合构造说,平衡了对私权的保护和对不法行为的具体分析,也基本符合行政事件诉讼法的立法原意。

三、预防诉讼的判例动向

由于预防诉讼在2004年日本行政事件诉讼法修改后才正式成为法定行政诉讼类型,故下文以该法修改为节点,结合具体判例分别就法定化以前与以后预防诉讼的实际运用作具体考察。

(一) 法定化之前的实际运用

学界一般认为,预防诉讼在正式法定化以前,作为法定外抗告诉讼已经有过被司法机关实际采纳的先例。如在"服刑人员强制剃发案件"中,东京地方法院认为监狱强制剃发涉及是否违反宪法中保障基本人权的规定,应由法院而不是行政机关来作出判断;而强制剃发一旦实施即会造成不可恢复原状的后果,在当时的法律中除了诉诸于事前的预防、禁止以外没有更合适的救济方法。② 另外在"拘留所被收容人

① 横山信二「抗告訴訟における原告適格——取消訴訟と差止訴訟における『法律上の利益』の意味を中心に」広島法学35巻4号(2012年)20頁。
② 東京地方裁判所昭和38年(1963年)7月29日判決(調髪処分差止請求事件)·行集14巻7号1316頁。

员惩罚处分案件"中,被收容人员因腰痛等身体原因曾向法院请求撤销执行相关惩罚处分,并申请停止执行。名古屋地方法院认为该诉讼是原告以预先禁止为目的的法定外抗告诉讼,应认定其合法。①

(二) 法定化以后的判例动向

1. 双要件并存原则

在司法实践的肯定和学界的大力推进下,预防诉讼于 2004 年正式成为日本的法定行政诉讼类型。在法定化以后的案例中,司法审查主要以行政事件诉讼法规定的法定要件为依据来判断是否应支持原告的预防请求。审查内容主要包括原告适格、产生重大损害的可能性、行政处分及裁决的合法性和适当性、是否有行政裁量权的逾越和滥用、是否存在其他适当方法避免重大损害等多个方面。这其中十分重要的一项就是"双要件并存原则":要判断案件是否符合积极要件,即该处分或裁决确实可能产生"重大的损害";同时也要判断是否符合消极要件,即不存在"其他适当的方法"能避免产生重大损害。也就是说上述两个要件必须同时符合,缺一不可。

预防请求得到法院支持的案例中,以"都立学校齐奏国歌案件"为例。② 在该案中,东京某都立学校教职员因对在典礼仪式中被要求向国旗起立、齐奏国歌和提供钢琴伴奏等要求不满而提起预防诉讼,请求法院判决禁止被告作出责令教职员齐奏国歌这一职务命令。一审东京地方法院的判决支持了原告请求,主要理由在于:(1)原告如拒绝履行

① 名古屋地方裁判所昭和 51 年(1976 年)12 月 17 日判决(拘置所懲罰処分差止請求事件)·「判例時報」847 号 43 頁。

② 東京地方裁判所平成 18 年(2006 年)9 月 21 日判决(「君が代」起立斉唱拒否事件)·「判例時報」1952 号 44 頁。

该行为必然会受到惩戒处分;(2)在不违反职务命令就会受到惩戒处分的威慑性和强制力下,教职员不得不违反自身内心信念而履行职务命令;(3)由于典礼仪式每年定期举行,防止职务命令对于精神自由权的侵害不适合采用事后救济的方式;(4)原告可能受到惩戒免职处分这一利益损失较大,属于有可能产生重大损害的情况。但在二审判决中,东京高等裁判所作出了对原告诉讼请求不予受理的决定,其理由在于,该职务命令的基础是教育委员会作出的通知,该通知具备"处分性",即作出该通知属于行政行为,原告可以提起撤销诉讼或无效确认诉讼,这属于具有避免损害的"其他的适当方法"的情形。

尽管二审推翻了原一审判决,但两审的审查依据实际是一致的,即是否同时符合消极要件和积极要件。特别是对于消极要件的判断基本相同,都认为该处分可能会产生重大损害。主要区别在于,二审对于积极要件的判断与一审不同,认为这种重大损害是可以通过其他诉讼类型来避免的。类似的案例还有"大阪驾驶执照停止处分预防请求案件"。① 在该案中,出租车乘务员因违反相关规定被处以驾驶执照停止处分,向法院就该停止处分提起预防请求。法院认为,对当事人的驾照停止处分尽管会使其无法从事相关乘务工作,但并不影响其暂时从事其他业务。同时,作出该停止处分,也并不妨碍当事人事后提起撤销诉讼和申请停止执行,而且如果该处分被撤销后也并不会有不良信用记录。法院认定这符合有"其他适当的方法"避免重大损害的情形,对原告请求不予受理。

同样因不符合积极要件而被驳回预防请求的还有"东京驾驶执照

---

① 平成 19 年(2007 年)11 月 28 日大阪地方裁判所判决(運転免許停止処分差し止め請求事件),参见日本最高裁判所官网。

停止处分预防请求案件"。① 原告因违反交通管理规定将被处以为期30 天的驾照停止处分,向法院就该停止处分提起预防请求。原告主张,该处分会造成其交通手段被剥夺,交通和活动的自由被一定程度地限制,还会产生经济损失并伴随精神上的痛苦。但法院认为,从通过停止驾照效力这种行政处分来达到的行政管理目的考虑,上述这种利益的损失应被认作是应当的,因此不能认定为存在产生重大损害的可能性。并且,如果当事人对违反交通规定认定本身和事实关系存在争议,可以通过提起撤销诉讼来对该行政处分的合法性进行审查,最终,法院对当事人预防请求不予受理。

因不符合消极要件而被驳回预防请求的案例还有"建筑规划确认处分预防请求案件"。② 在该案中,预定建筑施工的建筑物附近居民提起预防请求,理由是:(1)关于建筑施工的相关申请材料在补充修改后很快能得到确认和批准,在这种情况下后者具有一定的必然性和可能性;(2)建筑物建成后会阻碍采光,发生灾害倒塌等情况时可能导致近邻居民生命、身体和财产遭受侵害,具备产生重大损害的可能性,并且为避免这种损害并无其他适当的方法。但法院认定本案中建筑规划合法,对于原告的预防请求不予支持。另外,原告主张的景观利益确实受到了一定程度的限制,但是具体会遭受的侵害程度并不明确,仅仅根据现有证据,很难认定存在产生重大损害的可能性。

还有部分案例既不符合消极要件也不符合积极要件,如"产业废

---

① 平成 20 年(2008 年)1 月 18 日東京地方裁判所判决(運転免許停止処分差し止め請求事件),参见日本最高裁判所官网。
② 平成 21 年(2009 年)1 月 20 日那覇地方裁判所判决(建築確認処分差止請求事件),参见「判例タイムズ」1337 号 131 頁。

弃物处理业经营许可处分预防请求案件"。① 在该案中法院对于是否符合消极要件进行了详尽审查,认为从资源回收中心的设备、预定处理的废弃物的种类、数量,以及从对周边区域生活持续性、反复性的影响等因素考虑,批准经营许可以后,产业废弃物的处理并不会对生命、健康或生活环境造成直接、显著的破坏,并且当事人还可以通过提起撤销诉讼并通过申请停止执行等来避免这种后果的产生。基于以上从性质、程度等因素的考虑,不能认定为存在产生重大损害的可能性,最终法院对原告请求不予受理。再如"建筑工程停止施工预防请求案件"。② 在该案中,建筑工程的承包施工单位因面临被行政主体依照《建筑基准法》第 9 条第 1 项的规定责令停止施工,向法院提起就该停止施工命令的预防请求。原告主张停止施工会使其社会形象受损,社会评价降低并带来经济损失,但法院认为,为了避免该损失的产生,可以通过提起撤销诉讼和申请停止执行的方式,如果请求得到支持,该损失本身具备恢复的可能性,也因此并不能认定为存在产生重大损害的可能性。最终法院对当事人的预防诉讼请求不予受理。

预防诉讼制度中的"双要件并存原则"是一项十分重要的司法审查原则。由于需要同时满足两个要件且在司法实践中对要件审查十分严格,因此在许多案例中预防请求实际最终并未得到法院支持。这既能在一定程度上防止诉讼权的过度行使,避免司法资源的浪费,又能最大限度地保证整个行政诉讼制度的完整和系统性以及其他诉讼类型的有效运作。如"公有水面填埋许可案件"就是同时符合积极要件和消

---

① 平成 18 年(2006 年)2 月 22 日大阪地方裁判所判决,参见「判例タイムズ」1221号 238 頁;平成 19 年(2007 年)1 月 24 日大阪高等裁判所判决(産廃処理業許可処分差止請求事件),参见日本最高裁判所官网。

② 平成 22 年(2010 年)3 月 25 日福冈高等裁判所判决(建築工事施工停止命令差止請求事件),参见日本最高裁判所官网。

极要件并且预防请求得到法院支持的典型案例。① 在该案中,原告以保护景观利益为理由,请求法院禁止行政主体颁发填埋公有水面的行政许可。广岛地方法院认为:(1)一旦获得许可并开始施工建设以后,原有状态将难以恢复;(2)如果提起撤销诉讼,即使申请停止执行也很难起到实际救济效果;(3)景观利益和日常生活有密切关联,具有难以通过金钱赔偿得以恢复的性质,具有产生重大损害的可能,而且为避免这种损害并不存在其他的适当方法。据此,法院支持了原告的预防诉讼请求。

2. 违法性要件审查

尽管符合"双要件并存原则"是预防诉讼中一项重要原则,但并不是所有符合该原则的预防请求都能得到法院支持。另外一项重要原则就是"违法性要件审查"原则,也就是说,法院要作出预防判决还必须满足以下两个要件之一,即该处分或裁决明显违背了其依据的相关法令,或者行政厅作出该处分或裁决时存在裁量权的逾越或滥用。

一些符合"双要件并存原则"但又不被支持请求的案例,就违背了"违法性要件审查"原则,如"服刑人员剪发处分预防请求案件"。② 该案原告主张:发型的选择和决定作为关系个人尊严的权利,应得到尊重。剪发处分强制要求统一发型,违背了服刑人员的个人意愿,一旦执行,恢复过去的长发需要相当长的时间,而这期间的权利利益将遭受到损失。法院肯定了这种损害具有难以恢复的性质,且确实符合存在产生重大损害的可能这一要件,但法院认定由于行政主体并不存在裁量

---

① 平成21年(2009年)10月1日广岛地方裁判所判决(鞆の浦埋立て免許差止請求事件),参见「判例時報」2060号3頁。
② 平成18年(2006年)8月10日名古屋地方裁判所判决(拘置所調髪処分差止請求事件),参见「判例タイムズ」1240号203頁。

权的逾越或滥用,因此对原告的预防请求不予支持。

类似的案例还有"劳动者派遣事业许可取消处分预防请求案件"。[①] 在该案中,原告因雇佣未成年人从事深夜劳动被处以刑事处罚,同时依照日本《确保劳动者派遣事业的合理运营及派遣劳动者就业条件整备法》第 14 条的规定,原告还有可能被吊销营业许可。就此原告向法院提出了针对行政主体对其吊销营业许可的预防请求,并主张(1)原刑事处罚具备导致吊销营业许可的必然性或可能性;(2)如果被吊销营业许可具备对其正常营业产生重大损害的可能性。但法院认定由于行政主体并不存在裁量权的逾越或滥用,对原告的预防请求不予支持。

另外一个典型案例就是"保险医疗指定机构取消处分预防请求案件"。[②] 在该案中,原告是具有保险医师资格的牙科医生,同时担任具有政府指定医疗保险机构资格的某牙科医院法人。原告为避免行政机关基于《健康保险法》第 80、81 条的规定吊销其指定医疗保险机构和医师资格,提起预防请求,并主张吊销处分有可能给医院带来收入大幅减少、经营困难和医师社会评价降低等重大损害,但法院认定由于行政主体并不存在违法事由,对原告的预防请求不予支持。

3. 审查对象确定原则

根据行政事件诉讼法的规定,预防诉讼须以行政机关明确的"处分或裁决"作为审查对象,并且行政机关确实存在作出这种"处分或裁决"的可能性或必然性。反映这一要件的典型案例是"高架铁路设施

---

① 平成 18 年(2006 年)10 月 20 日東京地方裁判所判决(一般労働者派遣事業許可の取消処分差止請求事件),参见日本最高裁判所官网。

② 平成 20 年(2008 年)1 月 31 日大阪地方裁判所判决(保険医指定取消処分差止請求事件),参见「判例タイムズ」1268 号 152 頁。

准予利用处分预防请求案件"。① 在该案中,原告请求就"准许铁路运输事业单位在铁路设施变更后的高架铁路设施的多条铁路上运行"这一行政处分向法院提起预防请求。但法院认为,在《铁路事业法》及其施行规则中,与列车运行具有直接关系的行政处分存在多种类型,原告对于究竟主张哪一种行政处分作为审理对象并不确定,并不具备《行政事件诉讼法》第 3 条第 7 项规定的"一定的处分或裁决"这一诉讼要件,最终法院认定该预防请求不符合法律规定而不予受理。

4. 预防诉讼排除特例

日本有部分单行法律对行政处分作了行政裁决前置的规定,这类似于我国的行政复议前置制度。在这种情况下,当事人对行政行为有异议时,必须先经过行政复议程序,只有对于行政复议的裁决结果有异议时,才能就此向法院提起撤销诉讼,这就在制度上基本排除了在该情形下适用预防诉讼的可能。具体案例如"无线电波许可预防请求案件"。② 业余无线电波执照的持有者作为原告,就总务省依据《电波法》《电波法施行规则》将要作出的相关规格标准和行政许可,向法院提出预防诉讼请求。依法律规定,对类似本案中总务大臣的行政处分有异议时,程序上一般采用裁决前置主义,也就是应首先提交电波监理审议会审理。该审理过程具有行政复议的性质,并采用准司法程序。当事人只有在审议会审理完毕后并对审议会的裁决结果有异议时,才可以向法院提起撤销诉讼。法院认为:相关法律规定的精神要求,关于根据《电波法》等法令作出的行政处分是否适当属于专业技术事项的范畴,

① 平成 20 年(2008 年)1 月 29 日東京地方裁判所判决(高架鉄道施設変更工事合格処分差止訴訟),参见「判例時報」2000 号 27 頁。
② 平成 19 年(2007 年)5 月 25 日東京地方裁判所判决、平成 19 年(2007 年)12 月 5 日東京高等裁判所判决(型式指定・許可処分差止請求事件),参见日本最高裁判所官网。

对此问题应对电波监理审议会的专业知识和经验予以尊重,法院应仅保留证据基础上的事实认定,如对当事人的预防请求加以支持,就违背了这一立法宗旨。即依照《电波法》规定,当事人的救济手段仅是能对电波监理审议会审理后的决定提起撤销诉讼,而本案中提起的预防请求是不符合该法规定的,最终法院对当事人的预防请求不予受理。

(三) 预防诉讼与撤销诉讼、执行停止的关系

日本行政诉讼制度中的临时救济制度由临时预防制度、临时科以义务制度以及执行停止制度等组成。但是在实际判例中,法院以预防诉讼的法定要件为依据,以当事人"可以提起撤销诉讼并申请执行停止",即存在"其他适合方法"来实现权利救济为由而否定预防请求的例子并不在少数。因此应如何认识预防诉讼、撤销诉讼和执行停止三者之间的关系,也被学者作为重要的研究课题。[①]

1. 预防诉讼与执行停止

有关执行停止的规定见于《行政事件诉讼法》第 25 条。一般来讲,撤销诉讼提起以后并不影响行政处分继续生效、执行和履行程序,除非在有"避免产生重大损害的紧急必要"的情况下,法院才可以依据申请决定停止执行。[②] 同时,当仅仅通过停止执行和程序的履行就能

---

① 湊二郎「差止訴訟と取消訴訟・執行停止の関係」立命館法学 2 号(2012 年)。

② 日本《行政事件诉讼法》原规定为"难以恢复的损害",2004 年修改为"重大损害"。有学者指出:"若维持原'难以恢复的损害'之要件从对原告权利利益救济的角度上看是欠妥的。"(福井秀夫「行政事件訴訟法三七条の四による差止めの訴えの要件——土地収用法による事業認定を素材として」自治研究 85 巻 10 号[2009 年])此次修改实际上降低了停止执行的要件标准,除了损害的性质以外,还须对损害的程度、处分的内容及性质等进行综合考量,因此更侧重于对当事人的权利利益保护。另外我国《行政诉讼法》第56 条对停止执行的相关要件规定为:行政行为的执行会造成"难以弥补的损失",更侧重于对损害性质的界定。

达到前述目的时,不能停止行政处分的效力。另外,执行停止不得违背公共福祉,且需要法院通过对恢复损害的困难程度、损害的性质和程度,以及处分的内容和性质进行综合考虑,来判断是否存在"避免产生重大损害的紧急必要"。

综上,停止执行和预防诉讼的区别主要在于:(1)作出的时间点不同。预防诉讼是在行政厅将要作出但尚未作出一定的处分或裁决时提起的,而停止执行的申请则一般是在提起撤销诉讼以后。(2)须满足的要件不同。停止执行必须要有"避免产生重大损害的紧急必要",预防诉讼须存在"产生重大损害的可能",且为避免产生该种重大损害不存在"其他适当的方法"。(3)所产生的效果不同。停止执行一般不否定处分本身的效力,而是暂时停止其具体执行和程序的履行,这是基于行政行为的公定力原则。预防诉讼则是对于尚未但将要作出的处分或裁决本身进行司法审查,如预防请求得到支持,那么处分或裁决的效力或其合法性基础也将自然消失。(4)对象不同。停止执行的对象一般是行政处分,预防诉讼的对象一般除处分以外还包含裁决,相当于我国的复议决定。

2. 预防诉讼与撤销诉讼

有关撤销诉讼的规定见于《行政事件诉讼法》第 3 条第 2、3 项,是指请求撤销行政厅的处分或裁决的诉讼,这也是日本最主要且最为常见的行政诉讼类型。如果说撤销诉讼是为了排除既有的不利处分,那么预防诉讼就是在不利处分被施行之前的一种防御机制。有日本学者评价,预防诉讼的法定化实现了从过去长期采用的"撤销诉讼中心主义"的脱离。① 因为严格按照"撤销诉讼中心

---

① 参见塩野宏:「行政事件訴訟法改正と行政法学——訴訟類型論から見た」『行政法概念の諸相』(有斐閣、2011 年)266 頁。

主义"的要求,预防诉讼似乎有违背权力分立和行政机关"首次判断权"的嫌疑。

但也有人持反对意见,认为近年的判例反映了日本的行政诉讼仍未实现对过去"撤销诉讼中心主义"的脱离,预防诉讼只不过是在时间点上比撤销诉讼早而已。事实上,日本和我国相似,撤销诉讼仍然在行政诉讼中占据最主要地位。因此预防诉讼在某种意义上可以理解为一种被提前的撤销诉讼。但是上述各种论点的前提是承认预防诉讼的最低要件,也就是:首先,需要对于处分的适法性、合法性进行事先判断,也就是需要对尚未作出的处分本身做合法性预判;其次,处分必须存在确实被作出的可能。如果处分并不会被实际作出,那么也没有必要进行预防性诉讼,这也很好理解;最后,预防诉讼作为主观诉讼,必然要求因该处分而产生原告权利利益受到侵害的风险。① 这几个要件在预防诉讼法定化之前已经基本得到了学界的普遍认同。所以预防诉讼只是法院对将要作出的行政处分的适法性和合法性进行司法审查,并未违反尊重行政机关判断权的原则。

而在预防诉讼法定化之后的争论仍主要集中在其诉讼要件方面:(1)关于行诉法第3条7项规定的"一定的处分",有观点认为提起预防诉讼不应单纯限定在避免处分带来的一定后果上,而必须是就特定的处分本身提出诉讼。比如在就噪音危害提出预防诉讼,仅仅提出降低噪音发生频率的诉求并不能满足诉讼要件,必须是以特定的处分为对象来提出预防诉求。这里就涉及日本行政法中对"处分性"的判断,这近似于我国行政诉讼中对于行政主体作出的行为是否属于可诉行政

---

① 日本《行政事件诉讼法》规定了抗告诉讼、当事人诉讼、民众诉讼和机关诉讼共4种法定行政诉讼类型,学界一般将其分为主观诉讼和客观诉讼两类。主观诉讼是对于违法的行政活动造成的权利侵害寻求具体救济的诉讼,包括抗告诉讼和当事人诉讼;客观诉讼是以维持行政活动的客观合法性为直接目的的诉讼,包括民众诉讼和机关诉讼。

行为的判断。(2)行诉法第 3 条第 7 项规定的"不应作出一定的处分或裁决但又要作出"的情形,这里强调了作出该处分或裁决的必然性。但是如何判断这种必然性的存在又成了一个重要问题。(3)行诉法第 37 条之 4 第 1 项和第 3 项规定的预防诉讼的诉讼要件,其中还特别涉及何种情形应归属于"重大的损害"和如何判断"公共福祉"的问题。(4)原告适格问题,即如何判断是否符合行诉法第 37 条第 3 项所规定的"有法律上的利益关系"。一般认为,原告适格的判断和撤销诉讼一致。其理由在于,尽管预防诉讼和撤销诉讼分别归属事前救济和事后救济,但两者在排除因处分或裁决导致的利益受损这一根本诉求上是一致的。此外,在行政复议前置的情况下,对处分作出以后当事人应提起撤销诉讼还是行政复议尚缺少明确规定,有待对今后更多的判例进行跟踪汇总。

四、预防诉讼法定化的意义与问题

(一) 预防诉讼的意义

日本《行政事件诉讼法》在 2004 年的修改,是该法在制定 40 多年后进行的一次比较大的实质性修改,也被认为是"日本行政法学理论积淀和法院判例推动的结果"。[①] 尽管预防诉讼在此之前已经在日本学界和判例中得到了一定程度的肯定,但此次修改是首次正式将预防诉讼作为抗告诉讼的一种法定类型加以明确规定。从作为对因行政处分导致权利和利益受到侵害的救济手段这一角度来看,预防诉讼和撤

---

① 王贵松:《日本修改行政诉讼法述评》,载北京大学现代日本研究中心编:《未名日本论丛(第一辑)》,中国社科文献出版社 2008 年版,第 37—46 页。

销诉讼具有相同的性质。但是从诉讼要件的角度来看,提起预防诉讼的要件明显更为严格。

日本学界普遍认为,2004 年行诉法修改以前,预防诉讼作为法定外抗告诉讼已经实际扮演了撤销诉讼和停止执行制度的补充性角色。而将预防诉讼法定化的理由主要在于:伴随着行政活动类型日趋多元化,在以撤销诉讼为主的事后救济途径以外,还需要通过规定事前的救济方法来保障司法救济的实效。在符合法定要件的前提下,在行政主体将要作出特定行政处分前,及时责令其不得作出该处分,事先就行政主体作出一定处分加以预防和禁止——预防诉讼就是为了达到这一目的而新设的行政诉讼类型。[1]

也有学者特别指出,从实现对国民的权利利益的更有效救济这一角度出发,应使预防诉讼制度在具体案件中得到更加充分和灵活的运用。[2] 例如具有制裁性或惩罚性的行政处分一旦被公开,相对人将面临名誉和信用遭受重大损害的风险,而此种情况下单纯通过提起撤销诉讼和申请停止执行往往难以实现充分的救济,此种情形应更广泛地适用预防诉讼制度。另外还有学者强调,对于噪音公害等持续的不法行为,以及对名誉权和隐私权的侵害行为等,与通过事后的损害赔偿来实现救济相比,对不法行为加以预防性禁止具有更重要的意义。[3]

也有学者认为现有的预防诉讼制度存在一些问题,其中主要针对的是预防诉讼制度较为严苛的法定要件。如福井秀夫曾针对行诉法中"有产生重大损害的可能"的要件规定指出,在一些情况下尽管行政处

---

[1] 日本"司法制度改革推進本部行政訴訟検討会"资料「行政訴訟制度の見直しのための考え方」(载于日本法务省官网)(2004 年 1 月 6 日)3 頁。
[2] 参见小林久起『行政事件訴訟法』(商事法務、2004 年)183 頁。
[3] 参见吉村良一「差止め訴訟の新しい展開と航空機騒音公害」立命館法学 4 号(2006 年)1050 頁。

分作出后可能会造成违法后果,但由于这种损害可能并不重大,而被判定不符合预防请求的法定要件,原告也只能甘于忍受这种损害的发生。① 另外福井还强调,行诉法中对临时预防措施的要件规定也过于苛刻,特别是"无法补偿的损害"在现实中很难找到对应的实际场景。因此他主张应将"为避免产生'无法补偿的损害'的紧急必要"这一要件中的"无法补偿的损害"改为现实中实际存在对应情形的"难以补偿的损害"。②

　　综上,通过对于日本预防诉讼制度的立法、学说与判例的分析,可以看到日本的预防诉讼制度至少具有以下特点及优势:(1)"强调实现对国民权利的实质救济"这一立场,已在法律体系构架、学界和审判实务三者中达成共识,这为预防诉讼制度的建立和完善提供了最根本的保障。(2)立法过程受到学界和实务的显著影响,为其法定化提供了重要的理论和实践基础。(3)立法技术高,立法条文详尽、周密、系统、科学,且对实务中可能出现的问题具有预见性,为实际运用提供了扎实的立法基础。(4)实行"制定法准据主义",立法一旦制定,法院审理则严格以此为唯一依据,特别是在要件审查中体现了立法的稳定性和法律的绝对权威性。(5)由于诉讼要件上存在严格限制,可以在权力分立原则下尽量避免对行政权的过度干涉,同时也将滥诉行为拦在门外。

　　但与此同时,也正因为诉讼要件的严格限制,判例实务中预防请求真正被法院支持的案例并不多。然而站在比较法角度来理解这一问题,必须认识到日本在法治理念与权力分立制度下行政主体的活动相对规范化和法治化的背景。尽管也有学者持消极观点,认为其实际运

---

① 参见日本"司法制度改革推進本部行政訴訟検討会"资料「行政訴訟制度の見直しのための考え方」(载于日本法务省官网)(2004 年 1 月 6 日)12 頁。
② 参见日本"司法制度改革推進本部行政訴訟検討会"资料「行政訴訟制度の見直しのための考え方」(载于日本法务省官网)(2004 年 1 月 6 日)12 頁。

用效果并不理想,相对人的预防请求得到支持的案例还较少,至今为止不管是在日本还是在我国的行政诉讼中,撤销诉讼仍然占据中心地位。但从比较法角度上看,这种担忧对于我国目前行政诉讼制度仍有待完善,特别是尚未实现诉讼类型法定化的现实而言似乎有些超前。在法治化的现代国家设立预防诉讼制度的初衷,应该还是在行政活动多元化的背景下,在仅依靠过去一般的诉讼类型已不足以及时有效实现当事人权利利益救济时起到兜底或补足的作用。尽管在部分案例中预防请求不被法院支持,但这并不意味着当事人的权利不被保护,而往往是因为其并不满足法定诉讼要件,当事人依然可以通过提起撤销诉讼、申请执行停止等其他途径来实现权利救济。在日本严格的法定要件下,预防请求被法院支持的案例并不常见,但设立预防诉讼制度的立法原意在于,在符合法定要件时起到保证权利救济实效的重要作用。

(二) 预防诉讼的争议问题

1. 预防诉讼的对象和原告适格

根据日本《行政事件诉讼法》,预防诉讼的对象须是"一定的处分或裁决",这是以"处分性"的概念为基础的。日本最高裁判所在判例中确立了处分性的内涵:国家或公共团体作为公权力的主体作出的、直接形成国民的权利义务或确立其权利义务范围的、符合法律规定的行为。[①] 但有学者指出,"处分"属于"行使公权力的事实行为",在撤销诉讼中是指具有持续性性质的公权力行使,而在预防诉讼中,不应要求公权力的行使一定具有持续性,这一点在"服刑人员剪发

---

① 最高裁判所昭和 39 年(1965 年)10 月 29 日判决(ごみ焼場設置条例無効確認等請求事件),参见最高裁判所民事判例集 18 卷 08 号 1809 頁。

处分预防请求案件"中得以体现。① 这里"一定的处分"的规定,在该法2004 年修改之前曾被提议为"特定的处分",但由于"特定的处分"这一表述要求具备高度限定性,最终立法案还是采用了"一定的处分"这一表述。

关于原告适格,我国行政诉讼中对原告主体资格的认定以原告是否与所诉行政行为具有"法律上的利害关系"为主要判断基准,而日本《行政事件诉讼法》第 9 条对原告适格的规定主要集中在对是否是"具有法律上的利益者"的判断上。关于什么是"法律上的利益",日本学界又分为"法律上被保护的利益说"和"法律上值得被保护的利益说"两种论点。由于日本最高裁判所判例采纳的是"法律上被保护的利益说",因此原告主体适格的范围也被严格限制。

2004 年日本行诉法修改在一定程度上扩大了撤销诉讼原告适格的范围,法院在预防诉讼中判断是否具有"法律上的利益",须参照该规定综合考量相关法令的宗旨和目的、该处分中应考虑到的利益的内容和性质、被侵害的情况和程度等因素,因此法院对于原告适格的判断掌握着较宽泛的裁量空间。因此不少学者批评法院过于信守"制定法准据主义"的做法,提出尤其是在行政事件诉讼法的规定尚待进一步完善的情况下,法官更需要担当起运用法律的重任。如阿部泰隆直接提出应将原告适格的要件修改为"承受现实的不利的利害关系人"或者"在法律保护的范围内承受不利或者可能承受不利者"②,其中主张改为"现实的不利"的提议获得了日本律师联合会等实务界的

---

① 参见村上裕章「改正行訴法に関する解釈論上の諸問題」北大法学論集 56 巻 3 号(2005 年)68 頁。

② 阿部泰隆「行政訴訟のあるべき制度、あるべき運用について」法律文化 16 巻 2 号(2004 年)30 頁。

支持。①

2. 围绕诉讼要件的争论

《行政事件诉讼法》对预防诉讼要件较为严格的规定,招致了许多行政法学者的批评。② 福井秀夫对于现行法中作为预防诉讼要件之一的"重大的损害"进行了严厉的批判。他认为预防诉讼应以行政处分的违法性为前提,如果对违法的处分责令禁止仅限于"重大的损害"的要件,那么在"轻微的损害"的情况下违法的行政处分就不在禁止之列,这种立法规定不符合法治国家的精神。因此福井主张应废止预防诉讼要件中关于"重大的损害"的规定。具体如在土地征收过程中,由于日本宪法和土地征收法规定了应对被征收者给予损失补偿,有判例认为如对农田的破坏等可通过金钱来进行损失补偿的损害不属于"重大的损害",因此不满足预防诉讼的法定要件。因此福井认为预防诉讼制度并没有真正发挥其原应有的功能。③ 另外阿部泰隆指出,在一些城市规划和房屋征收的案件中,由于建设工程已经进入实施阶段,即便行政行为违法也无法形成实质的救济,造成"事情判决"的例子也不在少数。④

日本《行政事件诉讼法》第 37 条规定,为避免重大损害存在其他

---

① 参见大久保規子「行政訴訟の原告適格の範囲」ジュリスト 1263 号(2004 年)48 頁。

② 参见 2015 年 11 月 29 日広島女学院大学学術研究会報告「現行行政事件訴訟法の問題点と再改正の可能性——まちづくり紛争を題材に」都市住宅学 93 号(2016 年)。

③ 参见福井秀夫「行政事件訴訟法三七条の四による差止めの訴えの要件——土地収用法による事業認定を素材として」自治研究 85 巻 10 号(2009 年)。

④ 参见阿部泰隆「行政訴訟のあるべき制度、あるべき運用について」法律文化 16 巻 2 号(2004 年)29 頁。另,日本《行政事件诉讼法》第 31 条规定了驳回原告请求的特殊情形,即行政处分或裁决虽然违法但撤销其显著有损公共利益时。法院可以驳回原告的撤销请求,但应判决该行政行为或裁决违法。日本学界称之为"事情判决",亦可译作"情势判决",类似于我国《行政诉讼法》第 74 条规定的判决确认违法。

适当方法时不得提起预防诉讼。这一规定也被称为预防诉讼的消极要件。越智敏裕认为,日本最高裁判所对于预防诉讼要件的审查过于严苛以至于其无法发挥应有的功能。审查标准既要求满足"重大的损害"要件,同时还要求无法通过撤销诉讼或停止执行等途径来实现救济。比如在涉嫌违法的城市建筑工程中,建筑许可下达以后往往并不会立刻对周边居民造成危害,而是在实际施工以后才产生实际危害。但是越智认为,在工程实际开工以后申请停止执行,远不如预先在建筑规划期间就对建筑许可进行司法审查,因为这从社会经济的角度来看是更加合理的。此外,学界对于法定诉讼类型之一的当事人诉讼是否也属于"其他适当方法"还存在不少争议。

关于为何设置"重大的损害"这一法定要件,据参与立法工作的人员解释,预防诉讼意味着法院在行政厅作出处分或裁决之前事先对其违法性作出判断,并将其责令禁止。而预防诉讼的法定要件的设置,既要考虑到对国民权益的实质有效的救济,还要考虑到司法与行政的各自职能与相互关系,以进行妥当的安排。[①] 按照这种观点,预防诉讼仅适用于需要法院事先对行政主体的违法性进行判断的情形,或者说,仅适用于"适合寻求事先救济且存在救济必要性的情形",由此可见,相关司法救济仍以事后救济为原则。而即便在民事诉讼中,预防诉讼也是一种例外的事前救济方式,并且须以损害的重大性、恢复的困难性为诉讼要件。

3. 行政诉讼的现实问题

一方面,如前所述,预防诉讼已经在日本的司法审判实践中得以运用,但在积极要件与消极要件并存、违法性原则、审查对象确定原则以

---

① 参见小林久起『行政事件訴訟法』(商事法務、2004 年)189 頁。

及预防诉讼排除特例等的严格限定下,实践中当事人的预防请求能最终获得法院支持的比例并不高。当然,除了特定的限制条件以外,预防诉讼还要符合抗告诉讼的一般性要件,如原告与被告适格、处分性、法院管辖以及起诉期限等。

另一方面,行政诉讼在日本还面临着普遍性问题。日本宪法第32条保障了国民接受司法审判的权利(或称"司法救济权"),并逐渐发展出了较为完善的行政诉讼制度。[①] 但也有学者批评,由于受到居于优越地位的行政权的压制、法官的消极解释、严格的诉讼要件、诉讼费用等的限制,当事人往往很难进入正式的诉讼阶段。[②] 即便进入正式诉讼审理阶段,原告也很难胜诉。据统计,日本最高裁判所审理的行政诉讼案件中原告胜诉率仅为百分之十,这还是包含了部分胜诉的数据,全面胜诉的比例甚至远低于此。不少学者呼吁法官本着实现国民权利救济的态度审理相关案件,而不是一味拘泥于法律文本的解释,将诉讼请求拦在门外。因此,如何处理好行政、司法和权利人之间的关系,特别是如何掌握好尊重行政机关的首次判断权、预先和适度地进行司法审查以及充分保障相对人权利利益救济这三者的分寸,也是今后日本行政诉讼制度改革所要面临的难题。

五、中国预防诉讼的运用构想

(一) 中国预防诉讼研究概述

在我国,除了民法上的预防性诉讼、以检察机关为主体的公益性诉

---

① 《日本国宪法》第 32 条:"不得剥夺任何人接受审判的权利。"
② 阿部泰隆「行政訴訟のあるべき制度、あるべき運用について」法律文化 16 巻 2 号(2004 年)28 頁。

讼以外,行政法学界就行政法上的预防诉讼也已经积累了一定研究成果。这些成果总体来看主要呈现出以下几个特点。

（1）对于是否应采纳预防诉讼这一诉讼类型,大都采取积极态度。如有学者指出:"以事后救济为主的我国现行行政诉讼机制,对那些不可能或难以弥补的被损害权利的保护显得苍白无力,因而在我国建立预防性行政诉讼机制已势在必行。"①亦有学者针对我国行政诉讼法规定的事后救济型行政诉讼,提出应"建立以事前和事中救济为特征,旨在对抗威胁性行政行为和事实行为的预防性行政诉讼制度,真正实现权利有效保障"②。

（2）就预防诉讼的研究多集中在某一具体适用领域,而实际上整体来看,就其具体适用范围尚未形成统一、系统的认识。如在政府信息公开领域,有学者主张,新修订的《行政诉讼法》所确立的判决类型"并不能很好地适用于反政府信息公开诉讼",建议"对《最高人民法院关于审理政府信息公开行政案件若干问题的规定》第11条的内容加以完善,真正建立健全我国的预防性行政诉讼制度"③;在食品安全行政领域,有学者主张"从《食品安全法》中规定的或推定的权利救济途径来看,事后救济明显存在不足,预防性行政诉讼尤显必要"④;在城市房屋拆迁领域,也有人认为"预防性行政诉讼与保护被拆人所亟须的司法救济途径有着天然的契合性",主张应"建立起事前救济的预防性行政

---

① 胡肖华:《论预防性行政诉讼》,《法学评论》1999年第6期。

② 解志勇:《预防性行政诉讼》,《法学研究》2010年第4期。

③ 禹竹蕊:《建立我国的预防性行政诉讼制度——以反政府信息公开诉讼为视角》,《广西大学学报（哲学社会科学版）》2017年第3期。

④ 徐信贵、康勇:《论食品安全领域权利救济的预防性行政诉讼》,《重庆理工大学学报（社会科学）》2015年第3期。

诉讼,扩充我国行政诉讼的类型"①。

（3）普遍强调应对预防诉讼的适用条件作出规定,但就规定的具体要件等持不同意见。如有学者主张"基于预防性不作为诉讼的补充性,应当在适用范围、起诉条件、审理规则等方面加以必要规范,以保证其事前救济功能的有效发挥"②;也有人主张"预防性行政诉讼在现行《行政诉讼法》下存在可能性",但"其在实践中的展开还有赖于实体行政法律的发展和相对人权利的充实"③;此外,还有人以"防止司法权过度干预行政权以及诉讼滥用泛化的风险"为理由提出了具体的诉讼要件,即应该在满足"行政行为即将作出或在作出过程中、损害重大且难以恢复、原告具有特别利益、其他方式不足以提供有效救济"四个要件的情况下才能提起预防性行政诉讼。④

总体来看,预防诉讼相关研究的深入性和系统性仍稍显欠缺,还需要结合我国的行政诉讼实践继续提升相关理论的可行性和操作性,这都有待行政法学界进一步深入研究和思考。具体如预防诉讼的法理依据和提起要件、预防诉讼与撤销诉讼和停止执行相互关系的建构、诉讼类型的法定化等,围绕这些问题还需要更加深入和系统地研究域外立法、理论和实践经验,从而建立起一套真正符合我国现行司法制度背景的体系化、规范性的预防性诉讼制度法律体系。

（二）预防诉讼实际应用之门槛

我国行政诉讼法司法解释规定,对公民、法人或者其他组织权利义

---

① 岳琨:《论预防性行政诉讼的法律建构——以被拆迁人的救济渠道缺乏为视角》,《广西社会主义学院学报》2011 年第 4 期。
② 章志远、朱秋蓉:《预防性不作为诉讼研究》,《学习论坛》2009 年第 8 期。
③ 尹婷:《预防性行政诉讼容许性问题初探》,《西南政法大学学报》2017 年第 1 期。
④ 邱伯静:《论预防性行政诉讼的制度空间》,《荆楚学刊》2019 年第 1 期。

务不产生实际影响的行为不属于行政诉讼的受案范围。[①] 那么尚未作出的行政行为是否属于"对权利义务不产生实际影响"的行为？以最近的"唐雄诉三亚市政府发布安置方案"案为例，当事人唐雄对三亚市政府发布安置方案实施预征收的行为不服并提起行政诉讼。[②] 最高法院认为该预征收行为仅仅是告知被征收人拟征收的相关事项，并未实际实施，未对唐雄的权利义务产生实际影响，不属于行政诉讼的受案范围。拟征收行为只是市、县人民政府拟对特定范围内土地实施征收的意向，只有经过省级人民政府或者国务院批准后，市县人民政府才能实际进行土地征收。由此可见，目前我国的行政诉讼制度更偏向于不予支持当事人对未发生行政行为的禁止请求。

　　考虑到不同的社会制度、历史和司法体系等背景，笔者认为预防诉讼制度如在我国投入实际运用，可能将会遇到以下几个问题。其一，特定政治体制下的权力配置问题。建立行政诉讼制度的最重要初衷之一，是通过司法救济来实现对行政权力的监督和限制。一般来讲，增加诉讼类型和完善诉讼类型法定化制度往往意味着司法权的增强。虽然我国并不承认西方国家的权力分立制度，但在党的统一领导下不同权力机关的组织架构之间又确实存在着相互的制约与监督。在具有我国特色的政治体制背景下如何进行国家权力配置，决定了是否能够吸收和采用新的行政诉讼类型。其二，行政诉讼之诉权滥用的问题。在我国行政诉讼法修改以后开始实行立案登记制，行政诉讼的受理案件数量大幅增加，其中也出现了许多滥用诉讼权的例子。最高法院曾有判例强调，"诉最终能否获得审理判决还要取决于诉的内容，即当事人的

---

　　① 《最高人民法院关于适用〈中华人民共和国行政诉讼法〉的解释》第 1 条第 2 款第 10 项。

　　② （2019）最高法行申 10020 号。

请求是否足以具有利用国家审判制度加以解决的实际价值和必要性"①。但在实际中对于"实际价值和必要性"的判断标准并不清晰,而这一问题是可以通过制定诉讼要件的具体规定来规避的。其三,预防诉讼制度架构本身要面临的具体问题,包括诉讼要件、审查时机、审查方式和强度等等。这些势必牵涉到诉讼类型法定化制度,带来整个行政诉讼乃至司法制度的一系列变革,考验着立法者的胆识和智慧。

(三) 预防诉讼应用的切入点

讨论预防诉讼实际运用的可能性,必须结合诉讼制度现状和现实需求。世界各国的行政诉讼制度大多以撤销诉讼为主干,但是撤销诉讼只有在行政行为实际作出以后才能提起,许多时候往往并不能真正实现对当事人的权利救济。另外在当事人权利愈发受到重视的当下,情势判决等也受到学界的广泛批评。在行政活动愈发多样化的今天,许多情况下单纯依靠事后救济已经不能满足对公民权利救济的要求。特别是应考虑到部分行政行为一旦作出,事后救济也无法弥补违法的行政行为对公民权益带来的重大损害这种情形。而预防诉讼的本质是通过司法机关的司法权力,将尚未作出但又即将作出的、具有违法性的行政行为预先禁止,目的是避免单靠事后救济而不得,从而更好地实现当事人权利的司法救济。

这里以前些年我国社会矛盾比较集中的违建拆除问题为例。2013 年最高院司法解释明确了违法建筑强制拆除由行政机关直接

---

① (2016)最高法行申 5034 号。

执行的原则。① 这样一来,行政机关作为违建的认定主体,同时又是违建拆除的实施主体,在某种角度上同时充当了"裁判员"和"运动员"的角色。② 我国在城市化进程中遗留了大量的有产权争议的建筑,有些是可以通过合理程序解决矛盾或采取补救措施的,地方政府不应一概将其认定为违法建筑并强制拆除。在现有的法定救济框架内,由于缺乏对于行政机关违建认定和实施的事先监督,当事人只能申请行政复议或者事后向司法机关提起行政赔偿,即其自身权益一旦受到违法侵害,并不具备实际有效的预先防御手段。房产作为重要的私人财产受到宪法和法律的保护,其是否违法的最终判断权限应掌握在司法机关手中。应考虑到一旦在行政机关的认定过程中出现违法的情况,其所造成的当事人的财产损失往往难以弥补,在这种情况下,当事人却也往往只能忍受这种损害的发生。

在前文提到的"公有水面填埋许可案件"中,日本地方裁判所支持了当事人以保护景观利益为由禁止行政机关颁发相关行政许可的诉讼请求。该案件中一个决定性的考量因素就是损害的难以恢复性。如果能在违法的行政行为实施之前就对其进行合法性审查,将违法事项在发生之前就预先禁止,自然能够避免当事人利益遭受重大损害,也不会产生事后救济难以弥补的尴尬局面。当然,这种预先审查必须建立在一定的要件基础上,包括原告适格、行政行为作出的可能性、行政行为的合法性和适当性、是否有行政裁量权的逾越和滥用、是否可能产生重

① 2013年最高人民法院《关于违法的建筑物、构筑物、设施等强制拆除问题的批复》:"根据行政强制法和城乡规划法有关规定精神,对涉及违反城乡规划法的违法建筑物、构筑物、设施等的强制拆除,法律已经授予行政机关强制执行权,人民法院不受理行政机关提出的非诉行政执行申请。"

② 参见杨官鹏:《"违建必须拆"要两面看——城市违法建筑强制拆除的新议题》,《上海房地》2020年第3期。

大的损害、是否存在其他适当方法避免重大损害等等。

除了诉的权利以外,立法与司法实践对于实体性权利的肯定也是建立预防诉讼制度的重要基础和切入点。如前所述,日本行政法上的预防请求权起初是从权利理论中派生而来的。预防诉讼能够实际运用的前提,是宪法和法律所保护的思想自由、私有财产权、名誉权、环境权、平稳生活权、住民的人格权等都已经在学说(特别是"权利保护说")和案例中得到支持。在"权利保护说"和"不法行为说"等基础上发展而来的"复合构造说"主张,对于生命健康权的侵害理应预防禁止,不需要进行利益衡量;而对于其他忍受限度以内的侵害,则应根据损害的程度和侵害行为的性质等进行衡量判断。应当注意,对于不同的权利和侵害进行科学区分与衡量的根本基础在于对实体权利的切实保护。只有立法和司法机关在各个维度都能考量到我国宪法所保障的实体权利,引入和建立预防诉讼制度的根基才能更加稳固。

六、结论

日本学者盐野宏曾特别强调了建立行政诉讼类型制度的重要性:"日本行政诉讼法制的完善过程,实际上也是诉讼类型的完善过程。"[1]而对于我国行政诉讼法并没有就预防诉讼作相关规定,有学者指出,行政诉讼中的临时救济制度属于"我国行政法和行政法学的典型弱项",特别是临时预防制度"仍然是空白"。[2]

因此,应当思考在我国当前司法体制下的行政诉讼制度是否应采

---

① 盐野宏『行政法 II(第 4 版)』(有斐閣、2005 年)74 頁。
② 王天华:《行政诉讼的构造:日本行政诉讼法研究》,法律出版社 2010 年版,第237 页。

纳诉讼类型法定化的方式,并逐步设立预防诉讼类型和临时预防制度。正如我国有学者指出的,日本的行政诉讼类型法定化制度的"每一阶段所欲解决的社会矛盾、所具有的司法资源以及在此背景下所面对的行政审判难题及其司法应对策略都是各不相同的,由此形成了不同阶段下救济功能各有侧重、程序规则各具特色、司法审查广度和深度逐步拓展的行政诉讼类型制度",我国应逐步建立"以救济公民权益为目标的、理论逻辑性全面系统、类型概括繁简适度、程序规则合理便捷的行政诉讼类型法定化制度"。① 尽管日本已经建立了较为完善的预防诉讼制度并得以运用在司法实践中,但在严格到甚至近乎苛刻的法定要件的限制下,其在司法判例中实际运用的频度和广度似乎远未达到制度设立之初的期许,这也招致了一些日本行政法学者的批评。法治的实现并非一蹴而就,相信随着我国司法体制改革的不断推进,定能在不远的将来实现诉讼类型的法定化和多样化,并在此基础上就预防诉讼制度设置适合我国国情的法定要件。

　　但是也应当意识到,预防诉讼是否应法定化的议题本质上还是司法权对于行政权干预程度的问题。日本预防诉讼的法定化,是在实务界已经得到实际运用的基础上加以学术上的理论探讨而实现的。在我国,也同样面临着司法机关和行政机关的职能分工问题。在行政诉讼这一由司法机关审查行政机关行为合法性的机制中,审查的依据、范围、强度、内容等应如何完善等这些问题,必然要涉及通过修改法律来扩大行政诉讼受案范围、完善行政诉讼类型和扩大行政诉讼原告资格等。立法者应当对此加以考量。然而由于我国行政诉讼法不可能在短期内再次修改,那么正如一些学者所主张的那样,参照域外多数国家的

---

① 　王丹红:《日本行政诉讼类型法定化制度研究》,法律出版社 2012 年版,扉页。

经验,由法院通过个案确立具体规则或许是一种较为理想的途径。① 但无论是立法者在立法工作中,还是法官在案件审理中,都应该考量到预防诉讼存在的现实必要性,应设想到违法的行政行为一旦作出,单纯依靠事后救济实际无法弥补其对公民权益带来的重大损害的特殊情形。而且必须强调的是,行政诉讼的根本目的在于维护公民的合法权益和监督行政机关依法行政,而要解决上述问题,必须首先立足于对公民权益的充分保护。这种保护不仅仅限于通过事后的惩罚性措施以对行政主体依法行政形成引导或威慑,还应通过对行政行为合法性的事先审查以建立事先的预防和纠错机制。而对于司法权过度干涉行政权的担心和忧虑,则完全可以参照日本经验,在立法与司法实践的探索中通过设立预防诉讼的基本要件这一门槛来回应和解决。应当说,这在当下仍有待于包括立法者和民众的社会各个阶层,以及法律实务界和学术界能进一步达成共识,并将其真正付诸实施。

---

① 罗智敏:《论行政诉讼中的预防性保护:意大利经验及启示》,《环球法律评论》2015 年第 6 期。

国民主权原则下的日本法官追责制度[*]

在日本的法官追责体系下，法官一旦出现背弃国民信赖的行为，就可能通过罢免追诉、弹劾审判、国民审查等程序或方式被追责。而追责程序既要充分发挥对法官的实质监督作用，又不能损害法官行使审判权的独立公正性，就必须在国民主权、主权在民的宪法基本原则下进行。日本法官追责体系基本是以代议民主政治为前提、国民主权的宪法规范和原则为基础设立的。我国进一步构建并完善法官追责制度，也必须在宪法原则和宪法规范下进行，严格把握好人民主权、法官追责和司法审判权的独立行使之间的尺度。

一、制度背景

日本在明治时期就已经设立了对司法法官的监督追责制度。明治宪法规定："法官非经刑法宣告或惩戒处分不得将其免职"，"惩戒的相关规定由法律作出"。[①] 在当时日本大审院及各控诉裁判所内都设置有惩戒裁判所，依照判事惩戒法专门行使对法官的监督权。依照该法，对法官的惩戒事由包括：违反职务上的义务、职务懈怠、失去官职威严

---

* 本章内容在作者《国民主权原则下的日本法官追责制度》(《山东大学法律评论(2021—2023)——日韩法专辑》，山东大学出版社 2023 年版)一文基础上修改完善而成。

① 日本明治宪法第 58 条第 2、3 项。

或信用等。对法官的惩戒形式分为五种：谴责、减薪、转任、停职和免职。该法还规定对法官行使罢免权的主体为当时的司法部，同时基于"法官独立"原则的考虑设置了专门的法官罢免程序。

"二战"后，日本通过民主化改革，以基本人权、国民主权及和平主义为三大基本原则制定了现行宪法，即 1947 年《日本国宪法》。依照国民主权原则，法官承担着依照宪法和法律进行公正审判以守护国民权利的重大职责。同时宪法还确立了立法、行政、司法三权分立的政体，为了保障司法权的独立行使，宪法和法律作出了一系列保障性规定。其中最有代表性的就是法官独立原则。《日本国宪法》第 76 条第 3 项规定，法官遵从良心独立行使职权，仅受到宪法及法律的约束。因此，国会、内阁、党派都不得对法官施加压力，其也不能受到特定的政治势力、社会势力等的影响。为保证法官能独立公正地行使审判权，日本宪法还规定了禁止行政机关对法官施加处分、在任期间法官薪酬不得减额、保障法官优厚待遇和身份地位等。[①]

《日本国宪法》第 76 条还规定了司法权的专属："所有的司法权属于最高裁判所及法律设置的下级裁判所。"为保障司法独立，各级裁判所的开支通过国会预算决定，完全依靠国家拨款。最高裁判所设立事务总局，负责裁判所内部人事和财政问题。财政和人事的相对独立保证了裁判所系统成为垂直体系，能有效避免外部人员干预司法。

与此同时，日本设置了十分严格的法官选任制度，以保证法官个体的素质。任职法官需要经过法科大学院的法学教育、严苛的司法考试和司法研修，还需要 10 年以上作为"判事补"（相当于法官助理）的任职经验，才有资格提出担任法官的申请。提交申请后，再由设在最高裁判所和高等

---

① 参见《日本国宪法》第 78 条、第 79 条、第 80 条。

裁判所内的专门委员会进行审核、调查,具体就判事补对法律的理解力、对社会的洞察力、处理问题的技能、处理案件是否存在瑕疵、当事人和社会公众的满意度、判事补的人格和品行等多个方面作出综合评价。①

以最高裁判所法官为例,日本《裁判所法》第 41 条规定了其任职资格须满足:"见识广泛,学识渊博,法律素质高,年龄在 40 岁以上的日本公民",且任职高等裁判所长官、判事 10 年以上,或任职简易裁判所判事、检察官、律师、大学法学教授或副教授 20 年以上。在严格的遴选机制下,对最高法院法官的法律职业化背景要求很高,法官人选还会侧重具有社会公信力的专家学者,综合考虑工作业绩、法律素养以及为人品性等,法官素质相对较高,其公信力获得了社会的普遍认可。②

因为被赋予了司法公正和权力分立的重任,日本法官普遍拥有较高的社会地位和威信,呈现出高度专业化和精英化的特点。但法官也属于公职人员。基于国民主权原则,正因为对法官自身素质的要求很高,社会对法官的期待也高,法官一旦出现背弃国民信赖的行为就必须被罢免职位。近些年来日本少数法官爆出了丑闻事件,这使民众开始关注司法权的行使和法官伦理问题,也引起了日本社会对于法官监督与追责制度的重新审视。

二、法官弹劾制度

日本的法官罢免与追责制度是以国民主权这一宪法原则为核心和基础设立的,它包含了国民审查、国政调查、法官弹劾、刑事追责、司法

① 参见余森、胡夏冰:《日本法官选任制度及启示》,《人民法院报》2014 年 12 月 12 日。
② 参见李邦友:《日本法官遴选工作机制及其运作》,《法制资讯》2014 年第 8 期。

行政和人事评价等多个层次和维度。弹劾制度作为实务中最常见和有效的形式之一,在保障司法独立的前提下,通过设立以议员为主体的、相对独立的追诉与弹劾审判机构来实现对法官的监督和追责。

(一)弹劾制度的基本原则

《日本国宪法》第15条第1项明确了罢免公务员是国民的基本权利。[①] 在此宪法理念下,日本设立了专门的"裁判官弹劾制度"。按照《日本国宪法》第64条第1项、《国会法》125条以下的规定以及《裁判官弹劾法》等规定,国会两议院的议员可组成"裁判官追诉委员会"和"裁判官弹劾裁判所",对法官进行专门罢免公诉。

《日本国宪法》第64条第1项规定:"国会设置弹劾裁判所,由两议会议员组成,用以审判受到罢免追诉的法官。"裁判官弹劾裁判所简称"弹劾裁判所",亦可译为弹劾法院。弹劾制度最初发源于英国。14世纪中后期,英国国王任命的大臣或法官等行不法之事时,议会可通过审判将其罢免,之后作为一项制度确立下来。美国宪法继承并发展了这一制度,罢免对象包括以总统为首的各级政府高官及联邦法官;而日本的弹劾制度则以法官为罢免对象。

因考虑到不影响法官的稳定地位和公正审判,日本法官弹劾制度也对弹劾事项和基准作出了严格的限制规定。除因疾病等原因无法履职的情况外,罢免法官必须经过弹劾裁判所的罢免判决。非经法定的罢免审判程序,任何法官不得被罢免。另外,日本针对最高裁判所的法官还设立了专门的国民审查制度,国民可以通过投票决定将其罢免。

---

① 《日本国宪法》第15条规定:"①选举和罢免公务员是国民固有的权利。②一切公务员都是为全体服务,而不是为一部分人服务。③关于公务员的选举,由成年人普选保障。④在一切选举中,不得侵犯投票的秘密,对于选举人所作的选择,不论在公的或私的方面,都不得追究责任。"

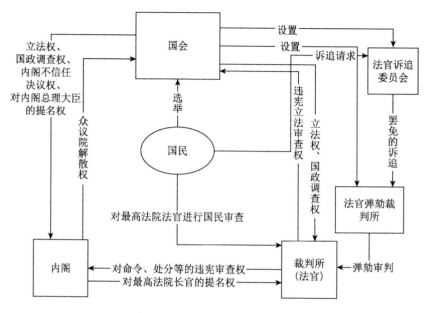

图 1　日本国民、国家机关和弹劾裁判所的关系图①

　　日本弹劾制度的设立受到了美国的深刻影响,但区别在于,美国基于权力分立的立场,在制度设计上是由参议院来负责行使弹劾审判职权。但由于在现代国家的议会中,议员数量往往众多,同时还需处理法律和财政预算的审议等事项,实践中并不一定都适合行使审判的职责。因此与美国不同,日本从国会两院议员中选取部分人员,用以组建专门的弹劾裁判所。弹劾裁判所的性质不同于普通的司法法院,是特殊类型的专门法院。弹劾审判的职权也由弹劾裁判所的专门审判员(裁判员)即国会议员兼任行使。弹劾裁判所的审判员共计 14 名,由众议院议员和参议院议员各 7 名组成。审判员的任期原则上和议员的任期一

———————
　　①　参见日本“裁判官弹劾裁判所”官网,https://www.dangai.go.jp/intro/intro2.html(最后阅览日期:2020 年 8 月 29 日)。

致,而审判长由参众议院议员交替担任,原则上每届任期为1年。由于弹劾裁判所的数名审判员都是国会议员,这就保证了其一方面能代表民意,另一方面还能从政党派别中分离出来,遵从良心履行弹劾审判的职权。

(二) 弹劾审判程序

1. 追诉程序

弹劾审判主要分为追诉程序和罢免审判两个阶段。弹劾裁判所虽然拥有弹劾审判和罢免法官的权限,但不能自行对法官进行调查或径自展开审判,而必须以法官追诉委员会(简称"追诉委员会")提起罢免诉讼(或称罢免追诉)为前提。[①] 追诉委员会由20名追诉委员组成,均为国会议员,包含参众两院议员各10人。追诉委员会在弹劾审判中,充当着类似于普通司法程序中检察机关的角色,只不过此时法官成了审判对象,弹劾审判的主体则是国会议员。不论是在国民或最高裁判所提起对法官的罢免追诉请求时,还是在其自身认为有必要的情况下,追诉委员会都可以就法官的罢免事项进行调查。追诉委员会可就追诉请求书的内容进行质询,必要时还有阅览法官审判记录、对相关人员进行调查等权限。

根据调查结果,追诉委员会对是否提起罢免诉讼进行审议。《裁判官弹劾法》第2条规定法官的罢免事由分为两种。第一种是明显违反职务上的义务或严重怠于履行职务,第二种是作出显著有损法官威信的行为,不论该行为是否与行使职务有关。审议结果分为提起罢免追诉、不予追诉和缓期追诉三种。审议认为存在罢免事由并有必要对该法官提起罢免追诉时,追诉委员会向弹劾裁判所提起罢免追诉;不存

---

① 法官追诉委员会,日语为"裁判官訴追委員会"。

在罢免事由时则作出不予追诉的决定;存在罢免事由,但因为具体情形暂无提起罢免追诉的必要时作出缓期追诉决定①。从受理追诉请求书到审议结束一般需半年到一年时间,依具体情况或可延长。自罢免事由发生起三年内可以提起罢免追诉,这三年也被称为罢免追诉期间。另外,弹劾审判的对象仅限于现役在职的法官,已退休或不在职的不在其列。

《裁判官弹劾法》并没有规定对不予追诉决定的复议制度。普通的司法裁判所对追诉委员会作出的决定没有审查权限,因此也就无法向裁判所提起撤销不予追诉决定的诉讼请求。此外,根据"一事不再理"原则,追诉委员会对就同一法官和同一追诉事由再次提起的追诉请求不予受理。

2. 罢免审判

自追诉委员会向弹劾裁判所递交追诉书后,罢免追诉的审判程序正式开始。罢免审判由弹劾裁判所独立进行。弹劾裁判所由参众两院议员各7名共计14名审判员组成,但每次审判时必须有两院议员各5名以上出席,否则不得开庭。庭审的出席人员除审判员外,还包括被审判法官(被追诉人)、追诉委员长(或委员长指定的追诉委员)、辩护人。《裁判官弹劾法》规定,具体审判程序适用于刑事诉讼法。

庭审原则上应公开进行,公众亦可申请旁听。庭审的流程一般包括以下几个步骤:口头询问确认被追诉人、朗读追诉书、基于控辩双方请求的证据调查、双方辩论和意见陈述、终结审理和宣判。弹劾裁判所在开庭审理结束后,通过召开审判员评议会讨论决定最终是否罢免被追诉法官。参与审理的审判员中有三分之二赞成时,则由审判长宣告

①　日文为"訴追猶予の決定"。

罢免判决,法官当即被罢免职务,同时也失去律师等法律执业资格。

弹劾审判实行一审终审,对判决结果没有申诉途径。但被罢免的法官可以通过请求专门的恢复资格审判以恢复专业资格。据统计,1948—2020 年间日本共有 9 例弹劾审判、7 例资格恢复审判。[①] 不论是弹劾裁判所还是追诉委员会,都是正式的国家机关。二者均由国会议

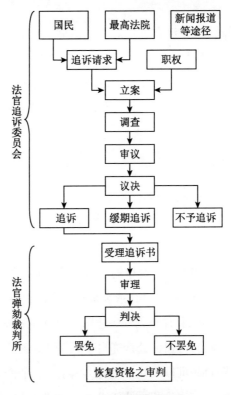

图 2　法官弹劾程序流程图[②]

---

① 具体案件可参见日本"裁判官訴追委員会"官网(各種資料、統計集　訴追委員会) https://www.sotsui.go.jp/data/index.html(最后参阅日期:2020 年 9 月 1 日),以及于熠、宋宗君:《日本裁判官追责机制的中国镜鉴》,《时代法学》2017 年第 3 期,第 37—38 页表格。

② 资料来源:日本"裁判官訴追委員会"官网。

员构成,其权限的行使并不受国会开闭期间的限制。这既保证了追责主体体现国民意志,又能保障追责的常态化和实际效果。

表3　追诉委员会追诉案件数量(单位:件)①

年	受理件数	追诉	缓期追诉
2017 年	594	—	—
2018 年	864	—	—
2019 年	1210	—	—
1948—2019 年合计	21 888	48(9)	12(7)

表4　请求追诉人数类别(单位:人)②

最高裁判所	律师	国民
8	2670	894 804

表5　审查涉及诉讼案件类别比例(%,1948—2019 年)③

民事案件	行政案件	刑事案件	家庭案件	其他
64.7	7.8	18.3	3.8	5.4

表6　罢免事由的具体事项比例(%,1948—2019 年)④

明显违反职务上的义务或严重怠于履行职务(95.1)	错误或不当审判	50.7	显著有损法官威信的行为(4.9)	受贿	0.3
	违反诉讼程序	13.9		利用地位	0.1
	不当诉讼指挥	9.2		不当言行	2.2
	调查记录记载不实	1.7		其他	2.3
	审理延迟	1.9			

---

① 括号内数字为弹劾裁判所实际审理件数,数据来源:日本"裁判官訴追委員会"官网。
② 数据来源:日本"裁判官訴追委員会"官网。
③ 数据来源:日本"裁判官訴追委員会"官网。
④ 数据来源:日本"裁判官訴追委員会"官网。

（续表）

	审判书交付延迟	0.1		
	申请证据采纳与否	2.6		
	监督不到位	4.6		
	记录处理不当	0.4		
	不当的调停和解	0.3		
	其他	9.7		

三、其他追责途径

（一）国民审查和国政调查

1. 国民审查

国民主权原则是日本宪法的基本原则之一。在此原则下，《日本国宪法》第 79 条规定了对最高裁判所法官的国民审查制度。《最高裁判所裁判官国民审查法》对此作了详细规定。所谓国民审查，是指通过国民投票来决定最高裁判所法官罢免与否的制度。也就是说，虽然最高裁判所掌握最高司法权，但这种权限仍必须在国民的监督和审查之下行使。如果违背了国民的意志，最高裁判所的法官就可能被国民通过投票的形式罢免。最高裁判所法官被任命后，在首次众议院议员总选举的投票日开始时就须接受国民审查，并于此后每 10 年于众议院选举之时接受一次审查。严格来讲，设立国民审查制度的意义在于维护国民主权原则，即维护对公务员的罢免权这一国民固有的权利，而并非对法官的任命行为进行审查。也就是说，国民审查是宪法赋予国民的政治权利，而非一项对法官的任职进行事后审查的制度。

然而,一方面,日本对于国民审查制度的实际作用尚存有争议。由于最高裁判所法官在接受任命时大多都已 60 岁以上,而退休年龄则为 70 岁,所以历史上真正接受过第 2 次国民审查的法官仅有 6 人,而超过 2 次的则没有。并且由于国民审查和众议院议员总选举同时举行,民众关注的焦点往往更集中在众议院选举上,媒体对国民审查程序、最高裁判所法官的履历信息等相关的报道也较少。同时作为国民审查的重要参考信息,《审查公报》上所刊登的法官判决信息也较少,导致民众对法官的评判材料和依据不足。并且也有人质疑普通民众对最高裁判所法官的关注度。另外,国民审查制度只针对最高裁判所法官,而对于其他级别的裁判所法官却并不适用。如此一来,日本国民审查制度在实际中有逐渐形式化、边缘化的倾向。

另一方面,国民审查在制度层面上形成了对法官弹劾制度的补充。虽然《日本国宪法》第 78 条明确规定实施针对所有法官的弹劾制度,但在实际运用中,弹劾对象一般都是最高裁判所以下级别的裁判所法官,历史上还未曾发生过最高裁判所法官被弹劾的实例。在此背景下,国民审查制度通过另外一种方式,实质赋予了民众对于最高裁判所法官的直接罢免权。尽管未曾有过最高裁判所法官因国民审查而被真正罢免,但审查统计的得票率实际对其产生了监督和督促作用。作为国民主权原则的重要体现,自 1949 年至今已举行了 24 次的国民审查,被誉为国民主权的"传家宝刀",应当肯定其对体现国民主权、防止最高裁判所法官滥用权力的重要象征意义。

2. 国政调查权

与国民审查不同,国政调查权以国家议会为主体。日本国会拥有国政调查权,并由参众两院分别独立行使。国政调查权来源于《日本国宪法》第 62 条的规定:"两议会可以各自对国政进行调查,同时可以要求证人证言和提供记录。"国政调查的对象范围不仅仅包括司法事务,也包括立法、行政等各个方面。但基于司法独立原则,调查一般不会涉及具体的案件审理和法官个人资质等问题。另外调查活动的内容也一般限于询问证人和提出书面记录,而如侵入住宅、搜查、没收、逮捕等具有强制力的行为都不在国政调查的权限之内。司法权作为国家权力的形式之一,也属于国会进行国政调查的对象。虽然国政调查所能发挥的实质监督与追责力度往往不及弹劾制度和国民审查,但从广义上来讲,其与后二者同属对法官的监督和追责的制度体系。

(二) 罢免追诉与刑事追责

一方面,日本法官队伍的规模远不及我国。据统计,2002 年 7 月,日本全国除最高裁判所法官和高等裁判所长官外,共有在职法官 1445 人,法官助理 820 人,简易裁判所法官 806 人,共计 3071 人。[①] 尽管近年人数有所上升,但根据日本《裁判所数据统计 2019》的统计,截至 2018 年 12 月 1 日,日本法官总共也仅有 3881 人,其法官队伍规模远远无法与我国法官 10 余万人的数量相比。另一方面,日本法官职业高度专业化和精英化,为应对规模庞大的案件数量,配备了大量的司法辅助人员,如调查官、书记官、秘书官、速记官、技术官等。

日本《刑法》第 193 条专门规定了公务员滥用职权罪:"公务员滥用职权,使他人履行没有义务履行的事项,或者妨害他人行使权利的,

---

① 裁判官の人事評価の在り方に関する研究会資料:第 2 裁判官の人事評価の現状と関連する裁判官人事の概況,https://www. courts. go. jp/saikosai/iinkai/saiban_kenkyu/hokokusho2/index. html。

处二年以下惩役或者监禁。"①其所对应的犯罪主体为公务员。但问题是在法官审判独立的原则下,这一条款是否同样适用于法官?

按照日本《国家公务员法》的规定,公务员包括四类:国家公务员、地方公务员、特别公务员、类公务员。② 法官虽然属于特别公务员序列,但也归属于公务员的范畴。因此公务员滥用职权罪的适用主体自然应当也涵盖了法官。此外,日本《刑法》第 194 条还设立了"特别公务员职权滥用罪"的罪名,主体为法官、检察官和警察,但一般只有存在违法逮捕或监禁行为时才能适用该罪。

需要注意的是,虽然日本宪法和法律最大程度地保障法官独立行使审判权(《日本国宪法》第 76 条),但事实上还没有对于司法腐败等犯罪行为的专门监督机关。对于法官误判、违反道义、枉法裁判等情况的处理,相较于我国的监察和检察监督、党内纪检监督等多维并举的制度体系,日本主要还是通过国政调查、追诉调查和审议,再到罢免审判的流程进行。严格来讲,法律对于这些程序之间的先后顺序并无明确规定,但一旦法官的行为涉及刑事犯罪,刑事诉讼程序一般优先于弹劾审判等其他程序。

举例而言,"宫本身份簿事件"就是法官适用日本《刑法》第 193 条和《监狱法》第 4 条第 2 项的刑事案件。该案中,小仓简易裁判所的法官安川将被判刑人员的个人记录提供给外界阅览。由于简易裁判所主要针对一般的民事案件,案件涉及程度比较轻,所以审判周期比较短,基本上简易裁判所法官一人即可作出裁定。安川的行为造成了恶劣影

---

① 有关日本"公务员滥用职权罪"的详细论述,可参见江藤隆之「行動の自由に対する侵害犯としての公務員職権濫用罪」桃山法学 27 号(2017 年)。

② 特别公务员日语为"特別職公務員";类公务员日语为"みなし公務員",即并非政府公务员但被认为是行使公务员职务,比如银行职员、邮政公司职员、自动车检查员、驻车监视员等,也属于广义的公务员序列。

响,并最终惊动了日本国会。之后法官追诉委员会开始对此案展开调查。1980 年 12 月,安川受到福冈地方检察厅以滥用公务员职权罪和受贿罪的起诉,经过 5 年审判并最终以公务员职权滥用罪的罪名被判处 1 年有期徒刑。

在日本的司法制度发展历史中,发生了若干个牵涉司法独立的标志性事件,"平贺书简事件"就是其中之一。1969 年 8 月,负责长沼事件的札幌地方裁判所民事部法官福岛重雄收到该院院长平贺健太的一封书信。平贺作为其上司,在信中对福岛主审的案件明确表示了自己站在国家行政机关一边的立场,提出反对取消撤销保安林的指示。平贺的行为影响了司法权的独立,破坏了司法公正,最终受到了严重警告的处分。但富有争议性的结局是,福岛也因为披露书信内容,被认为违背了法官会议的非公开原则。法官追诉委员会以福岛违反了《裁判官弹劾法》第 2 条第 1 项的职务义务为由,对其作出了缓期追诉的处理。之后,札幌高等裁判所也以福岛的行为超出了一名法官的行为尺度为由,对其作出了严重警告处分。

四、司法机关内部监督

对法官司法权行使的公平正当性的保证,需要依赖完备有效的法官追责制度,但过于严苛的法官追责制度也很容易对法官独立审判造成负面影响。要强调追责,但不能因片面强调对法官的监督而过度涉入司法权的正常运行。审判独立与法官追责就像"矛"与"盾",如二者相互攻击则容易两败俱伤;但若协调好二者关系,则能为国民所用。而处理好审判独立与法官追责的根本前提就是要遵守国民主权这一宪法原则。日本现行的法官追责制度除了弹劾制度、国民审查、国政调查等组成的外部监督追责体系外,还存在司法系统内部的监督与追责制度,例如对于法官个人作出的影响裁判所声誉的行为,日本最高裁判所和高等裁判所可以予以惩戒处分。但如何处理好内部监督与外部追责以及法官追责与审判独立的关系则成为日本司法改革的重要议题。

(一)裁判所审判与弹劾审判

正如"平贺书简"事件中的争议那样,日本国内对于法官追诉委员会的调查和审议,也存在着一些反对意见。如近年的"冈口基一法官推特推送事件",这是日本国内首个在职法官因网络投稿而受到惩戒处分的事例。据媒体报道,名叫冈口基一的法官于任职期间因在社交媒体上多次发布有问题的信息,于2016年受到东京高等裁判所上级领导的口头警告,之后又因再次发生类似行为在2018年3月受到东京高等裁判所的严重告诫处分。随后的2018年5月,冈口法官又因发布信息涉嫌干扰审判,当事人向东京高等裁判所提起抗议。随后东京高等裁判所根据《裁判官分限法》向日本最高裁判所申请对冈口法官作出惩戒处分。2018年10月17日,日本最高裁判所大法庭以14名全员赞成的结果对冈口下达了惩戒告知。

东京律师协会会长條(篠)塚力在《请求不予限制法官作为市民的自由的意见书》中对于此案表示了两点意见:一是最高裁判所作出这一决定对正当程序的保障和法官作为市民的自由的保障存在不足;二是冈口基一法官的行为并不构成法定的罢免事由,法官追诉委员会应在慎重审议的基础上尽量减少冗余的调查,并尽快作出不予追诉决定,以避免法官作为市民的自由受到限制。冈口基一法官也多次对媒体表示最高裁判所妨碍言论自由和干涉法官审判独立。然而,冈口在2019年于仙台高等裁判所任职期间又因在网络社交媒体发表涉嫌侮辱刑事案件死者家属的言论,翌年再次受到了最高裁判所的惩戒处分。

"冈口基一法官推特推送事件"由于涉及法官独立审判与法官追责二者关系的问题,一时间成为社会热点议题。2021 年 6 月,国会的法官追诉委员会正式作出了请求罢免冈口的追诉决定。这距离上一次追诉决定已经时隔 9 年,也是日本战后第 10 次正式作出追诉决定。对此,冈口的辩护方主张,其行为并不构成法定的罢免事由,追诉行为是对法官独立审判、法官个人的人权以及言论自由的巨大威胁,甚至对国民权利也会带来不良影响。但与此同时,社会上对于冈口行为批评的声音也并不鲜见。虽然目前弹劾审判还未作出最后判决,但值得一提的是,日本平成时期(1889—2019 年)共有 3 人被作出追诉决定,并最终全被罢免。

另外,上述事件涉及的《裁判官分限法》,作为日本一部专门规定裁判所审判法官的特殊法律,对于审理法官的免职或惩戒处分等特定事项作了详细规定。所谓"分限"一词的原意指身份,引申出免职、休职、降职等身份变更之意。相关案件由司法法院审理,其与弹劾审判在性质、主体、程序、后果等方面都有所不同:在性质上,裁判所审判是司法机关系统内部基于领导关系的内部监督,近似于一种司法行政管理制度,而弹劾审判则是基于国民主权的宪法原则,国会议员代表人民意志,以独立的第三方国家机关的名义,对是否罢免司法法官进行审判的监督审查制度;在审判主体上,《裁判官分限法》所规定的案件由裁判所审判,一般是最高裁判所和高等裁判所,而弹劾审判的主体则是由国会议员组成的弹劾裁判所;在程序上,裁判所审判的程序由最高裁判所制定,高等裁判所的审判还有上诉程序,如法官牵涉刑事案件审判或弹劾审判,应中止相关审理程序,而弹劾审判程序更为严格,一般适用刑事诉讼程序,且必须经过追诉委员会的追诉程序并被决定提起追诉后才可以予以审判,如牵涉刑事案件审判,弹劾裁判所则可以中止审理;在后果上,裁判所审判带来的一般是法官的免职或惩戒处分,而免职的理由仅限于法官身心健康原因或主动辞职等未有主观过错的情况,惩戒处分也以告诫或一万日元罚款为主要形式,一般后果较轻,但弹劾审判往往意味着法官具有较为严重的主观过错,一旦认定具备弹劾要件,其法官职务就会被予以罢免。

(二) 人事评价与独立审判

如前所述,法官属于公务员的特别公务员序列。日本《国家公务员法》中对一般公务员的勤务评定制度作了具体规定,但并没有规定专门针对法官的勤务评定制度。因此,日本《裁判所法》和《关于法官报酬等的法律》专门规定了法官人事评价的内容和范围,在2004年还制定实施了《法官人事评价规则》。

依照法官人事评价的有关规定,各高等裁判所、地方裁判所和家庭裁判所的院长每年都要制作法官人事评价报告书,并呈交最高裁判所。评价报告的考察要素以法官的业务能力为主,包括法官的案件处理能力、指导能力、法律知识修养,另外还会结合法官的健康程度和个人性格特征等要素进行综合评价。[①] 最高裁判所的法官会议作为全国法官人事的决定机关作出最终的人事评价决定。[②] 人事评价的结果会直接影响到法官的员额配置、职务晋升、调任和工资收入等。

因为对法官的人事评价可以影响法官的任职、调动和工资水平,以

[①] 参见裁判官の人事評価の在り方に関する研究会資料:第2裁判官の人事評価の現状と関連する裁判官人事の概況,https://www.courts.go.jp/saikosai/iinkai/saiban_kenkyu/hokokusho2/index.html。

[②] 参见翟志义:《日本〈法官人事评价规则〉解读及其启示》,《重庆科技学院学报(社会科学版)》2012年第6期。

及全国范围内各级裁判所的人事配置,所以日本国内也有批评意见认为对法官的人事评价制度会影响甚至损害法官独立原则。① 如有学者尖锐地指出,如何评定法官水平往往没有明确标准,属于明显的幕后操作;同时受到政治因素影响,还曾有法官因作出自卫队违宪等判决受到打压的例子,因此日本的等级制度和官僚主义完全违背法官个人独立审判的司法理想。② 我国也有学者主张司法行政化管理会影响法官独立审判。③ 但考虑到日本全国法官总数有限,固定由某一个组织来具体负责人事评价相对具有可行性。与此同时,日本《裁判官法》《关于裁判官报酬等的法律》的规定也对法官人事评价制度产生了一定规制,约束着法官人事评价的内容及作用范围。④

(三) 司法行政权限的行使

裁判所所应承担的最重要责任,是通过公平公正的审判来守护宪法所保障的国民的权利和自由,特别是最高裁判所还承担了对国会立法是否违背宪法进行终局判断的功能和职责,因此其也被称作"宪法的守护人"。最高裁判所作为终审裁判所,由最高裁判所长官和其余

---

① 日本法官设有薪水等级,共分十二级。初任法官都需从第十二级开始做起,最高裁判所所长为第一级。进入法院后,法官一般都从助理法官做起,也参与合议庭审理,为期十年,且一般在地方法院任职,待期满后成为正式法官。人事权由最高裁判所事务总局掌握,全日本法官的人事调动都由该机构负责。参见铃木贤:《日本司法改革的现状和成果》,《法治论坛(第七辑)》2007 年第 3 期。

② 参见铃木贤:《日本司法改革的现状和成果》,《法治论坛(第七辑)》2007 年第3 期。

③ "法官作为由政府官员所组成的行政官僚团体,在某种意义上,他们只是在司法部任职的官员,与其他在农业部或外交部任职的官员并无不同。""行政与司法这两种权力形态是天然不同的。司法权体现的是公平、正义的价值观。科层行政官僚制所体现的是效率第一的功利主义价值观。"王申:《司法行政化管理与法官独立审判》,《法学》2010 年第6 期。

④ 参见翟志文:《日本〈法官人事评价规则〉解读及其启示》,《重庆科技学院学报(社会科学版)》2012 年第 6 期。

14 名最高裁判所法官组成。最高裁判所长官由内阁提名并由天皇任命,14 名法官由内阁提名并接受天皇认证。一般由 5 人构成小法庭,审理具体案件。而当案件涉及法律、命令、规则、处分等的合宪性判断时,则由全员组成大法庭共同审理。

基于日本宪法所规定的司法权完全独立原则,最高裁判所除拥有最高级别的司法审判权外,还拥有与诉讼程序、律师和法官的内部管理及司法行政事项等有关的规则的制定权,另外还拥有如提名下级裁判所法官、裁判所内其他职员的任命、参与制定和实施裁判所预算等各项司法行政权。同时为行使上述权限,最高裁判所还下设有事务总局、司法研修所、裁判所职员综合研修所和最高裁判所图书馆等附属机构。这使得最高裁判所对裁判所事务的日常运营进行自主管理,排除了行政机关和立法机关的影响或干涉。

为保证公正慎重的审判,防止审判失误以及基于保障人权的宪法精神,日本司法审判实行三审制。除最高裁判所外,各级裁判所包括高等裁判所、地方裁判所、家庭裁判所和简易裁判所。案件一审原则上由地方裁判所、家庭裁判所和简易裁判所承担,一般由地方裁判所负责民事审判和刑事审判等,家庭裁判所承担家事审判、家事调停以及青少年案件审判、人事诉讼等案件,简易裁判所则承担标的额较小的民事案件、民事调停以及较轻微犯罪的刑事案件等。高等裁判所则承担前述案件的二审审判。

最高裁判所作为最高级别的司法行政机关,拥有司法行政事务规则的制定权。最高裁判所长官及 14 名法官组成最高裁判所法官会议,并以决议的形式行使相关权限。日本最高裁判所制定的规则至今已有 100 余件,主要包括民事诉讼规则、刑事诉讼规则、家事审理规则、少年审理规则等。

最高裁判所长官的提名权以及法官的任命权属于内阁。但法官的补任、转任等都属于最高裁判所的权限,一般是通过法官会议形成决议来推动实施。依照惯例,即便是内阁在任命最高裁判所法官时,也需要征求最高裁判所长官的意见。除人事问题外,裁判所的财政经费使用也往往能直接影响司法权的独立性。最高裁判所每年会通过法官会议就裁判所次年的财政预算进行审议,然后再交付内阁,但是内阁并不对裁判所预算拥有最终决定权,一旦出现内阁要求降低预算的情况,最高裁判所还可以再次就降低的部分请求复核,此时内阁就必须将该预算同政府预算一起呈交国会审议。

五、司法改革下的制度展望

(一) 日本司法改革历程

"二战"前,日本受德国影响,在明治宪法下以《裁判所构成法》为基础首次建立了近代司法制度。各级裁判所从高到低分为大审院、控诉院、地方裁判所、区裁判所。裁判所内专门设有检事局用来培养法官和检察官,并由司法大臣掌管司法行政监督权。案件审理程序也以"职权主义"为原则。

战后随着日本现行宪法的颁布,其司法制度发生质的变革。其一大特点是沿袭了美国的制度,表现在:裁判所全权掌握司法权,成为独立的司法机关,同时被赋予违宪审查权和司法行政权;撤销了战前的行政裁判所等特别裁判所;除最高裁判所、高等裁判所、地方裁判所外,设立家庭裁判所和简易裁判所;案件审理程序开始以民事、刑事诉讼中的当事人的诉讼活动为基础,逐步从过去的"职权主义"转为大幅采用

"当事人主义"。

日本此后的司法改革迂回曲折，但大致经历三个阶段。第一个阶段是 1947 年新宪法制定到 1965 年前后成立临时司法制度调查会，第二个阶段是到从 1965 年到 1985 年前后，第三个阶段是从 1985 年到设置司法制度改革审议会后的时期。

第一个阶段即司法制度的草创期，日本开始制定以《裁判所法》《律师法》《司法考试法》等为代表的基本法律，同时开始设立司法研修学习课程，积极培养法律从业人员。一方面，这一时期民事诉讼案件较少，如 1955 年为 14 万 3 千余件，相比战前的 1931 年的约 26 万 1 千件，数量降低到一半左右。另一方面，全国刑事诉讼案件的数量在 1948 年达到峰值约 28 万件，尽管此后逐年减少，但即使在 1955 年仍有 17 万 1 千余件，这反映了战后初期日本社会的动荡不安。

第二个阶段被称作司法制度改革的停滞期。由于社会上法官职业遇冷，裁判所人手不足，出现了案件积压问题。特别是在五六十年代，案件被迫延迟处理的现象愈发严重。在此背景下，日本于 1962 年成立了"临时司法制度调查会"（简称"临司"），专门负责就法官检察官的任用和薪资问题以及法律从业者的结构问题等进行研究，并于 1964 年制定了司法制度改革的书面意见。临司意见获得了裁判所和法务省的支持，但受到了律师界的强烈反对。日本律师协会认为该改革意见只局限于改善诉讼程序，真实目的是维护现有的官僚体制和法曹一元制，违背司法民主的理念，因而对其提出了严厉批评和抗议。在这一态势下，以公职人员为代表的"支持方"和以日本律师协会为代表的"反对方"之间产生了激烈冲突。而在对民事诉讼修改法案的审议过程中，日本国会作出了一项附带决议，要求必须事先促成法曹各界的意见一致，并于 1975 年设立了专门的协议会。这一阶段的司法改革因迟迟得不到律师界的支持合作而长期处于停滞状态,最终仅仅在提高法官待遇、完善裁判所调查官制度和设立专业部门等方面实施了部分措施。

第三个阶段是司法制度的改革推进期。随着日本国内经济的高度发展,进入 20 世纪 80 年代后民事诉讼案件数量开始激增,一度达到每年 20 万件,1985 年甚至达到了 35 万件。在此背景下,法曹各界逐渐走出 20 余年的尖锐对立,就推进司法改革达成合意。这一阶段除改革简易裁判所和地方家庭裁判所制度外,还包括 1991 年增加了从律师从业者中选拔法官的方针,以及 1996 年《民事诉讼法》修改和司法考试制度改革等内容。为推进司法改革向纵深发展,日本于 1997 年成立了司法制度改革审议会,并开始积极吸纳法官和律师等各界法律从业者的意见。

日本的法官追责制度是在本国特有的司法制度背景下建立起来的。日本通过战后一系列民主化改革逐步建立起现代司法制度,并经历了作为战败国的百废待兴,再到逐渐恢复并走向高速发展的过程;而法官数量从严重欠缺到稳步增长,其社会作用、社会地位和薪资待遇等也在逐步提升。日本战后司法改革的历程反映了律师界与公职人员之间立场相左的一面。根据法官追诉委员会官网的统计,虽然历史上实际提起对法官追诉请求的群体中普通国民的比重仍占据绝对多数,迄今已超过了 89 万人次,但提起追诉请求的律师也已经累计超过了 2600 人次。这在一定程度上反映了追诉弹劾制度的实际运用效果。

(二) 小结与展望

尽管在日本社会的一般观念中,法官具有极高的专业化与精英化程度,但也有舆论认为法官群体太过脱离民众,过于注重机械化地适用法律,故贬之以"法匠"之称,甚至有观点认为司法系统中的等级制度和官僚主义完全违背法官个人独立审判的司法理想。长期以来,以法官为主的法律界内部人士是司法改革的主要推动力量，这一群体为维护自身既得利益使得改革成果并不显著。

相比而言，日本律师界对司法改革的呼声向来很高，在改革历程中也实际产生了举足轻重的影响。不同于我国，由于日本律师行业所采用的管理模式是律师自治，即便是法务省对其也并无管理权限。律师协会自行管理律师从业人员，实施惩戒、制裁和资格剥夺等，不受司法行政系统的干涉。同时司法效率低和诉讼周期长、成本高的问题促使财经界也成为推动现阶段司法改革的重要力量。现今的日本司法改革呈现出变与不变两个特点。"变"是指扩大法律从业人员的规模、提高司法效率与缩短诉讼周期；而"不变"是指司法改革不是冒进和革命，而必须在一定限度下进行，那就是要遵守基本的宪法规范，维护基本的宪法原则。日本的整套法官追责制度就是建立在司法独立与国民主权原则的基础之上的。

除了司法机关内部的监督处理制度以外，法官追诉和弹劾审判、国民审查、国政调查制度等共同构成对法官的外部监督追责体系。这其中法官弹劾制度可谓占据主体地位，也是实际运用中最具力度、频率最高和最有效的追责方式。基于国民主权原则，任何认为有法官符合弹劾罢免要件的人，都可以向追诉委员会提起追诉请求。同时，各级裁判所如发现其管辖范围内有法官符合弹劾条件，都应该向最高裁判所报告。最高裁判所认为有法官符合弹劾条件时，必须向追诉委员会提起追诉请求。因此法官弹劾制度的设置，既明确了国民拥有弹劾追诉的请求权，又通过国民代表暨国会议员组成的追诉委员会和弹劾委员会来落实具体实施，这正是宪法的国民主权原则在法官监督追责制度中的具体体现。同时弹劾制度也存在对保护审判独立的考量，如依照《裁判官弹劾法》第43条，如果通过诬告等不法手段企图弹劾罢免法官,要承担拘役等刑事处罚。

我国已有学者提出:“可以适当借鉴如日本等追责制度较为完善国家的经验,把握好惩治法官违纪违法行为与保护司法独立及法官身份地位,维护司法公平正义之间的度。”①综前所述,日本的法官罢免与追责制度是以国民主权这一宪法原则为核心和基础设立的。它包含了国民审查、国政调查、法官弹劾、刑事追责、司法行政和人事评价等多个层次和维度,体现了代议民主制度下国民主权的精神和原则。特别是国政调查、国民审查和弹劾程序,都是以国民主权的宪法规范和原则为基础设立的。弹劾制度作为实务中最常见和有效的形式之一,在保障司法独立的前提下,通过设立以议员为主体的、相对独立的追诉与弹劾审判机构来实现对法官的监督和追责。我国要构建和完善法官追责制度,也必须在宪法原则和宪法规范下进行。特别是依照我国宪法第 2 条规定的人民主权原则,切实保障宪法第 41 条规定的公民监督权,积极发挥国家权力机关的选举权、罢免权和监督权。同时也应设置公开、公正和合理的追责程序,严格把握好保障人民主权、对法官的监督追责及维护司法独立之间的尺度。

① 于熠、宋宗君:《日本裁判官追责机制的中国镜鉴》,《时代法学》2017 年第 3 期。

第三部分 ◆ 部门公法学

日本公共卫生安全法律制度

一、日本近代公共卫生的发展概要

日本近代以前的公共卫生体系发展与我国历史文化有着深厚渊源,江户时代的日本仍盛行"养生"思想(如贝原益轩《养生训》),而非"健康"(health)观念。[①] 直到近代西方科学阐明了传染病的原因,发现了众多的病原体,才开始确定了"卫生学"。卫生在古语中原为"卫全其生"之意,出自我国《庄子·庚桑楚》篇。明治2年(1869年),日本明治政府决定学习德国医学,开始派出大量年轻学者赴德国留学。其中之一的绪方正规于明治17年(1884年)回国后,仅用两年就担任了帝国大学医科大学(现东京大学医学部)首任卫生学教授,后又兼任细菌学教授,并建立起日本第一个细菌学实验室。长与专斋作为早期医疗行政的推进者,在参与视察欧洲诸国先进制度后,首先开始借用"卫生"作为包含近代保健医疗概念的表述,蕴含了对社会秩序的整治之意。明治8年(1875年),日本内务省负责医务的部门改称"卫生局",长与专斋任内务省卫生局长。[②] 明治25年(1892年),著名细菌学家北里柴三郎在长与专斋和福泽谕吉等人的帮助下,创建了隶属"大日本

---

① 参见瀧澤利行「明治期健康思想と社会・国家意識」日本医史学雑誌59巻1号(2013年)35—55頁。

② 参见笠原英彦「明治十年代における衛生行政:後藤新平と日本的衛生観念の形成」法学研究70巻8号(1997年)。

卫生会"的传染病研究所。之后日本开展了全国性的卫生运动,如清除土壤污染,建设水管水道,着手进行城市基础设施建设。明治 30 年(1897 年)日本就制定了《传染病预防法》,对各府县和市町村的卫生工作作出部署,各地区的民众也开始建立起预防传染病的组织,并以卫生组合的形式向全国普及开来。

"健康"原是西方医学范畴下的基本概念。"健康"的原意是以解剖生理学的构造、生理学的机能等医学为依据予以客观认定。绪方洪庵和宇田川玄真借助西洋医学的基本概念创造"健康"一词。明治 10 年(1877 年)的西南战争中,"健康学"在征兵军的胜利中起到重要的促进作用。明治 11 年以后,《卫生书》的发行剧增。"将明治之后的卫生行政进行回顾,因为反复战争,出于近代国家的富国强兵的目的,个人及集体的健康问题得以关注,或者说采用法律措施开启滞后性的预防工作,形成了健康被认为是对国家应尽之义务,羸弱即是罪责的带有歧视性的社会风气。个体高贵之生命为保卫国家而付出。"①这一时期,由于战乱接连,加上瘟疫来袭,数十万人死于霍乱,政府开始将民众健康作为重要议题,日本由个体之"养生"向社会(公众)之"卫生"的观念转变。伴随"健康"和"卫生"概念的引入,国家卫生行政亦在日本逐渐受到重视并开始起步。

在大正 12 年(1923 年)日本遭受关东大地震后,洛克菲勒财团曾提出援助日本建立公众卫生的教育实践机构。昭和 13 年(1938 年),日本正式成立公众卫生院,即现在国立保健医疗科学院的前身。战后日本被驻日盟军总司令部(GHQ)管理,时任公众卫生福祉局长的克劳福德(Crawford F. Sams)提出,日本缺少对生物学制剂进行鉴定管理、

---

① 伊藤千千代:《关于日本近代公共卫生行政及健康方面的法律制度》,王文译,http://blog.sina.com.cn/s/blog_5169822c0102yt1w.html(最后阅览日期:2021 年 9 月 1 日)。

处理公众卫生问题的政府机构。此后,传染病研究所的部分人员被调转组成"国立预防卫生研究所",该研究所承担的主要职能是进行病原体及其治疗的相关研究、抗菌药的鉴定、诊断用血清及试剂的制造、鉴定及分配等。

日本在"二战"以前的卫生行政经历了两个阶段,分别是明治时期和大正时期,后一时期一直延续到日本新宪法颁布(1946 年)。战后的日本卫生行政的发展大致可分为五个阶段,分别是:1945 年期间(昭和20 年),1955—1965 年(昭和 30—40 年),1975 年期间(昭和 50 年),1985 年(昭和 60 年)至 1990 年(平成初期),1989 年(平成时期)至今。战后的日本公共卫生安全法律体系在承接部分战前立法的基础上,又有了新的发展,逐步形成了现有的公共卫生安全法治体系。

二、日本当代公共卫生安全法律体系

(一)健康安全立法

1.《健康增进法》

日本《健康增进法》制定于 2003 年,前身是《营养改善法》(昭和 27 年)。"健康增进"为《渥太华宪章》(1986 年)中"Health Promotion"的日本译词。《健康增进法》共分 8 章及附则,包括:总则(第 1 章)、基本政策(第 2 章)、全民健康和营养状况调查(第 3 章)、卫生保健指南(第 4 章)、提供餐饮特定机构(第 5 章)、特别用途标签(第 6 章)、其他条款和法律责任(第 7、8 章)。其中第 1 条明确了立法的背景和目的:"由于日本人口的快速老龄化,加之疾病谱的改变,因此保障全民健康的重要性与日俱增。在此背景下,制定本法的目的是对于全面促进公共健康的基本健康问题,采取有效的措施以改善营养及整体健康状况,从而改善整个人群健康。"第 2 条明确公民责任:"公民必须加深对健康生活方式重要性的关注和理解,终生保持对自身健康状况的认识,并且致力于改善健康水平。"

《健康增进法》的一大特点是对于政府责任的明确规定。第 3 条明确了国家和地方政府的责任:"国家和地方政府必须通过教育和公共关系活动来传播健康促进方面的准确信息,收集、整理、分析并提供与健康有关的信息,推动改善健康方面的研究,培养改善公共健康领域的相关人才并提高其素质,为健康促进事务工作者和其他有关各方提供所需的技术支持。"另外,政府有义务为广大公众的整体健康促进制订基本政策和健康促进计划(第 7、8 条);有义务为健康促进事务工作者执行的常规健康检查制定工作指南,即"健康检查指南"(第 9 条);有义务进行全国健康和营养状况调查,并将调查结果作为全面提高人们健康水平的基线数据(第 10 条);政府还须努力明确了解生活方式相关疾病的发病情况,并以此为依据全面促进广大人群健康的改善(第 16 条);政府应为当地居民提供改善生活方式方面的咨询,并承担所需的卫生保健和营养指导任务(第 17 条)。

《健康增进法》的另一特点在于强调政府服务、地方自治以及行业自治。我国"爱国卫生""健康促进"的内涵更侧重于政府组织、全民参与的群众性卫生活动,爱国卫生工作的实施主体包括各级政府、爱国卫生委员会、成员单位和爱国卫生机构。日本《健康增进法》的实施主体包括中央和县市政府、特别行政区,健康增进事务实施者以及医疗机构等(第 5 条)。其中,健康增进事务实施者的主体范围非常广泛,包括全国健康保险协会、健康保险工会或联合会、国家公务员共济组合或联合会、地方公务员共济组合、全国市町村职员共济组合联合会、私立学校振兴共济事业团,还有《学校保健安全法》《母子保健法》《劳动安全卫生法》《高龄者医疗保障法》《护理保险法》等法律规定承担健康增进事业的各类主体等等。

2. 医疗保险相关法律

日本的社会保险主要分为公费医疗保险、公共年金、公共护理保险、雇佣保险、劳灾保险五类。其中,公费医疗保险主要分为职业保险、地域保险和后期高龄者医疗制度三大类别。最主要的健康保险有"国民健康保险"和"健康保险"两类。日本遵循"国民皆保险"的原则,所有国民都应当加入其中一种医疗保险。

国民健康保险即"国保",原则上由各都道府县与各市町村共同运营,属于地域保险。国民健康保险一般以职业保险和后期高龄者医疗制度保障范围外的国民为保险对象,包括如自营业者、农业人员、企业退休人员和无业人员等,在整个医疗保险制度中起到最基础的兜底作用。在各个地方公共团体运营范围以外,部分特定职业或行业可以成立"国民健康保险组合",如医生、药剂师、律师、税理士,以及建筑行业、食品销售、蔬果市场从业者等。

日本《国民健康保险法》是关于国民健康保险制度的基本法律。该法制定于1958年,现共分为12章及附则,包括:总则(第1章)、都道府县及市町村(第2章)、国民健康保险组合(第3章)、保险给付(第4章)、费用的负担(第5章)、保健事业(第6章)和国民健康保险运营方针等(第6章之2)、国民健康保险团体联合会(第7章)、诊疗报酬审查委员会(第8章)、审查请求(第9章)和关于保健事业的援助等(第9章之2)、监督(第10章)、杂则(第11章)和罚则(第12章)。

健康保险简称"健保",主要以公司职员为对象。它和以公务员为主要对象的"共济保险"以及以船员为对象的"船员保险"同属于职业保险。健康保险还包括两大类别,一是由全国健康保险协会运营的"全国健康保险协会掌管健康保险",简称"协会健保"。未达到法定规模或未加入健康保险组合的中小企业的职员一般加入协会健保。二是由厚生劳动大臣颁发认可的"健康保险组合"负责运营的"组合掌管健康保险",简称"组合健保"。一般只有达到一定被保险人数量的企业或行业组合才可以向厚生劳动大臣申请,在获得认可后代替国家来运营本单位被保险人的健康保险事业。

日本《健康保险法》是关于健康保险的基本法律。该法制定于1922年,百年时间内已历经多次修改,现共分11章及附则,包括:总则(第1章)、保险人(第2章)、被保险人(第3章)、保险给付(第4章)、短期雇佣被保险人的特例(第5章)、保健事业及福利事业(第6章)、费用的承担(第7章)、健康保险组合联合会(第8章)、复议申请(第9章)、杂则(第10章)及罚则(第11章)。

3. 限酒控烟

日本重视酒类对民众造成的健康危害,为应对其带来的国民健康和社会问题以及积极制定应对政策和措施,于2013年专门制定了《酒精健康障害对策基本法》。该法共有5章及附则,包括:总则(第1章)、酒精健康障害对策推进基本规划等(第2章)、基本政策(第3章)、酒精健康障害对策推进会议(第4章)、酒精健康障害相关人会议(第5章)。该法规定,政府应定期制定"酒精健康障害对策基本规划",应普及相关知识、推广学习教育,引导民众避免因酒精而引发的各类健康损害。政府还有义务提供相关的健康诊断和保健指导服务,保障对应医疗措施,提供咨询,扶助就业,为民间团体活动提供支持,鼓励推进相关人才的培育和科学研究,等等。政府设立由各省厅机关职员组成的"酒精健康障害对策推进会议",以保障对策的综合性、规划性和有效性等。厚生劳动省内下设"酒精健康障害对策相关人会议",负责处理前述推进会议的相关事务。

此外,日本还通过制定《酒精事业法》(2000年),对酒精产业的制造许可、进口、销售和使用等进行规制。而对未成年人饮酒的规制立法早在大正年间就已经开始。大正11年(1922年),日本制定了《禁止未成年人饮酒法》,明确禁止未满20周岁的未成年人饮酒。另外,未成年人的监护人或者代替监护人如发现未成年人饮酒应予以制止,不制止者将处以罚款。

在控烟方面,日本早在明治33年(1900年)就制定了《禁止未成年人吸烟法》。该法规定未满20周岁者不得吸烟。如未成年人的监护人在知情的情况下并未制止的,处1万日元(以下)罚款。如果销售人员在明知购买者未满20岁仍向其销售的,处50万日元以下罚款。2003年实施的《健康增进法》专门设置章节对控烟作出规定,即第6章"防止被动吸烟"。第25条规定了政府在控烟方面的义务和职责,为减少被动吸烟,普及相关知识,提高民众防止被动吸烟的意识,创造防止被动吸烟的环境,国家及地方公共团体应努力采取多样且有效的措施。另外,负责管理如学校、体育馆、医院等公共设施的人员应努力采取必要措施保护这些设施内的人免遭被动吸烟。

(二)公共卫生治理与防疫安全

1. 防疫安全

日本在明治时期就制定了有关传染病预防的专门法律。明治30

年(1897年),明治政府针对霍乱、天花、鼠疫等10余种急性传染病专门公布了《传染病预防法》,此后沿用了百年。直到1998年,日本将《传染病预防法》与《性病预防法》《艾滋病预防法》等法合并,专门出台了一部《与传染病预防及传染病患者治疗有关的法律》,也就是现行的"传染病法",自1999年4月开始施行。这反映了日本从过去以隔离为主要方式的防止蔓延策略,向保障专门医疗机构能够提供优良和妥善的医疗体制这一方向转变。

但对此也有批评认为,这导致在医疗过程中对隔离缺乏足够重视,而且主要是以一类传染病的封锁为中心,对其他具有传播性的病原体缺乏考量。2020年1月28日,新冠病毒性肺炎被日本正式列为指定传染病。依照现行传染病法,一旦确诊感染则必须在指定医疗机构住院治疗。然而据统计,截至2019年4月1日,日本法定指定传染病指定床位仅有1871席。疫情中疑似患者和无症状感染者也被隔离,这造成除了指定传染病医疗机构外,普通医疗机构也被迫卷入其中。随着感染人数的增加,多家医院出现医疗设备或床位紧缺的问题,医疗资源面临巨大压力。

日本的公共卫生法律体系体现在各个领域的具体立法。在商业设施的卫生保障方面,《与生活卫生相关营业运营的适正化及振兴相关的法律》主要针对与民众日常卫生联系密切的营业设施作了详细规定。该法第1条明确:"本法律从公共卫生的角度出发,针对与国民日常生活密切相关的生活卫生方面的营业,通过改善卫生设施、健全经营、振兴等来维持提高其卫生水平,并维护使用者或消费者的利益。在促进营业者组织的自主活动的同时,整备适当处理该营业中存在过度竞争等情况下的费用等限制、推进该营业的振兴计划、指导该营业相关的经营健全化、制定处理投诉等业务的体制,整备关于营业方法或交易条件相关表示的合理化等制度方案,有助于改善和增进公共卫生,并为国民生活的安定作出贡献。"相关营业设施涵盖了餐饮、理发、美容、影剧院、旅馆、浴场、清洁行业等社会生活的各个方面(第2条)。

为优化防疫措施以应对新冠疫情,2021年2月,日本修改了《新型流感等对策特别措施法》(简称"特别措施法"),设立了针对特定区域的"防止蔓延重点措施"制度,包括调整营业时间以及罚款等规定。另外,"特别措施法"还规定了紧急事态宣言后临时医疗设施的开设时间,以及特定场所和设施使用的限制、罚款等。该法还明确政府应对因疫情受到影响的单位、医疗机构及其工作人员负有支援义务,中央政府应对地方公共团体给予必要的财政支援,内阁应举行对策会议等。

与此同时,传染病法的修改也将新冠病毒性肺炎列入"新型流感等传染病"的范围,并规定了政府间的信息互通互联、自我隔离义务的法定化、住院治疗劝告措施及罚款事项、应对流行病学调查的义务和相应处罚,以及紧急情况下对不给予医疗机构和检查机构合作者的劝告和公告制度等内容。一直以来,日本政府对于入境人员,即便在机场的核酸检测结果为阴性,原则上也要求要居家隔离14天。但由于这一要求缺少法律依据,受到不少人的抵触。修改后的《检疫法》明确检疫所长有权要求感染者居家隔离,而不服从者则可以使其在特定设施内强制隔离,再有违反者甚至还可以处以1年以下拘役或100万日元以下罚金。

2. 卫生治理

日本的卫生治理采用了针对不同领域采取不同措施的体系。例如针对建筑物内的卫生环境治理,日本1970年制定了《建筑物内卫生环境保障法》。该法规定,特定建筑物的所有人和使用人等应专门委任"建筑物环境卫生管理技术员",负责建筑物的卫生环境的维持管理(第6条)。管理技术员必须通过专门考试才能获得建筑物环境卫生管理技术的从业执照,相关执照由厚生劳动大臣交付颁发。另外《建筑物内卫生环境保障法》还设立了建筑物管理的事业登录制度(第12条之2)。按照该制度,负责从事对建筑物的清扫作业、空气环境测量、通气管道的清理、饮水的水质检查、储水池的清理、排水管道的清理、鼠害防止等事项的业者,必须在建筑物所在地的都道府县进行登录,以便统一接受检查和管理。和国民的日常生活关系密切的行业对公众卫生具有重要影响,为此日本于1957年制定了《与生活卫生相关营业运营的规制及振兴相关的法律》(简称"生卫法"),对包括食品销售、美容理发、剧场剧院、酒店、浴场、干洗等各个直接关系国民卫生的行业进行规制。但该法的规制内容并不限于上述行业的卫生状况,还包括了对生活卫生同业组合作出的专门规定。所谓"生活卫生同业组合"是指基于该法由各行业营业者自主成立和组织的活动团体,设立于各个都道府县。相应区域内的业者可以自愿加入成为成员,享受日本政策金融公库的低利率融资和参加行业研修并获得业界最新信息等福利。各个生活卫生同业组合设置组合规约,并有常任的理事和监事,设立理事会,定期召开会员总会或临时总会。另外,各行业业者还可在各区域内成立生活卫生同业小组合,同一业种的组合还可成立生活同业组合联合会。该法还规定各都道府县可以设置"生活卫生营业指导中心",负责对与生活卫生密切相关的行业就维持卫生设施与日常经营等事项进行指导。

3. 健康损害

日本于昭和45年(1970年)制定了《人的健康相关公害犯罪处罚

法》。其立法目的在于,对人的健康造成公害的产业活动进行处罚,配合其他防止公害的法令,以减少和预防对人健康的公害(第 1 条)。另外该法还专门设定了责任推定条款,即对于工厂或车间的产业活动,一旦其排出污染达到能对公众的生命健康产生危险的程度,那么在可能因其排放而产生这种危险的区域内,因同类物质而产生公共生命或身体危险时,该危险就应推定为是该排出污染造成的(第 5 条)。

昭和 48 年(1973 年),日本制定了《公害健康损害补偿法》,其立法目的在于,对于产业活动和其他人的活动造成的一定范围内显著的大气污染或水质污染等所带来的健康损害进行补偿,推进实施保护受害者的福利事业,预防大气污染对健康的损害,迅速、公正地保护健康受害者(第 1 条)。相关公害损害补偿的种类包括疗养费、损害补偿费、遗属补偿费、儿童补偿补贴、疗养补贴、丧葬费等(第 3 条)。

平成 28 年(2016 年),日本制定了《石棉所致健康损害救济法》,其立法目的在于,鉴于石棉对健康造成的危害的特殊性,通过采取措施向因石棉导致健康受损者及其遗属支付医疗费等,以迅速救济石棉所致的健康损害(第 1 条)。对于因石棉所致健康受损的救济给付种类包括医疗费、疗养补贴、丧葬费、特别遗属慰问金、特别丧葬费、救济给付调整金等(第 3 条)。

(三) 医疗与药品安全

1. 医疗和保健法治

日本与医疗和药品安全相关的立法体系较为完善,包含《医疗法》《健康医疗战略推进法》等多项法律。其中最基础的立法是《医疗法》,该法于 1948 年 7 月公布实施,主要目的是保障医疗供给体制。《医疗法》共分 9 章及附则,包括总则(第 1 章)、医疗选择支援(第 2 章)、医

疗安全保障(第 3 章)、病院诊疗所及助产所(第 4 章)、医疗供给体制
的保障(第 5 章)、医疗法人(第 6 章)、地域医疗共同推进法人(第 7
章)、杂则(第 8 章)和罚则(第 9 章)。

《医疗法》第 1 条之 1 规定了立法目的:"本法律为支持接受医疗
者对医疗的适当选择,确保医疗安全,而就相关必要事项,即医院、诊疗
所及助产所的开设和管理,相关设施的整备以及推进医疗提供设施之
间的功能分担及业务合作等作出必要规定,目的是保护接受医疗者的
利益,确保有效提供优质且适当的医疗的体制,促进国民健康的保
持。"第 1 条之 2 规定了医疗的含义和理念:"医疗应以尊重生命和维护
个人尊严为宗旨,基于医生、牙医、药剂师、护士等医疗的承担者和接受
医疗者之间的信赖关系,以及根据接受医疗者的身心状况来进行。医
疗不仅限于治疗,还必须包括疾病的预防措施和康复训练等优质和恰
当的内容。""医疗的提供,应在国民自身保持和增进健康的基础上,充
分尊重接受医疗者的意向,在医院、诊所、护理老人保健设施、护理医疗
院、药店等医疗提供设施和接受医疗者的居所等中,根据相应医疗提供
设施的功能,并在与福利服务及其他相关服务有机合作的前提下有效
率地进行。"

日本于平成 17 年(2005 年)制定了《独立行政法人地域医疗功能
推进机构法》,专门对"地域医疗功能推进机构"的设置目的、业务范围
等作了详细规定。昭和 22 年(1947 年)制定《地域保健法》,对地域保
健的基本方针、设置保健所和地域保健的基本事项等作出规定(第 1
条),共分 5 章和附则,包括总则(第 1 章)、推进地域保健对策的基本
方针(第 2 章)、保健所(第 3 章)、市町村保健中心(第 4 章)、地域保健
对策相关人才保障支援计划(第 5 章)。该法对保健所、保健中心等作
了专门规定。保健所是日本政府支援地区居民健康和公共卫生的专门

机构,其管辖事项范围包括:提升所辖区域内居民的保健意识、人口动态统计、营养改善和食品卫生、环境卫生事项、医疗和药品事项、保健师的管理、公共医疗事业、妇婴幼儿及老年人保健事项、牙科和精神卫生、特殊疾病的疗养保健、传染病预防、卫生试验和检查等涉及增进地域居民健康的有关事项(第6条)。

2. 医药法

有关医药安全最重要的一部基础性法律是《医药品、医疗机器等品质、有效性及安全性确保法》,简称"医药品等法"。该法制定于昭和35年(1960年),目的在于确保医药品等(包括医药品、化妆品、医疗器械和再生医疗等)的品质、有效性和安全性,防止卫生保健上危害的发生或扩大;同时针对特定药物加以规制,并促进医药品、医疗器械和再生医疗制品的研究开发,提高卫生保健的水平。该法共分18章和附则,包括总则(第1章)、地方药事审议会(第2章)、药局(第3章)、医药品的制造销售业(第4章)、医疗器械及体外诊断用医药品的制造销售(第5章)、再生医疗等制品的制造销售业(第6章)、医药品、医疗器械及再生医疗等制品的销售业(第7章)、医药品等的基准及检定(第8章)、医药品等的应对事项(第9章)、医药品等的广告(第10章)、医药品等的安全对策(第11章)、生物制品的特例(12章)、监督(第13章)、医药品等行政评价监视委员会(第14章)、制定药物的应对事项(第15章)、罕见病用医药品、医疗器械及再生医疗等制品的指定(第16章)、杂则(第17章)和罚则(第18章)。另外还于平成14年(2002年)制定了《独立行政法人医药品医疗器械综合机构法》,对"医药品医疗器械综合机构"设置目的、业务范围等作了详细规定。该机构的目的在于,对医药品等的副作用或因生物制品许可等的感染所带来的健康损害等实施迅速救济,并承担对医药品等的品质、有效性以及安全性的审查等业务,提升国民保健的水平。

（四）食品卫生和安全

日本食品卫生行政可以追溯到明治时期,明治6年(1873年)司法省曾针对贩卖不卫生食品的行为作出专门规定。明治33年(1900年)日本公布了专门法律《关于取缔食品饮品及其他物品的法律》,也就是现行《食品卫生法》的前身。《食品卫生法》制定于1947年,是日本现行的关于食品安全的基本法律。该法的实质起草人是之后担任厚生省首任食品卫生课长的尾崎嘉笃及公众保险局营养课的部分职员。《食品卫生法》的立法目的原为"防止饮食所致的卫生上的危害发生,提升及增进公众卫生",但在2003年进行了较大修改后,立法目的改为"为确保食品安全,从公众卫生角度出发通过进行必要规制或其他措施,来防止饮食所致的卫生上的危害发生,以实现对国民健康的保护"(第1条),设定了更高的目标("健康的保护"),并进一步明确了行政主体的作用和职责。该法共分为11章及附则,包括:总则(第1章)、食品及添加物(第2章)、器具及容器包装(第3章)、标识及广告(第4章)、食品添加物公定书(第5章)、监视指导(第6章)、检查(第7章)、登记检查机关(第8章)、营业(第9章)、杂则(第10章)和罚则(第11章)。《食品卫生法》除规定了食品和食品添加物的标准、标识和检查等的原则外,还将食器、烹饪器具、容器、包装、婴幼儿玩具等都列入了规制对象。

日本同样经历了一系列食品安全卫生事件,如森永牛奶中毒、雪印集团食物中毒、疯牛病、违法食品添加剂、伪造原产地、农药残留等。在此背景下,日本修改《食品卫生法》的同年(2003年)还制定了《食品安全基本法》,明确在内阁府设立"食品安全委员会"来专门行使食品安全行政职责。制定该法的目的在于:"随着科技的发展和国际化的加速,国民日常饮食的环境发生了重大变化,为确保食品安全和树立基本理念,明确国家、地方公共团体、食品相关业者的责任以及消费者的角色定位,制定相应政策方针以确保食品安全综合推进。"(第 1 条)《食品安全基本法》共分为 3 章和附则,包括:总则(第 1 章)、政策制定的基本方针(第 2 章)、食品安全委员会(第 3 章)。该法明确了国家和地方公共团体的责任、食品业者的责任以及消费者的角色定位,另外还设置了食品健康影响评价制度。作为《食品安全基本法》的一大特色,第 3 章专门就"食品安全委员会"作了具体规定。食品安全委员会是设立在内阁的专门机关,内部设有事务局和专门调查会,明确拥有向内阁提出意见建议、独立进行食品健康影响评价、进行相关调查等权限。

值得一提的是,除了与食品安全直接相关的立法以外,《健康增进法》第 6 章还专门规定了特别用途食品销售的许可制度。其中明确规定,特别用途的食品(如婴幼儿、儿童、孕妇或哺乳期妇女、病人等的专门食品)的销售人员必须获得内阁总理大臣的许可(第 43 条)。

(五)疫情防控与接种义务

日本现行的与疫情防控有关的法律法规主要包括:《新型流感等对策特别措施法》(平成 24 年法律第 31 号)、《〈新型流感等对策特别措施法〉等部分修改的法律》(令和 3 年法律第 5 号)、《关于修改新型流感等对策特别措施法等一部分的法律实施相关政令的整备的政令》(令和 3 年政令第 28 号)、《检疫法》(昭和 26 年法律第 201 号)及施行令(昭和 26 年政令第 377 号)、《预防传染病及针对传染病患者的医疗相关法律》(平成 10 年法律第 114 号)及施行令(平成 10 年政令第 420 号)、《预防接种法》(昭和 23 年法律第 68 号)及施行令(昭和 23 年政令第 197 号)、《新型流感预防接种等所致健康损害救济的特别措施法》(平成 21 年法律第 98 号)及施行令(平成 21 年政令第 277 号)、《将新型冠状病毒定为指定传染症等的政令》(令和 1 年政令第 11 号)、《将新型冠状病毒感染症指定为〈检疫法〉第 34 条第 1 项传染病种类等的政令》(令和 2 年政令第 28 号)等。

涉及疫情防控中对公民权利施加一定限制的规定主要体现在以下法律中:如上文提到的"传染病法",将新冠定义为传染病,规定了为防止感染所采取的一般性权利限制措施;"特别措施法"明确了与新冠对策有关的国家、地方公共团体之义务与权限,规定了防止新冠蔓延的权利限制措施;《检疫法》规定了在出入境管理中对传染病患者的诊察、隔离等强制措施。

具体的权利限制措施包括:从海外回国入境的患者须接受诊察与最长 21 日的隔离;对国内患者的住院措施、对易感人群实施外出的自我约束;针对患者从事餐饮业等的就业限制;污染物品的废弃和建筑物的封锁隔离等所有权的限制;限制外出和缩短营业时间;特定设施的停止使用。但总体而言,日本政府对强硬的权利限制采取了政策上的规避态度。日本对新冠疫情采取的权利限制政策并不严格,很大程度上以容忍自发性制约的国民的"善意"为基础,因而可归为"稳健型限制"类型。

与新冠疫苗接种有关的法律主要是《预防接种法》。该法制定于昭和 23 年(1948 年),目的是防止传染病的发生和蔓延,从公共卫生的角度采取预防接种等必要措施,通过接种疫苗来保持国民的健康,同时迅速地对健康损害实施救济。疫苗接种并非强制性义务,而是"努力义务",意味着要尊重个人对医疗行为的自主决定权,政府虽然鼓励和提倡接种,但最终接种与否仍取决于个人意愿。为了起到防止疫情的效果,政府势必要推广提倡疫苗的接种。对此有观点提出,疫苗接种证明也成为一种半强制的措施限制,限制不具该证明者进入特定公共设施。但相关证明制度的设立应当考虑到有因个人体质原因无法接种疫苗的情况,对生活必需场所的进入不应禁止。

根据《预防接种法》,日本疫苗接种大致分为定期接种和临时接种,定期接种包含 A 类疾病接种和 B 类接种,A 类接种为法定义务(如结核、脑炎等),B 类接种为非法定义务(如流感、高龄者肺炎球菌感染等)。临时接种为除定期接种外,紧急情况时为控制疾病蔓延(如新型流感、天花)的接种,过去的临时接种一般为法定义务。后又设置了"新型的临时接种"(如新型流感,非法定义务但鼓励接种)。《预防接种法》中,"有关新型冠状病毒感染症的预防接种的特例"第 7 条第 2 项规定,前款规定的预防接种,视为根据第 6 条第 1 项的规定的预防接种,适用本法律(除第 26 条及第 27 条外)的规定。这一条就明确了"新冠疫苗接种视为临时预防接种",因此适用于"临时预防接种"的相关规定,补偿的数额等同于 A 类疾病定期接种。但新冠疫苗非 A 非 B 非定期非临时,定位是"临时接种的特例"。在目前各接种类型中,除 B 类以外都是推荐和提倡接种。而所谓接种义务也只是"努力义务",即便是最严格的 A 类定期接种,最终决定权仍在个人手里。

表 7　日本《预防接种法》中的各接种类型①

宗旨等	定期接种		临时接种	新临时接种
	平时蔓延的预防		存在疾病蔓延预防的紧急必要	针对 2009 年 A/H1N1 等病原性较低的疾病，蔓延预防的紧急必要
	A 类（集体预防比重高）	B 类（个人预防比重高）		
公共参与程度	推荐接种:有努力义务:有	推荐接种:无努力义务:无	推荐接种:有努力义务:有	推荐接种:有努力义务:无

此外,为应对新冠疫苗接种可能带来的健康损害,《新型流感预防接种等所致健康损害救济的特别措施法》中规定了,对因接种导致的健康损害,应由疫苗的生产销售者赔偿,并由国家支付补助金来实施救济。《预防接种法》第 15 条规定,市町村所属区域内进行定期预防接种或临时接种者产生疾病、残疾或死亡,厚生劳动大臣认定其是预防接种所致时,市町村长应依据本法进行（补偿）给付。补偿的内容包括医疗费及医疗补贴、障害儿童养育金、障害年金、死亡补偿金和丧葬费等（第 16 条）。另外,《预防接种法》修改后新增加的附则第 6 条明确,疫苗生产销售者可与国家签订补充合同,这意味着民事上的损害赔偿可以国家赔偿的形式来实现。但有关能否将其也认定为一种宪法上的损失补偿,理论上还存在很多争议。

---

① 资料来源:"第 17 次厚生科学审议会预防接种疫苗分科会"资料,《关于新冠感染症疫苗接种事业》(2020 年 10 月 2 日),第 3 页。

日本跨行政区域组织机构管理经验
及其对长三角一体化发展的启示*

随着我国长三角区域一体化过程的加快,长三角区域合作办公室、区域发展办公室等多形式的跨行政区域组织逐渐设立。但由于本身制度设计和现有法律的限制,其组织架构、管理权限、法律地位等尚不明朗,有待于在一体化进一步推进的实践中加以明确。日本的跨区域行政管理积累了百年经验,既包括首都圈整备委员会等行政委员会管理的、都县层面的大都市区建设;又包括管理架构与形式呈现系统化和多样化的、市町村层面的广域行政管理机制。尽管国情不同,日本的广域行政建立在充分的地方自治制度的基础上,但在具体操作上,如大都市圈规划和建设的中央统筹管理、市町村层面广域行政的多种实现形式等在我国都具备很强的实用性和可操作性。应当认识到我国相关跨区域管理机构初设,尚处在法律定位并不明确的探索阶段。此时应吸收日本的广域行政管理经验,通过制定相关法律或规范,在作出合理的中央与地方之权限划分的基础上,以区域合作需求和具体业务事项为标准,明确机构的法律地位、设置方法、组织规则和管理权限。这对于回应现有跨区域管理机构因权限、编制等限制而遭遇管理瓶颈这一问题,对于进一步优化我国现有的跨区域行政组织机构,顺利并

---

* 本章内容在作者《日本跨行政区域组织机构管理经验及其对长三角一体化发展的启示》(《云南行政学院学报》2020 年第 2 期)一文基础上修改完善而成。

长期推动我国长三角区域一体化这一国家战略,具有重要的借鉴意义。

一、日本首都圈建设过程中跨区域
行政机构及其协调机制

(一) 首都圈跨区域行政机构的设置

日本以首都东京为中心的巨型都市圈,大体以东京都为中心,辐射半径约 70—100 公里,包含东京都、琦玉、千叶、神奈川、茨城、栃木、群马、山梨共 1 都 7 县。1956 年制定的《首都圈整备法》是日本首都圈规划建设的基本法,该法经多次修改沿用至今。

《首都圈整备法》最初规定了"首都圈整备委员会"是管理该日本首都圈区域建设和规划的最高行政机构,针对"首都圈整备委员会"专设一章,就其设置、事务及权限、组织架构和任命、特定行为的限制、议事规则作了较详尽的规定,凸显出其在首都圈建设和规划中的重要地位。首都圈整备委员会的设立以日本《国家行政组织法》为依据,拥有制定并实施首都圈整备规划的权限(第 4 条)。委员会委员含委员长共 4 名,由内阁总理大臣提名并经参众两院通过后任命,委员长由国务大臣担任。首任委员长为"第三次鸠山一郎内阁"的国务大臣马场元治(兼任建设大臣)。

首都圈整备委员会事实上承续了原首都建设委员会的权限和职能,性质上属于总理府的外设行政机关(行政委员会)。首都圈整备委员会于 1974 年废止,其执行事务并入国土厅。后日本于 2001 年实施中央机构编制改革,国土厅和运输厅、建设省、北海道开发厅合并为国土交通省。

根据日本《国土交通省设置法》(1999 年)的规定,国土交通省下设国土审议会、社会资本整备审议会、交通政策审议会和运输审议会。其中国土审议会的委员由国会议员(众议员 6 人、参议院 4 人)和学者(20 人以内)经国土交通省大臣任命后担任,任期 3 年并可连任。国土审议会的主要职能是负责为国土交通省施行国土安全和开发利用的基本政策进行调查、审议。2005 年起,国土审议会下设"首都圈整备部会",沿用至今。

(二) 首都圈跨区域行政机构的职能

首都圈整备委员会的职能和权限有:(1)制定首都圈整备规划和进行必要调查,(2)推进首都圈整备规划的实施,(3)履行由法律和法规所赋予委员会的其他权限。其具体执行程序和流程由首都圈整备规则规定。首都圈整备委员会在战后日本首都圈的城市规划和基础设施建设中起到了重要的作用。

根据现行的《首都圈整备法》,国土审议会基本承续了过去首都圈整备委员会的调查审议职能,该法同时决定首都圈整备规划的权限收归到国土交通省。

(三) 首都圈跨区域行政机构间的协调机制

在《首都圈整备法》之前,日本曾有一部《首都建设法》(1950 年),该法的立法目的是"为发挥首都东京都的政治经济文化等功能进行规划建设"(第 1 条)。依照该法,设立由建设大臣、众参两院议员、东京都知事、东京都议员、学者等(共 9 名,由内阁总理大臣任命)构成的"首都建设委员会",负责制定和推进东京都的城市规划建设。首都建设委员会作为日本最早的区域性规划机构,类似于美国的独立管制委员会,是首都圈整备委员会的前身。

在实际运行方面,《首都建设法》规定了首都建设委员会对地方公共团体和事业者的劝告权(第11条);为贯彻执行东京的城市规划和维护东京的首都地位,在必要时由建设省、运输省等行政主管部门为主体负责具体执行(第12条);在必要时由国家拨付一定的执行费用(第13条)。

《首都圈整备法》整体上沿袭并发展了原《首都建设法》的立法宗旨,主要区别是将调整对象从东京都扩展到了整个首都圈,同时对于各级机构之间的协调机制作了更为完善的规定,具体可分为以下几方面。

(1)就中央和地方之间的协调机制方面,规定了国土交通省大臣制定和修改首都圈整备规划之前,须听取相关行政机关、各都县和审议会的相关意见并承担答复义务。同时,国土交通省可就首都圈整备规划向地方公共团体请求提交资料、陈述意见等必要协助(第22、23条)。

(2)规划的具体实施方面,首都圈整备规划的工程建设,由国家、地方公共团体和工程建设单位依法律规定共同执行。各行政机关和地方公共团体等必须充分合作,国土交通省对此拥有劝告和采取必要措施的权限(第29、30条)。

(3)政府每年就首都圈整备规划的制定和执行状况向国会报告,并向公众公开(第30条第2项)。

(4)财政和资金方面,为进行首都圈整备规划的工程建设,在必要时国家可向地方公共团体提供普通财产①,以及必要的资金支持或调

① 根据日本《国有财产法》和《地方自治法》,日本国有财产、公有财产主要分为"行政财产"和"普通财产"两类。其中,行政财产包括公用财产(政府办公楼、消防设施等)和公共用财产(即一般意义上的公共设施,如学校、图书馆、公民馆、公营住宅、公园等)。普通财产一般是指除行政财产以外的、具有私权意义的公有财产。

整(第 31、32 条)。

二、日本地方自治体间广域行政组织机构及其协调机制

(一) 广域行政组织机构的设置

　　作为日本近代以来探索和发展出的独具特色的区域治理实践经验,"广域行政"指跨区域行政管理与协调,具体形式是两个以上的行政区域来共同处理行政事务。其产生的背景是随着城市化的不断发展,单靠固有的行政主体已经不足以应对的行政事务逐渐增加,由多个行政主体来共同处理相关事务,更能提高行政效率。

　　"广域行政"的具体形式一般是以解决特定具体事项为中心,比如消防、环卫清洁、火葬、医疗等,采用"特定事务组合"的方式,具体有行政事务上的"协议会""联络会议"等形式。日本实施广域行政制度的主要法律依据是《地方自治法》(1947 年)。自该法于 1951 年修改以后,日本的广域行政逐渐发展出了设置"协议会"、共同设置机关和职员、事务委托等具体形式。目前,根据组织形式的不同,广域行政的形式可以分为创设法人或组织和不另外创设法人或组织两种方式;根据处理事务内容的不同,分为专项事务的共同处理,和依据跨区域的规划,由各市町村自治体共同遵守并实施开发事业及区域整备两种形式。

　　目前的具体实践中,广域行政以市町村的行政级别为主,也有一部分涉及府县的行政级别。但由于许多具体事务在开展过程中,天然地受到多个行政机构主体的限制,近年来日本国内提出要推动"府县联合""市町村联合"和"市町村合并"等,合并多个行政机构的呼声逐渐高涨。

另外除上述常见的广域行政组织机构形式以外,日本在科创领域还逐渐发展了政府和民间机构等多主体为中心的协同发展机制,即"产学官连携"制度①。日本经济产业省在2008—2012年的5年间推出了区域产学官协同创新计划。政府为促进协同创新和成果转化,提供专项资金以建设区域创新共同体。如关东共同体,其由日本首都圈地区的27家单位组成,包括7所高校、13家地方科研院所和7家财团法人,其宗旨就是整合各个高校和科研院所的科研设施和人才为企业提供一站式技术服务,通过产学官协同合作提高整个地区的产业技术创新能力。②

(二) 广域行政组织机构的职能

日本近代意义上的地方自治制度始于1888年制定的"市制町村制",该制度下多个町村为共同处理事务可以设置"町村组合"。1911年日本"市制町村制"全面改革后,组合制度开始用于市,"市町村组合"得以较广泛地设置。

"组合"作为地方自治体的一种类型,属于"复合地方团体",具有独立的法人格,并且构成其的各个市町村都有管辖权限。市町村组合的组织和运营、议会议员的选举、职员的组织和选任、财政收支等运作方式,都有规约作出详细规定。

"二战"以后,日本虽然废除了过去的市制町村制,但1947年制定的新《地方自治法》仍沿用了旧有的组合制度。该法第284条第1项规定,"组合"属于"特别地方公共团体"的一种类型。同时,不限于市町

---

① "产学官连携"制度日文为"産学官連携"。
② 参见孙艳艳、张红、吕志坚:《日本首都圈产学官协同创新生态系统建设研究》,《情报工程》2017年第5期。

村这一类较低的行政机构级别,都道府县也开始可以就部分行政事务设立专门组合。

1952年《地方自治法》修改以后,日本的广域行政的实现形式开始呈现多样化的特点,特别是创设了协议会、共同设置机关及职员、事务委托等形式。以下就这几类日本在广域行政过程中实现跨区域行政的具体组织和形式作简要说明。

（1）协议会。协议会由多个地方自治体共同设置,性质上属于自治体广域行政的具体执行机构,从属关系上仍隶属于各地方自治体。协议会自身并不专设职员,而是由多个地方自治体的职员兼任,也不具有独立的法律地位。依据日本《地方自治法》规定,其主要分为"管理执行协议会"（具体管理执行广域行政事务）、"联络调整协议会"（就具体执行提供联络和协调）、"规划制定协议会"（制定跨行政区域的行政规划）三种。值得注意的是,协议会管理执行具体事务,和自治体的执行机关具有同等效力。由规划制定协议会所制定的行政规划,各自治体必须遵照执行。

（2）共同设置机关和职员。根据日本《地方自治法》第252条第7项的规定,地方自治体可以和其他地方自治体共同设置如委员会、委员、附属机关等机关,也可以共同设置辅助前述机关处理具体事务的职务人员。值得注意的是,共同设置的跨行政区域机关同时归属各个地方自治体,即属于各地方自治体的共同的机关,其作出的法律行为对各地方自治体同时具有法律效力;而共同设置的职务人员被看作其中一个自治体的职务人员,同时其事务辅助人员由该自治体的工作人员担任。这和我国目前在上海设置的"长三角区域合作办公室"和"青浦区区域发展办公室"等机构在具体的设置方式上有所类似,但在组织形式上又有所不同,后文将详细阐述。

（3）事务委托。根据《地方自治法》第 252 条第 14 项规定，地方自治体可以将部分事务委托给其他地方自治体，并由其执行机关管理执行。同时，基于该委托，委托方的自治体不再就该事务具有权限，被委托方的自治体在被委托事务范围内拥有管理和执行权限。

需要强调的是，上述"协议会"这种形式的广域行政组织，并不具备法人格，因此在严格意义上并非是一种特殊的地方公共团体。而"共同设置机关"，甚至算不上是广域行政组织的创设，而是将各个地方自治体既有的组织或部门集合起来实现广域行政的一种形式。"事务委托"的性质，也并非创设共同处理广域行政事务的组织，而是地方自治体将部分事务委任或委托给其他自治体来实现广域行政的一种形式。相对于创设新的跨区域行政机构，这三种形式都具有简便易操作的特点。

另外，60 年代以后，日本在政策上开始大力推进区域开发建设，逐渐导入了由各地方共同体共同开展大型工程建设和区域开发的新形式，也就是 1963 年《地方自治法》修改创设的"地方开发事业团"制度（第 298 条）。据此，为实施如修建住宅、工业用水及交通道路的整备、取得土地等综合规划，地方自治体可以和其他自治体共同将这些工程建设委托给地方开发事业团。地方开发事业团是具有法人格的一种特殊地方公共团体。但由于不同于事务组合，其具体处理的事务、事项有限制范围，同时一般来说，随着其处理事务的完结，事业团也会随之解散。随着地方开发事业团的数量逐渐减少，截止到 2011 年仅存 1 例，2011 年《地方自治法》修改删除了有关地方开发事业团的规定，自此日本不再新设该机构。

（三）广域行政组织机构间的协调机制

（1）复合型部分事务组合。作为对组合等跨区域行政组织的补充,1974 年日本修改《地方自治法》,创设了"复合型部分事务组合"制度(第 285 条)。① 一般的组合是以具体事务为导向成立的,该事务通用于各个自治体。而这种组合的特点是为提高行政活动的效率,其处理的具体事务、事项可以仅仅通用于广域行政区域内的一部分自治体,即一部分的市町村,是灵活运用组合制度的一种具体形式。但这种制度只适用于市町村,而不适用于都道府县。

(2) 广域联合。1994 年《地方自治法》再次修改,创设了一种新的组合类型,即"广域联合"制度。② 广域联合主要职能是制定、协调和实施广域行政区域的综合规划。复合型部分事务组合是为了提高各自治体共同处理行政事务的效率,广域联合则是为了制定和实施区域综合规划,二者都是协调、促进广域行政的一种法定机制。

(3) 联合协约和事务的代执行。2014 年《地方自治法》修改,创设了新的"联合协约"和"事务代执行"制度。③ 联合协约是指多个地方公共团体为共同处理事务而制定基本方针和划分职能而签订联合协约的制度。同时地方自治体间如就该协约产生争议,可申请由"自治纷争处理委员"提出解决方案。事务代执行是指地方公共团体将部分事务交付其他地方公共团体的长官,并以原公共团体(即交付方)的名义来管理、执行。

综上,日本广域行政组织机构共计 10 种类型,按照是否具备法人格可分为 2 大类,具体参照表 8。其中以设立法人为要件的形式分为部分事务组合(含复合型部分事务组合)、广域联合、全部事务组合、役场事务组合和地方开发事业团 5 种,不须设立法人的简便形式分为协议会、共同设置机关等、事务委托、签订联合协约和事务待执行 5 种。这些组织形式

① 日文为"複合的一部事務組合"。
② 日文为"広域連合"。
③ 日文为"連携協約"和"事務の代替執行"。联合协约也可翻译成"区域协定"。

互为补充、互相协作,共同构成了完整的广域行政组织构架。

表8 日本广域行政组织机构汇总①

	组织机构名称	概要和特点	具体事项或实例②
具备法人格	部分事务组合	地方自治体为共同处理部分行政事务而设置的特殊地方公共团体。"复合型部分事务组合"是其特殊形式。近年随着组合的统合和合并,数量有所减少。	涉及垃圾处理事务的占比最多,为 400 例(27.3%)。其次为粪便处理事务 326 例(22.2%),消防急救事务 268 例(18.3%)。
	广域联合	地方自治体为制定、协调和实施广域行政区域的综合事务和规划而设置的特殊地方公共团体。可以由国家和都道府县直接授予其具体事务的权限。	如各都道府县设立的后期高龄者医疗广域联合。
	全部事务组合(已废止)	町村为共同处理全部行政事务而设立的特殊地方公共团体,实质上等同于自治体(町村)的合并。	1957 年后已很少采用,2011 年《地方自治法》修改后废止。
具备法人格	役场事务组合(已废止)	町村为共同处理执行机关的全部事务而设立的特殊地方公共团体。	1960 年后已很少采用,2011 年《地方自治法》修改后废止。
	地方开发事业团	地方自治体为共同开展跨区域的大型工程和建设而设置的特殊地方公共团体。其共同处理的事务一般仅限定在基础设施建设及工程用地取得的事项范围内。	如青森县新产业都市建设事业团。2011 年《地方自治法》修改后不再增设。

---

① 表格参照日本总务省资料:「現行の事務の共同処理の仕組みと運用」、「地方自治制度の歴史」等汇总制作。

② 数据来源于日本总务省资料:「地方公共団体間の事務の共同処理の状況調(平成 30 年 7 月 1 日現在)の概要」。

（续表）

组织机构名称		概要和特点	具体事项或实例
不具备法人格	协议会	地方自治体为共同管理执行、联络协调、制定规划而建立的制度。	涉及消防事务占比最多，为41例（19.4%），其次为广域行政规划，为27例（12.8%）。
	共同设置机关和职员	多个地方自治体共同设置的委员会、委员或附属机关。	涉及医疗保险和服务认定审查事务的占比最多，为127例（28.5%），其次是公平委员会事务，为114例（25.6%），残疾人保险和服务认定审查事务，为106例（23.8%）。
	事务委托	地方自治体将其部分具体事务事项的管理执行委托给其他地方自治体。被委托方在被委托事务范围内拥有全部管理和执行权限。	涉及住民票复印件等的交付事务的占比最多，为1402例（21.2%）。其次是公平委员会事务，为1180例（17.8%），再次是竞艇事务，为861例（13%），此外还有数据通信基础设施建设等。
	联合协约	地方自治体为就共同处理事务而制定基本方针和划分职能而签订联合协约。2014年创设。	涉及27个中枢城市圈的最多，共240件（75.2%）。其次为消费者相谈事务，共43件；职员研修事务，共26件。
	事务的代执行	地方自治体将部分事务交付其他地方自治体的长官，以原地方自治体名义管理和执行。2014年创设。	如涉及简易下水道的事务等。

上述10种类型中，目前广域行政组织机构中实际较多使用的形式，主要是除"全部事务组合"和"役场事务组合"以外的8种。日本总务省2019年的统计资料表明，采用比例最高的是"事务委托"，实际占全部的72.1%（6628例），之后依次是：部分事务组合（16%，1466例）＞共同设置机关等（4.9%，446例）＞联合协约（3.5%，319例）＞协议会（2.3%，211例）＞广域联合（1.3%，116例）＞事务代执行（3例）＞地方

开发事业团(1例)。①

表9 2018年7月日本广域行政组织机构构成情况(单位:件)②

	都道府县间	跨2个都道府县以上		1个都道府县内		都道府县和市町村间	市町村间	合计
		都道府县和市町村	市町村间	都道府县和市町村	市町村间			
联合协约	—	—	12	32	275	32	287	319
协议会	1	4	2	10	194	14	196	211
共同设置机关等	—	—	2	16	428	16	430	446
事务委托	32	60	837	2020	3679	2080	4516	6628
事务代执行	—	—	—	2	1	2	1	3
部分事务组合	2	—	17	35	1412	35	1429	1466
广域联合	—	1	—	5	110	8	110	116
地方开发事业团	—	—	—	1	—	1	—	1
合计	35	65	870	2121	6099	2186	6969	9190
占比	0.4%	0.7%	9.5%	23.1%	66.4%	23.8%	75.8%	100%

按照总务省2018年的统计数据,从具体处理的广域行政事务类别上看,前3类事务占绝大多数。其中涉及环境卫生的数量最多,并多采用部分事务组合和事务委托的形式;其次为社会保障事务,多采用部分

① 数据来源于日本总务省资料:「地方公共团体間の事務の共同処理の状況調(平成30年7月1日現在)の概要」。
② 数据来源于日本总务省资料:「地方公共团体間の事務の共同処理の状況調(平成30年7月1日現在)の概要」。

事务组合、事务委托、共同设置机关、广域联合的形式;最后是防灾事务,多采用部分事务组合、事务委托、协议会、广域联合的形式。此外,区域开发规划方面,以部分事务组合、协议会、广域联合、联合协约为主;城市规划方面,以部分事务组合、事务委托、共同设置机关、协议会、广域联合为主。

综上可见,第一,日本地方自治体的广域行政事务以实现政府的社会服务职能为主,即服务导向大于社会管理、社会治理导向。第二,从历史上来看,广域行政组织形式和种类逐渐呈现出多样化的特点。第三,随着社会经济的发展变化,《地方自治法》会及时作出相应修改调整,各个组织类型也会自然随之有所增减,以适应地方自治的发展。第四,即便是同一类别的事项,也可以采用多种广域行政组织形式,这些形式以解决具体事务为导向,相互协调、互为补充。

三、日本跨区域行政机构协调机制对我国长三角一体化建设的借鉴

(一)中央立法的支持

日本的跨区域行政协调机制基本可分为市町村和都县两个层级。市町村层面广域行政的主要法律依据是《地方自治法》,前文已就此有过说明。而在都县层面除基于地方自治的"广域行政""广域连携"以外,日本就大都市圈建设设立了一套主要由中央来统筹管理的模式,这种模式的执行落实必然要以国家立法为依据。

以首都圈建设为例,日本以1956年《首都圈整备法》为中心,出台了一套较为完整的政策和法律。事实上,日本战后就大都市圈建设,分

别针对全国的三大区域先后出台了《首都圈整备法》(以东京为中心)、《近畿圈整备法》(大阪、京都等为中心)、《中部圈整备法》(名古屋等为中心)共三部规范都市圈建设的基本法律,逐渐形成了现存的三大核心都市圈,简称"三圈计划"。在日本国土交通省的官方网站里较全面地登载了与之相关的政策与法律信息、实施计划白皮书,以及近年日本国土审议会就"三圈计划"的修改审议决定。①

日本的首都圈整备计划主要是为了解决东京都人口过度集中和住房不足的问题,通过借鉴英国的"大伦敦计划"经验,发展东京周边城市和交通设施建设,主要特点是发展放射型和环状的交通网,建设卫星城等。《首都圈整备法》的内容包括总则、首都圈整备委员会、首都圈整备计划、事业实施,共四章。总则中明确了其立法目的是"就首都圈的整备制定综合规划,并推进其实施,进行同我国政治、经济、文化相符合的首都圈建设和有序发展"(第1条)。1957年,日本内阁颁布了《首都圈整备法实施令》。仅就一个首都圈建设,日本就相继颁布了《首都圈市街地开发区域整备法》《首都圈建成区限制工业等的相关法律》《首都圈近郊绿地保护法》《多极分散型国土形成促进法》等多部法律法规。另外,为配合《近畿圈整备法》,日本就琵琶湖协调保护这方面也制定了较完善的配套立法,这对长三角都市圈的环保问题,如淀山湖水域和长江水域的联合保护也有充分的借鉴意义。

事实上,我国长三角区域一体化的提法也由来已久。1992年,长三角15个城市经济协作办主任联席会议首次召开,并在1997年升格为长三角城市经济协调会;2001年成立沪苏浙经济合作与发展座谈会,由三省市常务副省市长参加,后在2004年又启动了三省市主要领

---

① 参见日本"国土交通省"官网:https://www.mlit.go.jp/toshi/daisei/kokudokeikaku_tk5_000012.html。

导座谈会制度;国务院在 2010 年 5 月正式批准实施了有关长三角地区发展的指导意见;①2016 年 3 月,中共中央政治局审议通过了《长江经济带发展规划纲要》;同年 5 月,国务院常务会议通过《长江三角洲城市群发展规划》;2017 年国务院正式批复《上海城市总体规划(2017—2035)》,提到"从长江三角洲区域整体协调发展的角度,充分发挥上海中心城市作用,加强与周边城市的分工协作,构建上海大都市圈,打造具有全球影响力的世界级城市群。"最近,上海正在同江、浙两省规划主管部门以及周边各市相关政府编制《上海大都市圈空间协同规划》。②

另外目前《长江三角洲区域一体化发展规划纲要》(以下简称《纲要》)也已通过审议并下发,强调长三角一体化发展具有极大的区域带动和示范作用,要紧扣"一体化"和"高质量"两个关键,带动整个长江经济带和华东地区发展,形成高质量发展的区域集群。这意味着长三角区域一体化发展已经上升到国家意志层面,成为区域经济发展的重要战略部署。但是从另一方面来说,我国就长三角一体化发展出台的发展纲要等,仍以政策性文件居多,还缺乏具体的立法配套。

习近平总书记曾经强调:"凡属重大改革都要于法有据。在整个改革过程中,都要高度重视运用法治思维和法治方式,发挥法治的引领和推动作用,加强对相关立法工作的协调,确保在法治轨道上推进改

---

① 《国务院关于进一步推进长江三角洲地区改革开放和经济社会发展的指导意见》(国发〔2008〕30 号)。起初"三级运作模式"主要涵盖上海、浙江、江苏,即两省一市。2009 年,沪苏浙三省市吸纳安徽作为正式成员出席长三角地区主要领导座谈会和长三角地区合作与发展联席会议,确认了安徽正式成为长三角的重要组成部分,即三省一市。

② 2018 年 11 月 28 日,上海市规划和自然管理局总规处处长熊健在 2018 中国城市规划年会表示,当前正会同江浙两省规划主管部门以及周边各市相关政府编制《上海大都市圈空间协同规划》。

革。"①要真正实现跨区域协同发展,势必要触及不同行政地方的利益分配问题。日本就东京都市圈发展的国会立法明确了职能部门的权限划分,赋予了区域协同发展的具体方案以极强的可执行性,为我们提供了宝贵的经验。如果推进立法的时机暂时还不成熟,可以从国务院层面下发具备可操作性的具体实施办法,或者赋予如自然资源部、住建部等部委以制定跨区域规划等具体权限,协调中央和地方权限,同时避免地方各区域之间出现利益矛盾和政令冲突的情况。但从长远来看,由全国人大正式出台一部调整区域一体化发展的法律,仍不可或缺。

(二) 注重中央与地方的权限划分和协作

日本在制定原《首都建设法》时,曾就该法进行过一次东京都住民投票,后经过超半数赞成后才得以正式通过并生效。这是因为《日本国宪法》第 95 条规定:"国会制定适用于特定地方公共团体的特别法,须依法律规定,实行该地方公共团体的住民投票并经过半数同意。"也就是说,国会制定地方自治特别法时必须首先经过该地方公共团体的"住民投票"通过。该宪法条文是为了防止中央滥用立法权导致损害地方公共团体利益,日本《国会法》第 67 条和《地方自治法》第 261 条对此也有具体规定。

但是与《首都建设法》不同,日本在出台《首都圈整备法》时并未经过地方住民投票这一程序。究其原因有两种观点,一种是在参议院的对该法的审议会上,有政府委员答辩称,该法在立法目的上是对原《首都建设法》的继承,也是对原首都建设规划和首都建设委员会职能的

---

① 习近平:《在中央全面深化改革领导小组第二次会议上的讲话(2014 年 2 月 28 日)》,《人民日报》2014 年 3 月 1 日。

扩展和强化,因而不需要重新进行住民投票;①另一种观点如佐藤功认为,从立法目的来看,《首都圈整备法》的规制对象并不仅限于东京都这一特定区域的地方公共团体,而是以首都圈这一跨多区域地区为对象,并非涉及地方自治的特别立法,而是一部关于国家行使开发整备事务的法律,因而应该按照普通的国会立法程序来制定。②

　　虽然以上两种观点都支持《首都圈整备法》不须经过住民投票程序,但是第二种解释显然更符合其立法原意。由于原《首都建设法》属于地方自治特别法,主要调整的对象是东京都这一特定区域的地方公共团体,如果将其范围扩大到整个首都圈,就意味着有可能会牺牲东京以外周边地区的利益。

　　对此,众议会议员木崎茂男曾在《首都圈整备法解说》中作了详细的阐述,他指出,《首都圈整备法》的调整对象是首都圈,包含东京都以及与其拥有紧密的社会经济联系的周边地区。可以预见,这个对象的范围会随着社会经济关系的发展而产生变化,并非单纯限定于某个或某几个地方公共团体的行政区域。③ 这也正是日本不对原《首都建设法》进行修改而是直接废止该法,并重新制定一部新法即《首都圈整备法》的原因。

　　相较而言,基于我国的国情,在长三角一体化的工作方面侧重于中央决策下级执行的模式,目前并没有制定统一的人大立法,也没有设立正式的跨区域行政机构。但是在实然层面,我国从 2008 年至今在长三角政府层面已经逐渐形成了"三级运作"的区域合作机制,即决策层

　　① 日本参议院建设委员会审议会(1956 年 4 月 17 日)上,政府委员水野岑对议员村上义一的口头答辩。
　　② 佐藤功「憲法 95 条の諸問題」、杉村章三郎古稀記念『公法学研究 上』(有斐閣、1974 年)。加藤一彦「地方自治特別法の憲法問題」現代法学 18 号(2009 年)39 頁以下。
　　③ 木崎茂男『首都圏整備法の解説』(信濃教育会出版部、1956 年)43 頁。

（长三角地区主要领导座谈会）、协调层（长三角地区合作与发展联席会议）和执行层（联席会议办公室和重点合作专题组）三个层面同时运行的政府运作机制。

2018年5月，习近平总书记就我国长三角地区更高质量一体化发展作出重要指示，指出上海要进一步发挥龙头带动作用，苏浙皖要各扬其所长，有关部门也要大力支持，使长三角地区实现更高质量的一体化发展，更好地引领长江经济带发展，更好地服务国家发展大局。随后不久长三角地区主要领导座谈会在上海举行，一体化发展的推进工作逐渐提速。可以看出，中央作出长三角一体化发展的战略决策，并不局限于特定行政区域的发展目标，而是站在国家发展大局的视野上进行考量的。这和日本制定《首都圈整备法》时的背景和立意是相似的。

除此之外，在我国如果要正式创设跨区域的行政机构，尚需要突破许多现有的框架。尽管2018年我国开始赋予所有设区的市"地方立法权"，这在某种角度具有日本宪法第94条的"条例制定权"的意义，但我国一般的地方立法权，和他国宪法规定的享有自治的地方立法权，不是同一概念。而且目前，我国组织法、城乡规划法等法律并没有明确规定跨区域行政机构或组织的具体设置办法以及跨行政区域规划的制定和审批程序。① 历史上，日本在制定首都圈建设规划时其实也遇到过相似的问题，但日本在首都圈建设的制度设计的整个发展过程——从最初的首都建设委员会到首都圈整备委员会，再到委员会权限收回到国土交通省——中，首都圈这一跨行政区域的规划发展其实始终没有脱离中央的管辖。

---

① 我国《地方各级人民代表大会和地方各级人民政府组织法》第54条规定："地方各级人民政府是地方各级人民代表大会的执行机关，是地方各级国家行政机关。"《城乡规划法》第11条规定："国务院城乡规划主管部门负责全国的城乡规划管理工作。县级以上地方人民政府城乡规划主管部门负责本行政区域内的城乡规划管理工作。"

（三）从区域合作需求出发设置跨区域行政机构

随着我国长三角区域一体化工作的深入推进，长三角区域合作办公室（简称"长三办"）也应运而生。2018 年 1 月，由沪苏皖浙三省一市共同组建的长三角区域合作办公室在上海正式挂牌并组建完毕。其主要职能是承接"三级运作"区域合作模式下的工作事项，包括筹备长三角地区主要领导座谈会和常务省市长会议，制定和完成年度工作要点和重要事项，实施都市圈和跨区域沟通协调机制如城市经济协调会，等等。

从组织上讲，"长三办"的牵头人为各省市发改委，其中苏皖浙三省为从各省抽调的专职人员，上海市为长三角处，其主任、常委均为上海市发改委的公务人员。从职能上讲，"长三办"主要还是梳理各方面的诉求。这种诉求包括经济上的协同发展，协调各省市进行污染治理等等。从级别划分上来讲，目前我国实行的是"双办""双层级"模式，即同时设立中央部级协同和地方区域（即三省一市）协同，两个层级共存的模式。但是，在处理许多省际合作的具体问题时，"长三办"作为协调性议事机构并不具备足够权限和能力，仍然需要国家出面。就此问题提升"长三办"的机构级别，也可能是一个解决方式。

长三角区域一体化发展的前景是广阔的，但也必须正视实际存在的一些问题。一体化发展要真正落实，除了需要国家给予政策的推动措施以外，还需要许多方面的保障。一体化发展应该顺应社会经济自然发展的过程，保证各方面有共同利益和真实的合作意愿。地位不平等的区域主体在一起的一体化，可能成为较多体现强势主体意愿的一体化。在一体化发展中，需要保证各方地位平等，对等协商，互利互惠。因此，在制定和实施《纲要》的过程中，要特别保证政策的持续性、可依据性和可执行性，以便跨地区的行政主体实施具体操作。这就势必涉及区域一体化的实施主体和实施依据。

　　关于实施依据,有学者就明确强调:"必须加强法制建设。在推进城市一体化的初级阶段就要及时地制定相关的法律法规,以便在整个过程中做到有法可依,而不是仅仅依靠行政命令或是一些形式上的会议组织来进行协调协商。即使是以协商的方式来推进一体化,也要有一个协商组织的条例与组织法。我们应该制定一个相对原则的法律法规来指导城市一体化的建设,在实践中还要不断地修订完善,以便更好地指导城市一体化的建设。"①日本在都县层面的跨区域行政方面以三大都市圈整备法为中心,在市町村的广域行政治理方面以《地方自治法》为主要依据,明确了相关行政机构的具体权限和管理流程,既考虑到国家和中央层面的综合统筹,又十分重视地方的诉求和利益。

　　相较而言,尽管我国出台了发展纲要等重要政策文件,但是就一体化管理机构的法律性质和地位、编制规划的审批权限和流程、不同行政区域合作需求的协调方式等,现有的纲要等文件并没有明确回应这些问题。长三角一体化工作的开展还需要中央出面,通过出台一部具有实质性内容和可执行性的,至少是涵盖原则性规定的法律法规,划清跨区域行政管理机构的权限。

　　另外,日本的跨区域行政的管理机制是建立在充分的地方自治制度和基础之上的。中央在推行一体化进程时,既要考量全局、统筹安排,也要注意地方实际情况,充分尊重地方意愿,给地方足够的灵活性。另外,在一体化中各地方的谈判实力不同,要尽量体现对等性,发达地方甚至要考虑主动让利,将优势资源普惠落后地区。由于涉及这一方面的实际落实有难度,因此更需要中央在制定具体实施细则时对其有

---

①　俞慰刚:《日本首都圈政策及规划对长三角城市一体化的启示》,《上海城市管理》2018 年第 2 期。

所考量。地区间有合作,也有竞争,一体化不是消灭竞争,而是为竞争创造相对公平的环境。对于管理机构权限的界定,可以随着合作的深入,由中央根据实际需要统筹职权或赋予地方相关权限。

(四) 从跨区域业务事项出发设置跨区域行政机构

针对我国过去以区域合作计划和"协调会议"等形式为主的诸多跨区域治理政策,有学者指出:"区域治理实践还停留在合作意向阶段,制度建设和主体参与水平都属于初级;政府间合作的主要动力是经济利益,而较少从公共服务供给角度考虑区域治理问题;既往的区域治理实践往往热衷于大处着眼总体布局,而缺乏充分而细致的配套制度安排……这些问题的存在制约了区域治理的良性运行,也影响了地方发展潜力的深度挖掘。"①跨区域行政机构不能凭空而设,而是应该具体地从跨区域业务事项出发,有针对性和导向性地进行谋划和设置。

近年来,我国在长三角区域一体化发展中,就区域合作机构已经有了新的创设和进展。上海市青浦区区域发展办公室(简称"区域办")就是一个例子。笔者经调研了解到,该区域办是按照青浦区党政机构改革方案于 2019 年 3 月正式成立的行政机构,组成人员具有正式的行政编制,主要职能是协调"长三角生态绿色一体化发展示范区"(含青浦、吴江、嘉善共三区县)发展,开展三地工作联动和区域合作工作。再如"安亭花桥白鹤共同推进长三角一体化高质量发展办公室"等,各级各层纷纷挂牌成立区域合作机构。这些机构在处理具体业务事项上,特别是在各区域和部门间的统筹协调与沟通联络方面正在起到重要作用。

---

① 白智立:《日本广域行政的理论与实践:以东京首都圈发展为例》,《日本研究》2017 年第 1 期。

但严格来讲,与设在上海的"长三办"类似,目前该"区域办"还能不能算得上正式的跨区域行政机构,其本身的法理定位还尚不明确。同时,如何真正做到以跨区域业务中的具体事项为导向,以满足各区域实际合作需求为目的,避免机构的冗余化、空心化,将类似长三角一体化组织机构的工作纳入常态,使得各层各级工作共同谋划布置,提升相关行政机构运行效率,也正是我国设置跨区域行政组织机构的关键所在。

综前所述,日本的跨区域行政协调机制主要分为都县和市町村两个层级。自明治时期起到今天,日本作为城市化水平高的民主制发达国家,非常重视宪法保障的地方自治制度和行政机关的服务职能的发挥,在市町村层面的广域行政已经积累了百年经验。"二战"后,日本在以大都市圈整备开发为主要内容的都县广域行政层面也取得了明显的成就。

我国在将长三角区域一体化列入国家战略以后,也逐渐开始重视跨区域行政机构的设置和管理,最具代表性的就是长三角区域合作办公室和区域发展办公室等机构的建立。但同时也应深刻认识到由于相关机构初设,尚处在法律定位和功能设置有待进一步明确的摸索阶段。尽管国情不同,比如日本的广域行政建立在充分的地方自治制度的基础上,而我国往往采取中央统一部署,层层决策执行的方式,但在具体操作方面,如都市圈建设中的中央统筹管理,市町村层面广域行政的多种实现形式等等都具有很强的通用性和可操作性。在区域一体化整体架构的起步阶段,吸收接纳日本的广域行政管理经验,通过制定相关法律或规范,明确其法律地位、设置方法、组织规则和管理权限,对于回应当下现有跨区域管理机构面临的权限、编制等各类具体问题,长期持续助力我国长三角区域一体化这一国家战略的落实和推进,具有十分重大的意义。

四、探索创新长三角跨区域管理机制

长三角区域一体化发展国家战略是我国区域社会经济发展的重要部署。推动一体化发展的根本在于,以全面深化改革破除制约要素自由流动的行政壁垒和体制机制障碍。现有的跨区域行政管理在机构设置、现实运行、相关规范等方面仍面临许多实际问题。跨区域行政管理机制的探索和创新应始终在法治的框架内进行。当下应积极吸收域外跨区域行政管理的经验,通过制定相关法律规范,明确其法律地位、设置方法和组织规则,并赋予其更高层级的管理权限。应以人大为主体推动协同立法,构建统一的执法平台和纠纷解决机制,改革政绩考核办法,在法治理念下破除行政壁垒,建立规则统一的制度体系。

(一) 现有跨区域管理机构的设置

1. 机构性质

现有跨区域行政管理协调组织机构的权限级别有待提高,且相关法律地位有待明确,迟滞了一体化政策的具体落实。目前除国家发改委下设的"推动长三角一体化发展领导小组办公室"负责研究审议重大规划和政策外,在地方已设立了长三角区域合作办公室、区域发展办公室等多形式的跨区域协调组织。但笔者通过实际走访调研发现,地方层面的"长三办"实际并非严格意义上的跨区域行政机构,而仅是行政性联络协调议事机构,属于"常设的临时性机构"。其组成人员都是从三省一市中抽调而来,党组织关系已移转至上海,人事关系仍归属原省市。从职能上讲,"长三办"主要还是梳理各方面的诉求,承接"三级运作"区域合作模式下的工作事项。其架构模式基于"君子协定",目前出台相关文件仍须通过各省市的政务办公厅,其本身并不具备正式发文权限,这导致许多具体决策和事项出现权限断层。

现有跨区域管理机构的设立尚在探索阶段,组织架构、管理权限、法律地位等尚待明确。如"区域办"作为按照青浦区党政机构改革方案新成立的组织部门,隶属于青浦区,并非独立的行政机构,其本身的法理定位尚不明确。实际上,除各省间外,各市县甚至各镇间都有所谓"一体化"部门纷纷挂牌,但其本身组织架构仍依托原有部门,行政权限并未有实质创设。这造成机构实体冗繁,同时牵涉各管理区域的不同利益,反而不利于一体化工作的实际推进。

2. 机构规则

长三角生态绿色一体化发展示范区(以下简称"示范区")的建设仍需加强法治保障。作为一体化先行先试的桥头堡,示范区需要在"不破行政隶属、打破行政边界"的前提下探索区域协同发展,目标是推动改革系统集成,率先形成统一高效的市场体系。示范区涉及两省一市、三级八方四十多个责任部门,在具体的利益诉求上想法不同,难点在于如何打破"行政区经济"束缚,打通要素流动,减少内耗性竞争。《纲要》提出,要建立地方立法和执法工作协同常态化机制,推动重点区域、重点领域跨区域立法研究,制定共同行为准则,为长三角一体化发展提供法规支撑和保障。协调的核心是要有共同的行为准则,法治应是行为准则的根本内涵。一体化示范区执委会主任马春雷曾表示,如果每件事都要通过大量的协调来推进一体化的项目的实施,成本太高,效率太低。① 通过法治保障来推动统一的规划标准和政策出台就

---

① 参见上海市政府新闻发布会问答实录(2020 年 7 月 3 日),https://www.shang-hai. gov. cn/nw9820/20200906/0001-9820_1458801. html。

会大大降低一体化示范区发展过程当中协调的成本。

另外,在长三角跨区域行政机构业已组建并正式运行的基础上,跨区域行政机构的有效运行还需要解决其法律责任问题。在当前的行政复议制度下,复议机关是实施行政行为的行政机关的上一级行政机关。推进一体化的具体工作事项势必需要通过规划、征收、许可、处罚等行政行为形式加以实现,但由于现有的跨区域管理机构的共同上级机关为三省一市政府,所以针对跨区域行政机构行政行为的行政复议无法在现有制度框架内妥善解决。再如目前跨区域交界处出现的行政管理多主体并存的现象,比如为整治交界地区路面环境设立的"安亭花桥联合整治办公室"就涉及花桥和安亭两地政法委、城管委、派出所、街道社区等多达九家单位,一旦出现纠纷和责任追究往往出现推诿扯皮现象,缺乏有效的纠纷解决途径和责任追究机制。

由于一体化区域内行政机构的权限分配不明确,不利于保障国家政令的统一落实。在处理许多省际、市县际合作的具体问题时,现有的协调性议事机构并不具备足够的权限和能力,缺少责任追究和纠纷解决机制。各地方本不具有跨区域政策的制定权限,遇到具体事项时推诿扯皮难以避免,而由更高层级出面协调、推动成本太高,效率太低。

3. 机构管理

2019年,中央设立"推动长三角一体化发展领导小组",主要负责统筹指导和综合协调长三角一体化发展战略实施,研究审议重大规划、政策、项目和年度工作安排,协调解决重大问题,督促落实重大事项等。随后,地方各省市也设置了许多类似"长三角一体化领导小组"的组织或机构,如沪皖苏浙三省一市均设有省级的"推进长三角一体化发展工作领导小组";南京、杭州、湖州等各市也纷纷成立"推进长三角一体化发展领导小组";此外还有如 2020 年成立于湖州市的"长三角地区主要领导座谈会承办工作领导小组"等。尽管"领导小组"在长三角区域一体化各项规划、政策制定初期起到了重要的议事协调作用,但随着推进一体化工作逐步进入重要攻坚阶段,是否继续保留和沿用这一名称已逐渐变得值得商榷。

"领导小组"属于议事协调机构,具有阶段性、临时性的特点,一般不被认为是一种制度化、实体性的组织。从管理组织建制上说,其属于阶段性工作机制,是党政系统中常规治理方式之外的补充。而委员会则是成建制的固定机构,是为完成一定任务而设立的专门组织,比领导小组更趋近实体化和机制化,职能更加全面、机构更加规范、运行更加稳定、组织更加健全。设立委员会有利于整合资源,避免工作碎片化,同时可以实现全覆盖,避免出现盲区和空白。

在推进协同立法工作中,由于长三角一体化领导小组中并没有法治小组,只是由三省一市人大常委会法制工作机构各自指派一名法制工作机构负责同志和联络员承担日常联络工作,如此配置不足以开展对立法事务的协调工作。另外,长三角办公室、示范区执委会作为专门从事区域合作的机构,作为熟悉区域合作各方面的情况和需求的机构,内部没有系统研究立法协同问题的部门,大量立法协同需求散布在业务部门手中。尽管"领导小组"具有改革试点的性质和机动灵活的特点,仍处于变动发展中,不具有终局性,但从中央到地方各级均设立类似领导小组,既容易导致机构烦冗杂乱和相互混淆,也不利于中央和地方层级和事权划分,有悖《纲要》中强化组织协调和健全推进机制的原则。

（二）现有管理机制的运行

1. 中央层面

中央层面尚缺少统一的立法与管理规范。现有规定基本仍为总览性和抽象性的政策文件，缺少就跨区域行政管理的具体事项、实施办法、权限和功能划分等作出明确规定的立法配套。长三角一体化是国家战略，一体化协同立法势必涉及全国性立法。对于现有管理机构的法律性质、编制规划的审批权限和流程、如何协调不同行政区域的合作需求等问题，现有的《纲要》《长三角生态绿色一体化发展示范区总体方案》（以下简称《方案》）等文件仍缺少具体的实施或解决方案，且不具有法律约束力，需要中央层面统筹各方利益，就跨区域的行政管理机构出台法律或管理规范。

在制度设计上要既维护中央在大政方针上的领导和权威，又发挥地方在处理具体事务时的积极性和能动性。国外如日本在首都圈建设的制度设计的整个发展过程中，首都圈这一跨行政区域的规划发展始终没有脱离中央的管辖。这种做法对我国的借鉴意义在于：一方面，在法律制定的时候，严格遵循宪法和立法程序，保护地方利益和合理诉求；另一方面，通过制定专项法律，明确中央和地方的权限划分和协作方式，同时由中央紧握制定跨区域发展规划的权限，防止不同行政区域形成利益冲突，也更便于从区域协作乃至整个国家的层面上去统筹和考量问题。

2. 省市层面

目前三省一市采用的是"议事协调工作机制"，缺少统一的立法规范，也尚未成立直接掌握权限与职责的专职行政管理机构。依照国务院《关于"长三角生态绿色一体化发展示范区总体方案"的批复》的职能划分要求,国务院对《方案》进行协调、指导和支持,协调解决困难和问题;国家发展改革委和"推动长三角一体化发展领导小组办公室"对《方案》进行跟踪分析、评估和督促检查。但推进一体化必须有法可依,不能仅仅依靠行政命令或者形式上的会议组织。

《长三角地区一体化发展三年行动计划》已提出通过机制创新和具体的项目合作来真正推动长三角的一体化,这实际上取得了许多成效。但上海市人大代表、上海社会科学院副院长王振坦言,长三角一体化高质量发展需要具体的载体,如果具体问题的解决仅靠地区之间协商,则基础不牢。① 相比而言,国外在推进跨区域发展时往往都伴随有统一的中央立法配套,以便于跨区域发展政策的具体实施。如日本国会曾通过立法如《首都圈整备法》等以明确首都圈整备委员会等职能部门的权限,并提供区域协同发展的可操作的具体方案。②

另外,跨区域的上下层级之间、同级行政管理机构之间、政府与人大之间的三种关系有待进一步理顺。尽管从 2008 年至今已经在长三角政府层面逐渐形成了包括长三角地区主要领导座谈会在内的决策层、协调层和执行层"三级运作"为主的区域合作机制,即依托旧有的行政机构,通过省际的沟通协调,形成省级领导决策后再交付下级层层执行。但推行跨区域一体化,上层既要在考量全局的前提下统筹安排,还要充分尊重下层意愿,给予足够的灵活性,进行管理体制创新。

长三角协同立法应由人大主导,主体应是三省一市的人大及其常委会,或者全国人大及其常委会所授权的国务院。在立法基础上由政

---

① 参见上海市第十五届人民代表大会第二次会议的"长三角一体化高质量发展"专题审议会的相关报道。

② 参见杨官鹏:《日本跨行政区域组织机构管理经验及其对长三角一体化发展的启示》,《云南行政学院学报》2020 年第 2 期。

府负责具体执行。有学者强调："区域经济一体化中,人大的作用应在各方支持下按照政府治理的要求予以加强,以增强区域经济一体化的民意基础。"①尽管三年行动计划已明确了协同发展中法治先行的作用,但各地人大在出台协同立法以及发挥法律就重大事项的决议、决定权上的作用等方面还显不足。三省一市人大不仅要尽快清理与规划纲要要求不相适应,制约一体化发展的法规、规章和规范性文件,在一体化过程中,对于跨区域的各类行政协议(如备忘录)的签署和各级规范性文件等的审查和备案工作也有待加强。②

地方协同管理除了有待协同立法外,还需要建立统一的执法平台。习总书记强调"凡属重大改革都要于法有据",跨区域行政管理也应转变管理理念,做到有法可依。立法方面,针对一体化管理事项要及时与立法工作相衔接。如进一步完善行政权力清单制度,整合机构,搭建联合执法平台和完善联合执法机制;又如加强一网通办的数据互联互通,在产业、生态和信用方面推进标准统一,都需要解决跨不同区域的地方法规配套问题。有学者指出,我国的地方立法协调在实践中遭遇了体制与实施尴尬。③ 以示范区为例,吴江、嘉善所属的苏州和嘉兴都属于设区的市,都有地方立法权。因此,示范区立法不仅要协同上海、江苏和浙江的省级立法权,还要协同苏州和嘉兴的市级立法权,情况非常复杂。执法方面,各种行政性壁垒仍然大量存在,无法一一对应设置联合

---

① 叶必丰:《区域经济一体化的法律治理》,《中国社会科学》2012 年第 8 期。
② 具体如三省一市共同签署的《长三角地区市场一体化建设合作备忘录》,三省一市卫建委共同签署的《三省一市卫生健康合作备忘录》,苏浙沪质监部门共同签署的《长三角区域产品质量治理一体化合作备忘录》,苏浙沪工商局长共同签署的《加强"长三角"区域市场管理合作的协议》《长三角地区消费者权益保护合作协议》,三地人事部门共同发布的《长江三角洲人才开发一体化共同宣言》,以及三地科技部门领导签署的《沪苏浙共同推进长三角区域创新体系建设协议书》等。
③ 参见陈光:《论区域法治竞争视角下的地方立法协调》,《东方法学》2019 年第 5 期。

执法机构。四地的立法部门和各地政府的政策制定部门需要联手审核各地政策差异,破除阻碍市场一体化的法规、政策和做法,让要素与产品自由流动。

另外还应该认识到,现有跨区域行政机构在协调多方利益方面能起到的作用有限。跨区域协同发展势必会触及不同行政地方的权限划分与资源、利益的再分配。据报道,有地方为争取获得国家层面对重点事项和项目的政策、资金支持,直接与"国家推动长三角一体化发展领导小组办公室"汇报对接。

示范区执委会主任马春雷强调:"我们在制定和推动每一项具体任务时,始终把增加人民群众的获得感、幸福感作为工作目标。"另外与百姓民生密切相关的问题,如江浙建设养老基地如何配套优质医疗资源、上海周边地区居民无法享受优质教育资源、跨省水源治理等问题,这些如果无法得到解决,则都不利于地方形成高质量一体化发展格局。尽管已经在科技资源共享服务、区域性异地门诊费用直接结算、完善税收征收体系等方面取得了一些成果,但由于涉及权限设置、行政壁垒等,许多涉及一体化的民生问题的解决仍有待进一步推进机制改革创新,以获得民众对一体化工作的真正认同。

3. 示范区层面

示范区先行先试的政策经验有待进一步推广。依照《方案》,示范区执委会作为开发建设管理机构,具有管理公共事务职能,同时,执委会享有省级项目管理权限,负责先行启动区内跨区域投资项目的审批、核准和备案管理,可联合两区一县政府行使先行启动区控详规的审批权。有学者指出:"长三角区域一体化发展示范区项目协同仍处在摸索阶段,除从交通建设、生态绿色、科技创新、公共服务和文化旅游等领域的项目协同寻找突破口外,还应从项目协同中梳理出一套完整的、行之有效的一体化制度创新机制。"①

2020 年 7 月,沪苏浙两省一市联合制定的《关于支持长三角生态绿色一体化发展示范区高质量发展的若干政策措施》(简称《支持政策》)强调"政策从优",赋予一体化示范区更大的改革自主权和必要的管理权限,支持一体化示范区集中实施地方试点。两省一市实施的改革创新试点示范成果,均可在一体化示范区内推广分享。示范区内探索总结的体制机制创新经验,有待向整个长三角地区进行复制与推广。

在此背景下,示范区执委会已具有可作出具体行政行为的行政机关的主体资格。而关键问题在于:在当前的行政复议制度下,示范区的复议委员会作出的审议意见,应由谁作最终复议决定? 复议决定一般由实施行政行为的行政机关的上一级行政机关作出。但由于示范区执委会的上级机关为两省一市政府,所以在目前的制度框架内,针对跨区域行政机构行为的行政复议无法妥善解决。示范区执委会的许可或规划事项跨了省界,由任何一个地方的行政部门进行复议都是不合适的,由任何一个省级法院管辖也是不合适的。

2020 年 7 月 30 日成立的"长三角生态绿色一体化发展示范区行政复议委员会"(简称"示范区复议委员会")是国内首个跨区域的行政复议委员会,以"不破行政隶属、不动机构编制"为组建原则,不另行设立专职人员和常设机构。按照三省一市司法局(厅)《关于联合组建长三角生态绿色一体化发展示范区行政委员会的意见》,其主要职能是"为长三角区域重大决策和行政执法等工作提供法律咨询意见",工作形式是召开咨询会议、组织提交书面意见等,主要进行案件咨询讨论,

---

① 杨萍:《从项目协同走向区域一体化制度创新路径探索》,《科学发展》2020 年第7 期。

以"同案同判"为目标推动审理标准的统一。但是现有的示范区复议委员会由于定位为咨询机构,本身无具体案件审议权限,也不具有作出行政复议决定的权限,仅具有咨询和提议职能,只能就具体案件"提供咨询意见"。

关于跨区域行政复议与诉讼的地域管辖问题,全国人大法工委在2020年8月10日对上海市人大常委会法工委"关于示范区法治保障有关问题的答复意见"(简称"答复意见")中指出,"两省一市人大常委会通过立法协同,对区域一体化发展中的示范区执委会履职有关问题共同作出决定"。虽然两省一市作出的授权决定明确了行政许可和规划上的行为法依据,但其组织定性还是模糊的,由此造成行政复议和行政诉讼的管辖无法确定。答复意见也提出了应探索解决有关地域管辖问题:"两省一市可根据行政复议法、行政诉讼法关于地域管辖规定的精神,在保障行政相对人行政复议和行政诉讼权益的前提下,按照合法、便捷的原则,探索解决有关地域管辖问题,把握好审理、裁判的尺度。"授权决定回避了这个问题。而全国人大法工委的答复意见也只是采用了"探索解决"的表述。行政复议和行政诉讼的管辖和民事诉讼不同,它不是按行为地或不动产所在地确定的,而是由行政机关所属区划决定的。示范区执委会的行政归属是不明确的,因此在示范区必然会出现地域管辖问题。

另一方面,各级政府的绩效考核模式亟待改革。两省一市《支持政策》明确,对示范区两区一县实施有别于其他市县的体现新发展理念的绩效评价和政绩考核办法。但具体考核办法和标准尚未可知。另外,在长三角区域一体化的推进中,也未有公开文件体现出示范区以外行政区域进行了与此相应的绩效改革。干部考核标准是"指挥棒",由于一体化工作跨多行政区域,沿用原有考核模式的危害在于,第一不利于提高对推动一体化的积极性,第二不利于改变过去区域间的竞争关系,转向一体合作和协同关系。因此,还应进一步加快建设统一完善的高质量一体化发展考核评价指标体系。

(三)改进建议和措施构建

应当认识到我国跨区域管理机构初设,尚处在法律定位并不明确的探索阶段。此时应吸收国外的广域行政管理经验,通过制定相关法律或规范,在作出合理的中央与地方之权限划分的基础上,以区域合作需求和具体业务事项为标准,明确机构的法律地位、设置方法、组织规则和管理权限。这对于回应当下现有跨区域管理机构因权限、编制等限制而遭遇管理瓶颈这一问题,对于进一步优化我国现有的跨区域行政组织机构,顺利并长期推动我国长三角区域一体化这一国家战略,具有重要的借鉴意义。

针对长三角跨区域行政管理目前遇到的困难和问题,现分别从机构设置、管理规则和机构运行三个方面提出以下建议举措。

1. 机构设置

一是建议优化现有长三角区域一体化管理组织机构设置。具体设置办法可参照中央《深化党和国家机构改革方案》和国务院"南水北调工程建设委员会"的设置办法。该机构为常设正部级单位,是国务院负责南水北调工程建设的行政管理机构。建议将现有的"推动长三角一体化发展领导小组"更名为"推动长三角一体化发展委员会",同时内设职能机构。这种做法的优点是可以在不破现有区域内行政隶属的前提下打破行政边界,统一统筹,促进区域协同发展。将"领导小组"更名为"委员会"有利于将长三角一体化的行政管理机构纳入法定范围,有利于将长三角区域合作机制转型为可落实的机制,分配一体化发展各项任务的具体责任。另一方面,建议在长三角一体化领导小组(委员会)内设法治小组,负责居中协调和处理立法和法治相关事务。由其牵头领导立法协同项目的建议征集、建议办理和督办工作;推进立法协同的落实,督促法规、政策制定的统一性、执行的及时性;研究立法协同中的重大难点问题。在长三角办公室、示范区执委会中也明确由专门部门负责立法协同工作。

事实上,《深化党和国家机构改革方案》就将原"中央全面深化改革领导小组"改成"中央全面深化改革委员会",以健全党对重大工作领导体制机制。其作为中共中央直属决策议事协调机构,以"中央全面深化改革委员会办公室"为办事机构。此外,为完善科学领导和决策、有效管理和执行的体制机制,加强党中央对涉及党和国家事业全局的重大工作的集中统一领导,包括网络安全、财经、外事等在内的中央决策议事协调机构均从原来的领导小组上升为委员会。建议以原领导小组为基础设立委员会,明确一体化发展相应组织机构的法律地位、设置方法和组织规则,并在必要时制定法律规范以赋予其编制和权限。

二是对于现有管理机构权限的界定,应根据实际需要尽快统筹职权或赋予权限。中央全面深化改革委员会第十二次会议提出"探索实行政事权限清单、机构编制职能规定、章程管理等制度"。应在作出合理的中央与地方之权限划分的基础上,通过立法进一步明确包括"长三办"和示范区在内的现有机构的法律地位、设置方法、组织规则和管理权限。从长远看,正式出台一部调整区域一体化发展的国家立法不可或缺。

三是立法机构应建立协同平台,除执法检查和专项监督外,应加强跨区域立法研究,加强对现有地方法规的解释和修改,组织三省一市人大与政协的委员和代表开展联合立法调研。省、设区的市制定的地方性法规、政府规章、规范性文件的有关制度设计,应当加强协同,逐步做到标准协同、监管协同。如果协同立法实在存在困难,可以根据"一事一办"的原则,以决定的形式逐项推进标准统一工作。在具体步骤上可以采取地方政府签订协议在先,人大作出决定在后的方式,这既符合法治规范且能降低政治风险,又有利于防范决策风险并可及时纠偏。对于一些可能超越上位法的情况,必要时可由上一级人大乃至全国人大给予先行先试权,为政府创造探索空间。

四是建议在示范区设立全国人大常委会基层立法联系点。在示范区设立基层立法联系点,形成中央与地方上通下达、立体协同的局面,或者扩充现有立法联系点的范围。也可从国务院层面下发具备可操作性的具体实施办法,或者赋予如自然资源部、住建部等部委以制定跨区域规划等具体权限,理顺一体化发展中的央地关系,同时避免地方各区域之间出现利益矛盾或政令冲突的情况。

五是建立统一联合执法平台,建议按照《纲要》和《方案》中明确的一体化事项,在实践中梳理出需要联合执法的内容,形成联合执法清单,逐项建立联合执法体系。把三地具备相关事权的机构全部整合起来,形成一个个针对具体事项的联合执法平台。这种基于事项的联合执法平台,在法律性质上应定位为协调决策机构,主要负责对内执法协调,在具体执法事项上可以联合作出决策,对外仍应由各执法机构各自盖章。

2. 管理规则

一是应继续完善行政管理责任追究和纠纷解决机制。要确立示范区行政复议与行政诉讼地域管辖机制,在当下探索阶段,示范区的行政复议与行政诉讼案件的地域管辖应依照最密切联系原则处理。两省一市对示范区的授权决定虽然没有规定行政复议与行政诉讼的管辖内容,但是按照最密切联系原则处理,是比较合理的做法。

对于已组建的示范区行政复议委员会,在咨询和提议职能外,可以逐步赋予实质的审理权限,就一些联合执法事项开展复议工作,以解决跨区域行政机构权力行使过程中产生的行政纠纷。于2012年最先在浦东区试行的行政复议委员会制度即在现有的行政复议制度框架内最大限度地吸收了仲裁委员会制度的优点。浦东新区人民政府行政复议委员会由浦东区政府设立,其职责为审议区政府管辖的自贸试验区内的重大、复杂、疑难的行政复议案件,日常工作由区政府法制部门承担。行政复议委员会主要通过召开全体会议和案件审议会议两种形式开展工作。

此外,还可借鉴上海市法制办行政复议委员会业已形成的"案审会"制度经验,通过合理程序形成票决意见,报复议机关作出复议决定,具体可就一些联合执法事项开展复议工作,以解决跨区域行政机构权力行使过程中产生的行政纠纷。这种做法既利于推动跨区域行政复议审理标准的统一,也不违背"不破行政隶属、不动机构编制"的组建原则。

复议与诉讼衔接机制还应回归行政诉讼法的制度框架。具体包括:(1)针对示范区执委会的行为直接提起诉讼的,由执委会所在地(即青浦区)人民法院管辖;(2)经复议后,以示范区执委会或复议机关为单独被告的,同样由执委会所在地或复议机关所在地的人民法院管辖;(3)经复议后,以执委会和复议机关为共同被告且共同被告所在地不一的,原告可以选择其中一个所在地的人民法院提起诉讼。长期来看,建议依照《行政诉讼法》第18条第2款的规定,由两省一市高级人民法院联合报最高人民法院批准,确定若干人民法院(如青浦区人民法院)管辖示范区内的跨行政区域行政案件。

二是一体化政策要考虑地区差异,协调多方利益。在行政管理、政务服务、社会治理等软的方面应加强协同,积极探索统一管理规范。但在涉及土地、水、税收等硬要素时,要特别考虑到各地差异和不同的利益诉求。各同级地方的谈判实力不同,要尽量体现对等性。

三是建议参照示范区两区一县,改革三省一市的绩效评价和政绩考核办法,将推动一体化发展成果列入绩效量化要素。考核要素应包括将优势资源普惠落后地区的成果、支持援助其他行政区域的成果、民众对一体化工作的认可度等,作量化统计。

3. 机构运行

一是建议由国家各部委、各局牵头,针对长三角地区教育、医疗、环保等问题出台专门文件,避免地方利益冲突。要着眼于具体的区域合作需求和跨区域业务事项,协同出台一些省界政策,解决民生痛点问题,让民众对区域一体化真正有认同感。具体比如近年来国家税务总局提出建立统一税收政策执行标准和税收执法清单,形成"16+10"长三角一体化税收支持体系,有利于税收征管一体化和办税便利化,对于企业注册地和生产地不同的,要解决税收共享问题;再比如继续推进长三角异地就医直接结算,扩大备案范围外,要解决上海临近周边的居民生活便利问题,特别是享受当地教育、医疗资源的问题;在江浙建设养老基地,要配套优质的医疗资源,以调动当地的积极性;继续推进昆山花桥、嘉善等地区来沪通勤人员的信息互联互通等。

这些问题有些可以通过地方协商协调解决,但涉及地方利益冲突时,应由国家部委牵头。具体可参照国家税务总局出台"支持长三角一体化发展税收新举措"的做法,由教育部出台专门文件继续推进合理配置教育资源,促进城乡、区域间教育的均衡发展;由卫生部、国家医保局出台专门文件促进医疗服务均质发展,推进健康信息互联互通;由生态环境部出台专门文件推动建立跨区域生态补偿等机制。

二是应进一步发挥现有示范区效应,形成多点开花局面。目前"长三角生态绿色一体化发展示范区"已通过设立理事会、执委会,初步形成了在沪苏浙两省一市党委和政府的领导下"三地联合,业界共治"的管理形态,成为一体化探索实践的重要成果。在其他省市交界地带,如金山、嘉善和平湖交界地带,洋山港与舟山新区之间,崇明与南通交界等区域也应推广示范区管理经验。由地方政府向示范区让渡部分经济社会管理权限,形成多点开花局面,以点带面地推动三省一市的一体化进程。

三是随着我国长三角区域一体化的不断推进,已经逐渐设立了长三角区域合作办公室、区域发展办公室、示范区管委会等多形式的跨行政区域组织。但由于尚在初设和探索阶段,其组织架构、管理权限、法律地位等尚不明确,这些都有待于在一体化进一步推进的实践中加以明晰。应吸收接纳域外的跨区域行政管理经验,通过制定相关法律或规范,明确其法律地位、设置方法、组织规则和管理权限,这对于回应当下现有跨区域管理机构面临的权限、编制等各类具体问题,对于长期持续助力我国长三角区域一体化这一国家战略的推进和落实,具有重大意义。

综上,长三角一体化发展的根本,在于以全面深化改革破除制约要素自由流动的行政壁垒和体制机制障碍。虽然三省一市开展了大量探索,但从省级一体化,到生态区,再到示范区,再到先行示范区,范围一再缩小,足以说明现有体制下推动一体化难度之大,距离《纲要》提出的"建立规则统一的制度体系",还有一定差距。要真正实现长三角三省一市的一体化,许多问题仅依靠领导座谈、发布政策和文件是解决不了的。只有在"法治"框架内真正破除行政边界和体制障碍,才能实现一体化高质量的长远发展。

比较法视角下涉土地征收
之权利救济的立法现状与问题[*]

我国《民法典》明确规定:"国家巩固和发展公有制经济,鼓励、支持和引导非公有制经济的发展。国家实行社会主义市场经济,保障一切市场主体的平等法律地位和发展权利。"(第 206 条)"国家、集体、私人的物权和其他权利人的物权受法律平等保护,任何组织或者个人不得侵犯。"(第 207 条)党的二十届三中全会报告指出,要"保证各种所有制经济依法平等使用生产要素、公平参与市场竞争、同等受到法律保护,促进各种所有制经济优势互补、共同发展"。中央全面深化改革领导小组第二十七次会议审议通过了《关于完善产权保护制度依法保护产权的意见》(简称《意见》),对完善产权保护制度、推进产权保护法治化有关工作进行了全面部署。《意见》明确,要坚持平等保护,健全以公平为核心原则的产权保护制度,公有制经济财产权不可侵犯,非公有制经济财产权同样不可侵犯。坚持全面保护,保护产权不仅包括保护物权、债权、股权,也包括保护知识产权及其他各种无形财产权。

我们首先来看一下日本涉土地征收的权利救济的相关立法规定。日本《土地征收法》第 6 条规定,公共事业和征收裁决都属于行政处分

---

* 本章内容在作者《涉土地征收之权利救济的立法现状与问题》,(《法治国家的法理:户波江二先生古稀祝贺论文集》,中国民主法制出版社 2018 年版)一文基础上修改完善而成。

（行政行为），因此既可以是行政复议的对象，也可以是取消诉讼的对象。但就补偿相关的事项，由当事者诉讼解决（第 132 条、第 133 条）。① 另外，对于征收委员会的征收裁决，《土地征收法》第 129 条还特殊规定，不采取行政复议的形式而是通过向国土交通大臣提交审查请求来实现。② 也就是说，战后 50 年代出台的日本《土地征收法》，早早就已经规定了无论是针对土地征收决定本身，还是针对征收赔偿，都可以依法提起行政复议（或审查）和行政诉讼。其中，行政诉讼主要是通过日本《行政事件诉讼法》中规定的"取消诉讼"以及"当事者诉讼"（日本行政诉讼中常见的诉讼类型）来解决。可以说，完善的立法体制促成了较为完备的法律规定，这种较为合理、完备的法律保障，给予了私有权利者在意图得到权利救济的时候一道坚实的屏障和倚靠，从而不至于在强大的政府公权力面前失去来自司法权的保护。

在行政征收活动侵害私人财产权时，依照何种法律、如何采取行政救济措施在我国成为重大问题。在这里我们有必要回顾一下近年来《行政复议法》《行政诉讼法》以及司法解释、法规等的变化。

一、《行政复议法》《行政诉讼法》的相关规定

1999 年施行的《行政复议法》第 6 条规定，对行政机关作出的关于确认土地、矿藏、水流、森林、山岭、草原、荒地、滩涂、海域等自然资源的所有权或者使用权的决定不服的，公民、法人或者其他组织可以依照本法申请行政复议。但是这里的"确认所有权和使用权的决定"这一概

---

① 平松弘光「日本法からみた中国の土地収用制度」総合政策論叢 24 号（2012 年）88 頁。
② 平松弘光「やさしい土地収用手続き（1）」用地ジャーナル010 号（2012 年）35 頁。

念并不清晰。特别是在土地征收实务中,土地确权只是复杂的土地征收程序中最基础的一环,对于征收决定和征收赔偿并没有详细规定。《行政复议法》第 5 条规定,公民、法人或者其他组织对行政复议决定不服的,可以依照《行政诉讼法》的规定向人民法院提起行政诉讼,但是法律规定行政复议决定为最终裁决的除外。尽管基于尊重行政机关第一次判断权的理念,域外许多国家都存在行政复议前置的规定,但其多在单行法中已经明确规定了具体的前置条件,形成了较为系统配套的行政救济体系。

我们来看 1990 年施行的《行政诉讼法》的规定。第 5 条规定:“人民法院审理行政案件,对具体行政行为是否合法进行审查。”依照第 11 条对受案范围的规定,对限制人身自由或者对财产的查封、扣押、冻结等行政强制措施不服的;认为行政机关侵犯法律规定的经营自主权的;申请行政机关履行保护人身权、财产权的法定职责,行政机关拒绝履行或者不予答复的;认为行政机关违法要求履行义务的;认为行政机关侵犯其他人身权、财产权的都属于人民法院受理的案件范围。但是行政诉讼中的司法统制,一度被限制在“具体行政行为的合法性”这一概念上。而“具体行政行为”作为我国行政法创始之初设立的一个独创概念,在比较法上具有争议。在《行政诉讼法》2014 年修改时,这一概念被废除,被传统行政法理论中的“行政行为”这一表述所取代。另外,修改以前的《行政诉讼法》对于土地征收决定和征收赔偿案件是否属于受案范围,长期都未明确规定。

《行政诉讼法》旧第 52 条,新第 63 条规定,人民法院审理行政案件,以法律和行政法规、地方性法规为依据,参照规章。行政法规、规章或者行政机关制定、发布的具有普遍约束力的决定、命令,不属于受理范围(新第 13 条)。尽管修改后的《行政诉讼法》规定了对规范性文件的司法附带审查，但新法仍然保留了"以法律和行政法规、地方性法规为审判依据"与"以规章为审判参照"的条款。① 也就是说，不论是中央出台还是地方出台的行政法规、条例，也包括带有地方性法规和部门规章性质的办法、规则等，不论是《行政诉讼法》修改前还是修改后，都被排除在了司法审查的范围之外。

发达国家如美国和日本，因考量到行政机关公信力，在立法上虽不会刻意强调司法权对行政权的制衡，但也没有在相关立法特别是诉讼法中明确规定将行政立法作为司法审判依据。一般认为，日本违宪审查的渊源来自《日本国宪法》第 81 条，即"最高裁判所是拥有决定一切法律、命令、规则或处分是否符合宪法之权限的终审裁判所"。同时，除最高裁判所外，因受到美国权力分立思想影响（即司法权应当居于独立立场统制立法、行政的违宪行为），普通裁判所也拥有违宪审查权。《日本国宪法》第 11 条规定，"国民享有一切基本人权"；"本宪法所保障的基本人权不受侵犯，作为一项永久权利在现在以及将来都赋予全体国民"。基本人权具备以下三个特征和属性：一，固有性，基本人权并非宪法或天皇的恩惠，而是作为人当然的权利；二，不可侵性，人权不受公权力的侵害，公权力包括行政权、立法权甚至宪法修改权；三，普遍性，国民不分人种、性别、身份，普遍享有基本人权。以上，日本宪法确立的基本人权原理（主要是国民主权、尊重基本人权、和平主义三原理），使得整个国家和社会形成了共识，即宪法的最高法规性要求违反宪法的法律命令和国家行为均违宪、无效，同时对其审查、决定的机

---

① 《行政诉讼法》第 53 条："公民、法人或者其他组织认为行政行为所依据的国务院部门和地方人民政府及其部门制定的规范性文件不合法，在对行政行为提起诉讼时，可以一并请求对该规范性文件进行审查。前款规定的规范性文件不含规章。"第 64 条："人民法院在审理行政案件中，经审查认为本法第五十三条规定的规范性文件不合法的，不作为认定行政行为合法的依据，并向制定机关提出处理建议。"

关需要现实保障;基本人权的确立是近代宪法的目的所在,也是宪法作为最高法规性的基本价值所在;当基本人权受到立法、行政侵害时,需要得到宪法救济。这也都构成了日本违宪审查制度的法理依据。

以法院为主体的违宪审查,在全球范围内分为抽象的违宪审查制和附随的违宪审查制两类。前者主要是大陆法国家,如德国、意大利,是以立法权为中心的分权,属于宪法保障型;美国和日本则属于后者,属于私权保障型国家。私权保障型的特点在于,在审判具体诉讼案件时,以该事件的解决为必要限度,以保护个人权利为第一目的,采取的是对适用法条的违宪审查方式。日本采用附随的违宪审查制度的理由在于,一,作为成文法国家,司法所扮演的角色在传统上就是以具体的权利义务之争和法律关系的存否之争为前提的,简单讲,司法的主要作用就是适用法律、解决纷争,附随的违宪审查制中"附随"二字也正由此而来;二,抽象的违宪审查往往需要宪法就事项作出具体规定(如提诉权者、判决效力等等)。

尽管如此,日本法院仍然采取"宪法判断回避"原则。所谓宪法判断回避原则,也被称作"合宪性推定"原则,是指即使在议会法律效力存在问题、其合宪性之疑问被提出的情况下,法院也会避免对宪法的判断,而是首先确认能否从具体法律解释层面上来解决的审判原则。然而,一味坚持宪法判断回避原则,有可能损害宪法的保障机能,因此法院应就事件的重大性、违宪程度、影响范围、权利性质等角度综合考虑,进而决定是否采取宪法判断。

可以说,违宪审查基准的问题,就是在司法审查中就"人权限制"依何种基准作出判断的问题。近代宪法的存在价值在于人权保障,日本以本国宪法为基础形成了一套审查基准,同时发展了自己的判例、学说。总的来说,由于日本采用的附随的违宪审查制,仅就具体案件解决争议,同时隐匿在刑事、民事、行政诉讼过程中,即便提出宪法问题,法院也往往采取宪法回避原则,多采用对具体法律的解释的方式来处理。相比美国判例,日本判例地位较低,不合宪判例较少,但并不意味着违宪审查制不起作用,实际上法理、实务、判例、学说都承认违宪审查并在逐步发展。现有的宪法审判案例依照宪法审查的方式,可以分为直接判断法令违宪(如"尊属杀重罚"规定违宪判决、女性再婚禁止期间违宪判决等);法令适用违宪(分为法令合宪解释可能的情况和法令合宪解释不可能的情况);和法令运用违宪(即法令本身并不违宪而是法令的运用违宪)三种。由此并不应认为,立法机关的立法权和行政立法就理所应当地游走在司法审查范围之外。

值得注意的是,我国《行政诉讼法》所规定的对行政行为审查的方式主要是"合法性审查",从字面上理解,审查方式并不包括行政行为的适当性、适法性审查。进一步来看判定行政行为违法的事由,主要包括:主要证据不足的;适用法律、法规错误的;违反法定程序的;超越职权的;滥用职权的;明显不当的。依照《行政诉讼法》第 63 条的规定,所谓"合法性审查"中的"法"并不只是人大立法,还包括行政法规、部门规章等一系列行政立法,这些都是法院在审理行政案件时的依据或参照。另外,行政诉讼类型依照判决形式,可以大致分为:撤销或部分撤销、确认违法、确认无效等,基本上都对应于日本《行政诉讼法》中的"抗告诉讼"(对行政机关行使公权力不服的诉讼)的一部分类型,而且并非全部。此外,抗告诉讼中的"确认不作为违法诉讼""附带义务诉讼""预防诉讼",以及抗告诉讼外的"当事者诉讼""民众诉讼""机关诉讼"等,都并未被我国现行《行政诉讼法》吸纳。

可以认识到,我国人大在《行政诉讼法》的制定、修改中的基调是稳妥、不激进的。

二、城市房屋征收的权利救济立法
的演变、现状和问题

1991 年国务院颁布的《城市房屋拆迁管理条例》，是我国第一部城市房屋征收条例。该条例第 14 条规定："拆迁人与被拆迁人对补偿形式和补偿金额、安置用房面积和安置地点、搬迁过渡方式和过渡期限，经协商达不成协议的，由批准拆迁的房屋拆迁主管部门裁决。被拆迁人是批准拆迁的房屋拆迁主管部门的，由同级人民政府裁决"；同时，"当事人对裁决不服的，可以在接到裁决书之日起十五日内向人民法院起诉。"也就是说，据 1991 年条例的规定，被拆迁人对有关拆迁补偿的行政裁决有异议时拥有诉讼提起权。然而，仍然存在两个问题：第一，被拆迁人对拆迁决定本身有异议时是否拥有诉讼提起权，该条例并未有明确规定。第二，"当事人未达成拆迁补偿协议能否直接向法院提起诉讼"这一问题，条例规定也并不明确。

关于第二个问题，1993 年最高人民法院在《关于适用〈城市房屋拆迁管理条例〉第十四条有关问题的复函》中批复：

> 在城市房屋拆迁过程中，拆迁人与被拆迁人对房屋拆迁的补偿形式、补偿金额、安置用房面积、安置地点、搬迁过渡方式和过渡期限，经协商达不成协议发生的争执，属于平等民事主体之间的民事权益纠纷。据此，我们同意你院审判委员会倾向性的意见，即房屋拆迁主管部门或同级人民政府对此类纠纷裁决后，当事人不服向人民法院起诉的，人民法院应以民事案件受理。

也就是说,因城市房屋征收引起的损失补偿争议案件,曾一度被作为民事案件处理。此后,1996年《最高人民法院关于受理房屋拆迁、补偿、安置等案件问题的批复》中指出:

> 一、公民、法人或者其他组织对人民政府或者城市房屋主管行政机关依职权作出的有关房屋拆迁、补偿、安置等问题的裁决不服,依法向人民法院提起诉讼的,人民法院应当作为行政案件受理。二、拆迁人与被拆迁人因房屋补偿、安置等问题发生争议,或者双方当事人达成协议后,一方或者双方当事人反悔,未经行政机关裁决,仅就房屋补偿、安置等问题,依法向人民法院提起诉讼的,人民法院应当作为民事案件受理。三、本批复发布之日起,最高人民法院(1993)法民字第9号《关于适用〈城市房屋拆迁管理条例〉第十四条有关问题的复函》同时废止。

在1996年最高院批复中,除规定了拆迁人与被拆迁人之间的房屋补偿、安置争议属于民事案件以外,还规定了对房屋拆迁中的行政裁决不服的可以提起行政诉讼。1996年批复明确了被拆迁人三项权利:申请行政裁决权、提起行政诉讼权、提起民事诉讼权。总结下来,可以说1993年、1996年司法解释就之前的几点疑问给予了明确的答复:

第一,当事人未达成拆迁补偿协议能否直接向法院提起诉讼?——能,法院作为民事案件处理。当事人对行政机关作出的有关房屋拆迁、补偿、安置等问题的裁决不服,可以提起行政诉讼。第二,当事人达成拆迁补偿协议但又反悔,仅就补偿、安置问题能否提起诉讼?——能,作为民事案件处理。

其中被拆迁人提起民事诉讼权的行使基于两种情况:其一,因房屋

补偿、安置等问题发生争议,未经行政机关裁决,仅就房屋补偿、安置等
问题,依法向人民法院提起诉讼;其二,达成协议后,一方或者双方当事
人反悔,未经行政机关裁决,仅就房屋补偿、安置等问题,依法向人民法
院提起诉讼。由此看来,根据 1996 年最高院批复,无论当事人是否达
成拆迁补偿安置协议,只要未经过行政机关裁决,当事人都有提起民事
诉讼的权利。

2001 年《城市房屋拆迁管理条例》第 16 条规定,达不成拆迁补偿
安置协议的,经当事人申请,由房屋拆迁管理部门裁决。房屋拆迁管理
部门是被拆迁人的,由同级人民政府裁决。当事人对裁决不服的,可以
向人民法院起诉。可以说 2001 年条例基本沿用了 1991 年条例的相关
规定。

然而,2005 年司法解释却几乎完全推翻了 1993 年、1996 年司法解
释的规定。2005 年最高人民法院在对浙江省高院关于"当事人达不成
拆迁补偿安置协议就补偿安置争议提起民事诉讼人民法院应否受理"
问题的批复中指出:

> 拆迁人与被拆迁人或者拆迁人、被拆迁人与房屋承租人达不
> 成拆迁补偿安置协议,就补偿安置争议向人民法院提起民事诉讼
> 的,人民法院不予受理,并告知当事人可以按照《城市房屋拆迁管
> 理条例》第十六条的规定向有关部门申请裁决。

根据 2005 年最高院批复和 2001 年拆迁管理条例,达不成补偿安
置协议并就补偿安置争议提起的民事诉讼,必须首先经过行政部门
(房屋拆迁管理部门)裁决程序,否则法院不予受理。当事人对裁决不
服的才可以向人民法院起诉。这种做法是基于"行政裁决前置主义"

原则。

20 世纪末到 21 世纪初的 20 年,正是两部拆迁管理条例实施的时期。但随着城市化的急速发展和全国各地拆迁活动的大规模进行,各种社会矛盾和冲突接连显现,《城市房屋拆迁管理条例》中的对被拆迁人权利保护的缺乏以及就强制拆迁、权利救济等规定方面存在着的较为明显的纰漏受到了社会各界的非议,对其的全面修改和对一部顺应时代发展的新法规的呼吁也越发强烈。

2011 年国务院颁布了《国有土地上房屋征收与补偿条例》,取代了过去的拆迁管理条例。作为规范国有土地上房屋征收与补偿的基本法规,明确规定了"被征收人对市、县级人民政府作出的房屋征收决定不服的,可以依法申请行政复议,也可以依法提起行政诉讼"(第 14 条)。"房屋征收部门与被征收人在征收补偿方案确定的签约期限内达不成补偿协议,或者被征收房屋所有权人不明确的,由房屋征收部门报请作出房屋征收决定的市、县级人民政府依照本条例的规定,按照征收补偿方案作出补偿决定,并在房屋征收范围内予以公告。""被征收人对补偿决定不服的,可以依法申请行政复议,也可以依法提起行政诉讼。"(第 26 条)征收补偿条例改变了过去的《城市房屋拆迁管理条例》中拆迁人(取得房屋拆迁许可证的单位)和被拆迁人相互直接对立的局面,市、县级政府直接负责房屋征收补偿工作,并由房屋征收部门组织具体实施。房屋征收部门对房屋征收实施单位在委托范围内实施的房屋征收与补偿行为负责监督,并对其行为后果承担法律责任。

三、农村土地征收权利救济相关立法与现状

1986 年制定的《土地管理法》作为设立我国土地制度规范的基本

法,首次从法律上确立了土地征收权。土地管理法颁布以后,经历了1988年、1998年、2004年、2019年的四次修改,始终是规定农村土地征收制度的基本法律。

《土地管理法》规定:"土地所有权和使用权争议,由当事人协商解决;协商不成的,由人民政府处理。""当事人对有关人民政府的处理决定不服的,可以自接到处理决定通知之日起三十日内,向人民法院起诉。"(第14条)这种规定,可以理解为采纳了"行政处置前置主义"。也就是说,因土地所有权和使用权争议而提起行政诉讼之前,都首先须由行政机关即政府来处理。同时,尽管《土地管理法》明确了"土地所有权和使用权争议"可以提起行政诉讼,但就土地征收活动中的争议和纠纷是否应被纳入法院受案范围这一问题,曾经长期未有定论。

1991年由国务院颁布的《土地管理法实施条例》(已废止)规定,土地使用权争议由土地所在的乡级人民政府或者县级人民政府处理;"土地所有权和使用权发生争议需要重新确认所有权和使用权的,由县级以上人民政府确认所有权和使用权,核发土地证书"(第8条)。

1998年国务院颁布了新的《土地管理法实施条例》,同时1991年条例废止。实施条例对于征地方案在批准以后是否能就征收决定本身提起诉讼并没有相关规定,只规定了政府土地行政主管部门的公告义务、意见听取义务,以及被征收集体经济组织和农民的对补偿标准的提出异议权:"对补偿标准有争议的,由县级以上地方人民政府协调;协调不成的,由批准征收土地的人民政府裁决",同时"征地补偿、安置争议不影响征收土地方案的实施"(第25条)。

也就是说,《土地管理法》和《土地管理法实施条例》的相关规定,采取了"行政处置前置"的做法,而且并没有就土地征收争议——包括对征收决定本身和征收补偿的异议是否属于行政诉讼受理范围作出明确规定。

2015年修正的《行政诉讼法》,将"对征收、征用决定及其补偿决定不服的"正式明确纳入行政诉讼案件受理范围,并明确实施立案登记制,在保护行政征收活动中被征收人的诉权上是一个明显的进步。

据报道,近日《土地管理法》的修改和《集体土地征收条例》等的制定也将被提上日程。2017年5月国土资源部发布了《土地管理法(修正案)征求意见稿》,标志着土地管理法的修改工作有了实质性的进展。对此有学者提出意见:"《土地管理法》的修改工作,还是应当按照党的十八届四中全会关于'发挥人大及其常委会在立法工作中的主导作用。建立由全国人大相关专门委员会、全国人大常委会法制工作委员会组织有关部门参与起草综合性、全局性、基础性等重要法律草案制度'的要求来进行,不宜由作为行政主管部门的国土资源部来主导。"[①]其理由主要在于:单一部门利益,可能会阻碍一些重要的改革;单一部门的权限有限,可能会影响一些重要改革的推进;业务主管部门长期形成了一些思维定式,不一定利于改革;国土资源部的立法技术水平可能会影响到《土地管理法》的修改和完善。

该学者指出:"《土地管理法》是一部牵涉整个国家和社会重大利益调整、事关中国经济社会发展和改革创新大局的综合性、全局性、基础性法律,因此还是应当由地位更为超然且更能集思广益的全国人大相关专门委员会及全国人大常委会法制工作委员会,来主导修改的起草工作为宜。"笔者也持相同意见:特别是涉及土地征收和补偿的问题,集体土地征收的低价补偿问题一直被人诟病。如果没有一个全面性的、统揽大局的立法观,很难解决甚至直面这些长期性的深刻体制问

---

① 程雪阳:《土地管理法修改宜由全国人大常委会主导》,《改革内参·综合版》2017年第30期。

题。而在我国目前的政治体制架构中,具备这种强有力的立法权力并拥有相应立法能力,且能脱离部门利益局限的,只有全国人大及其常务委员会。

总览近年来凡是涉及私有财产权保护特别是土地征收制度的立法,可以看到,其中大多都是以行政机关主导立法。如国务院制定的《土地管理法实施条例》、《国有土地上房屋征收与补偿条例》、过去的两部《城市房屋拆迁管理条例》(已废止)、《城镇国有土地使用权出让和转让暂行条例》、《外商投资开发经营成片土地暂行管理办法》(已失效);建设部(现住房与城乡建设部)的《城市国有土地使用权出让转让规划管理办法》、现住建部的《国有土地上房屋征收评估办法》;国土资源部的《划拨用地目录》;国家土地管理局的《划拨土地使用权管理暂行办法》(已废止)等等。

正如学者肖黎明所言:"立法理念对于我国集体土地征收制度的建构和适用具有基石性的作用。考虑到我国现行集体土地征收制度的现实困境,同时考察并借鉴域外的土地征收立法理念,我国的集体土地征收制度亟待更新立法理念,并在此基础上确立土地征收的立法原则并完善相关法律制度。"①我国农村集体土地征收的立法现状遇到了一系列经济、社会问题的考验,改革并完善集体土地征收制度,应当在坚持协调发展原则和集体成员参与原则的基础上,系统考量公共利益、补偿标准、征收程序等立法内容。

---

① 肖黎明:《浅析集体土地征收制度立法理念的更新》,《法制日报》2015 年 9 月 30 日。

四、人大主导土地征收立法的必要性

（一）土地征收立法的现状与问题

采用土地私有制的国家一般会在制度设计上特别强调在行使征收权以前对其进行严格审查，特别是由行政征收主体以外的第三方机关进行严格审查。中国现行的土地征收程序经过近年来的发展和进步，虽与许多发达国家一样也可以大致分为征收决定程序和补偿程序两个阶段，但中国的土地征收补偿制度建立在社会主义国家特有的土地公有制基础之上，因此也具备着和国外截然不同的特点，如征收决定程序的"行政权主导"原则，也并未采用如日本的"事业认定"一样的严格公益审查制度。相较于在征收前就公共性进行"事前审查"，我国土地征收在制度设计上更侧重于"事后救济"。这种事后救济在近年的政策制定和立法动向中主要体现在三个方面：强化对行政机关强制执行权的司法审查，确保权利人的诉权，保障权利人可就征收补偿活动中因行政行为违法导致的损害提起赔偿。这些都在 2011 年国务院《国有土地上房屋征收补偿条例》颁布以后的立法和司法解释中得到明显体现。

依照现行《行政复议法》和《行政诉讼法》的规定，因拆违侵害公民合法权益时有三种司法保护与救济途径：其一，行政机关以违反《城乡规划法》为由作出责令停止建设、限期改正、限期拆除等决定后，当事人对决定不服的可以向人民法院提起行政诉讼；其二，在限期改正、限期拆除等决定作出后和强制拆除进行之前，行政机关依照《行政强制法》作出强制执行决定，当事人有权对强制执行决定提起行政诉讼；其三，当事人就行政机关的强制拆除行为本身依法提起诉讼。

　　现行《行政诉讼法》和《房屋征收补偿条例》等法律法规，主要是通过行政诉讼的途径保障权利救济，权利救济途径可以分为四个类型：被征收人对房屋征收决定本身不服依法提起诉讼；被征收人对补偿决定不服，不论是否达成补偿协议，都可以提起诉讼；被征收人不履行征收补偿决定也不起诉，行政机关向人民法院申请强制执行，但强制执行并不由行政机关直接执行，而是由法院就征收补偿决定的合法性和正当性进行审查，裁定是否执行强制执行；行政机关在执行过程中存在不当行为时，被征收人及利害关系人可以申请行政赔偿。

　　长期以来，特别是两部《房屋拆迁管理条例》实施期间，被拆迁人、被征收人的诉讼提起权的相关规定并不明确，这种状态在《房屋征收补偿条例》实施之后得到了改变。据报道，和房屋征收相关的案件在全国各类行政诉讼案件中占据数量最多，在2013年一度达到8600件。

　　2014年8月，最高人民法院公布的全国人民法院征收拆迁十大典型案例是《房屋征收补偿条例》实施之后第一次在全国范围公开发表的行政征收补偿审判案例系列。案例的终审判决都下达在2013年1月以后，其中有：涉房屋征收决定案件2件，房屋征收补偿决定案件5件，房屋征收强制执行案件2件，违法建筑强制拆除案件1件——共10件、4种类型。其中，行政行为被确认违法或被撤销的案件共有6件。近年来，房屋征收的相关法律法规多次存废改订，直到2011年征收补偿条例制定，才基本形成了较为规范和体系化的国有土地上的房屋征收补偿制度。10件典型案例中，大部分是因为对补偿额和补偿方式不满提起的诉讼，只有2件是原告不服征收补偿决定本身的案件。而真正因为不服行政征收本身，请求撤销征收决定这一行政行为的案例，仅

"杨瑞芬案件"1件。最高院的案例评释显示出了支持"利于征收工作顺利推进"的审判倾向。

总结《房屋征收补偿条例》《行政诉讼法》和近年司法案例,对房屋征收决定的司法审查主要采用"三要件审查原则",即征收决定一无程序上重大瑕疵,二无对社会稳定重大损害或损害可能,三符合公共利益。如不存在以上三种情况,一般不会判定征收决定本身违法。这种审查方式反映了司法规制对行政征收活动的缓和、谨慎的态度,也证明了前述观点:对于房屋征收补偿的司法审查,相比征收发起前对征收事业本身公共性的"事前审查",更侧重于采用征收活动开始后的"事后权利救济"方式。现实中,公共利益审查制度尚不严格;同时,在行政诉讼制度中的诉讼类型单一(即便新修改的《行政诉讼法》也没有设置如日本"预防诉讼""当事者诉讼""机关诉讼""民众诉讼"等类型),故对行政机关发动强制征收权的限制相对薄弱。

(二) 土地征收立法应由人大主导

2011年4月《中共中央转发〈中共全国人大常委会党组关于形成中国特色社会主义法律体系有关情况的报告〉的通知》就曾明确提出,人大及其常委会要充分发挥国家权力机关的作用,依法行使立法权,发挥在立法工作中的主导作用。2014年,党的十八届四中全会提出:"健全有立法权的人大主导立法工作的体制机制,发挥人大及其常委会在立法工作中的主导作用。"2015年修正后的《立法法》也明确规定"全国人民代表大会及其常务委员会加强对立法工作的组织协调,发挥在立法工作中的主导作用"(第51条,2023年修正后第54条)。"人大主导立法"是我国人民代表大会制度与社会主义立法体制的根本要求,也是立法获得正当性与权威性的必然条件。①

　　如前所述,就私有财产权保护和救济的立法现状而言,不论是《行政复议法》《行政诉讼法》的相关规定,还是城市房屋征收的权利救济立法的演变和现状,以及农村土地征收权利救济相关立法与现状,凡是涉及私有财产权保护特别是土地征收制度中的相关立法,大多都是以行政机关为主导。

　　人民代表大会制度是我国的根本政治制度,立法权是人大最重要的职权。党的十八届四中全会决定强调:"人民是依法治国的主体和力量源泉。"这种人民的主体地位和力量需要通过人大对立法过程的主导来实现,而立法权是以人民名义行使的最重要的国家权力,通过人大主导立法才能得以在立法过程中贯彻落实。立法权是人大最重要的职权,这在土地征收法律制度的制定中仍待加强。从国外立法经验来看,大陆法国家如日本,有专门的《土地收用法》,德国土地征收制度以《基本法》第14条为出发点,以《建筑法典》中的土地征收规范为中心,并辅以《土地整理法》等特别法规定及各州的《土地征收法》,构成完整的体系;②英美法国家如美国,也有全国性的专门针对土地征收的议会法律。③

　　随着国务院《国有土地上房屋征收与补偿条例》的制定、《行政诉讼法》相关条文的修改,以及相关司法解释的接连出台,相关立法诉求逐渐弱化。但是从财产权平等保护角度出发,国家最高权力机关和立法机关,也就是人大仍须履行职责,就土地征收制度制定一部全局性

---

① 参见封丽霞:《人大主导立法的可能及其限度》,《法学评论》2017年第5期。
② 袁治杰:《德国土地征收补偿法律机制研究》,《环球法律评论》2016年第3期。
③ "Uniform Relocation Assistance and Real Property Acquisition Policies Act of 1970 as Amended"(参见「米国改正1970年統一移転援助及び不動産取得指針法」,收录于公共用地補償機構用地補償研究所(訳)「米国収用・補償制度リロケーション・アクト関係資料和訳」)。

的、系统性的、完备的人大立法,从而避免长期以来行政立法、规范性文件和司法解释等存废更迭,各个部门相互请示、批复或征询意见的问题,避免司法机关受理案件时援引审判依据不清,公民在保护自身财产权利时所诉无门等局面的产生。

城市违法建筑强制拆除的新议题[*]

近些年各地违建拆除力度颇大,但在城市化进程中遗留了大量的有产权争议的建筑,有些是可以通过采取合理程序补发证或改建等措施补救的,不宜一概将其认定为违法建筑并强制拆除。行政机关可以依据保护公民私有财产权的宪法要求(《宪法》第13条)和《民法典》的相关规定,本着对人民财产利益负责的态度,审慎处理"违建"的认定问题。与此同时,还要在更深层面解决涉及公民财产权平等保护的宪法和法律制度等问题。

一、城市违建拆迁的新议题

改革开放以来,城市化进程不断发展,违建拆除、排危搬迁等等活动在城市中难以避免。随着社会的进步,法治理念逐步深入人心,城市在处理违章建筑和房屋拆迁时愈发注重完善立法、规范程序和合理补偿,类似暴力强拆引发激烈冲突的事件比过去明显减少。比如上海市,在强制执行过程中更加重视对被执行人的保护。严格来讲,只要违法建筑事实认定无误,执法机关权限和执法程序合法,就可以强制执行,对于任何阻碍正常执法的人,包括老年人、妇女、儿童、残疾人,都可以

---

* 本章内容在作者《"违建必须拆"要两面看——城市违法建筑强制拆除的新议题》(《上海房地》2020年第3期)一文基础上修改完善而成。

强制带离现场并追究其阻碍执法的责任。根据《上海市拆除违法建筑若干规定》第 22 条、《关于进一步加强本市违法建筑治理工作的实施意见》的通知的规定,强制带离现场时建议提请公安机关予以协助。但考虑到阻碍执法者的生命健康安全等因素,强制带离现场时有可能会有突发状况,要注意采取必要的保障措施,例如安排急救人员等现场待命。

新时期的城市违建拆迁活动中,法律和司法解释明确规定了行政机关在诉讼中的举证责任,行政机关更加注重强化诉讼意识、证据意识和责任意识。另外,行政机关执法机关愈发注重防范舆论风险,认识到正确引导舆论的重要性。如必须切实履行强制执行前相关的通知、催告、听取违建者以及周边居民的意见等程序,拆除时全过程录像,并邀请周边居民以及居委会、物业等相关人员到场作证和监督等。

但是,由于违章建筑的性质和认定非常复杂,社会上关于违章建筑的纠纷频繁出现。当违章建筑受到侵害时是否可以要求侵害人承担侵权责任? 目前来看,中央和地方的立法并没有明确规定。有观点认为,国家既然保护的是合法财产权,对基于违法的民事行为产生的违章建筑就不应当进行保护。然而,违章建筑只能且必须由法律授权的相关部门进行认定和处理,除此以外的任何单位或个人都没有权限擅自拆除、侵占和损毁。如果说非法的财产因为违反法律或规章就可以受到侵犯而不被保护,那么人人就都可以以他人的财产权违法为借口肆意损害,这必然会影响社会的稳定。认定建筑物是否"违法"或"违章"必须首先经过法定机关实施严格、审慎的认定程序。另外,在被认定为违建或遭遇强制执行时,也应有完善的救济途径。然而在实践中,因为对违章建筑的性质问题,即违章建筑的建造人对违章建筑有什么权利这一问题的认识较为模糊,法院在处理违章建筑损害索赔案件时,对于受到损害的违章建筑人有无起诉权、有无胜诉权问题有极为不同的看法。①

二、"违建"的认定和司法审查

（一）"违建"的认定问题

有一种观点是,未取得建设工程规划许可证、未按照建设工程规划许可证要求进行建设或临时建筑逾期的,均属于违建。事实上,由于我国土地利用制度的复杂性,建筑被称为违法建筑或违章建筑的原因也多种多样:有的是因为未经规划部门的批准或违反规定未在指定地点修建;有的是由于产权管理不到位等历史或政策原因暂未取得产权证明;有的是未取得土地使用权,因而也无法取得建筑许可证;有的是拥有土地使用权但未经取得建筑许可证而擅自建设;也有的是因为特殊原因暂未取得建筑许可,但预期有可能取得或即将取得的情况;等等。这其中,有些严重违反土地管理和城乡规划的规定,主观恶意很大。但不得不承认在城市化进程中遗留的大量有产权争议的建筑中,有些是可以通过采取合理程序补发证或改建等措施补救的。

另外,是否属于违建必须经过法定的主体通过严格的认定程序来依法判断。在没有被合法主体通过严格的程序判断某建筑物或构建物属于违建之前,该建筑物或构建物仍然应当受到《宪法》和《民法典》等的保护。

拆违活动近年来在各地开展较快。如:2016 年 4 月,海南省下发

---

① 许根华、傅国华:《损害违章建筑应承担民事赔偿责任》,《人民法院报》2002 年 2 月 28 日。

了《关于深入推进六大专项整治加强生态环境保护的实施意见》,提出实施整治违法建筑专项行动,加大打击违法建筑的工作力度;2018 年10 月,南京市发布《关于加强违法建设治理若干问题的实施意见》(以下略称《南京市违建治理意见》),并提出 2020 年年底全面完成所有违建的治理任务;2019 年 5 月,北京市发布《关于立即处置在施违法建设的实施意见(试行)》;等等。以上这些近似于"运动式"的违建整治活动,在处理违建治理的一些实际问题上起到了督促和指导的作用。但这些违建治理活动较为强调实现整治的结果,对违建的事实认定和合法权益的保障关注相对较弱,还容易带来一系列的经济和社会问题,如有的地方将过去招商引资来的工厂和城郊农家乐饭店等作为违建拆除,带来失业和治安问题。

(二) 司法审查的动向及问题

近日,在"李宗友诉济南市人民政府行政赔偿案"(以下称"李宗友诉济南市政府案")中,法院判决无证房屋被强制拆除时也可获得行政赔偿。[①] 主要理由在于,许多无证房屋是在特殊的历史、文化、习惯背景下,由于农村建房长期管理较松,产权管理不到位造成的,此类无证房屋并不直接等同于违章建筑。此案的重要意义首先在于,对待此类房屋的拆迁应当综合考量,包括房屋来源、房屋建设的时间和动机、使用情况、居住利益、当时的立法状况等因素,确定是否赔偿,并督促行政机关不断完善对无证房屋补偿安置的具体规定。

---

① 因被强制拆除的房屋系原告李宗友 1998 年通过与村民委员会签订购房合同取得,故原告未能提供证据证明办理过规划、用地等合法审批手续及房屋权属证书。但山东省高院认为,涉案房屋建造于 20 世纪 90 年代且一直正常使用至房屋被违法强制拆除时,并且当时农村行政管理不完善,原审法院判决被上诉人对上诉人合法途径取得的涉案房屋不予赔偿确有不妥,于 2018 年 6 月 22 日作出行政赔偿终审判决(2017 鲁行赔终 17号),判处济南市政府赔偿李宗友房屋损失 288 275 元。

其次，"李宗有诉济南市政府案"中的另一重要意义，就是司法机关改变了过去往往回避实质审查的做法，主动行使对于违建认定的审查权，既有利于实现对一些地方过分追求违建整治结果的纠偏，也维护了保护公民合法财产权益的最后一道屏障，即司法的权威。

在司法实践中，类似此案中法院详尽审查违建认定，并判处对强拆"无证房屋"进行行政赔偿的案件相对较少。2014 年 8 月，最高人民法院召开新闻通气会，公布了全国人民法院征收拆迁十大典型案例。这些典型案例作为指导案例，将对全国法院的审判起到重要参考作用，对"指导人民法院依法履行职责、统一裁判尺度"具有重要意义，也可以由此预见到此后一段时期内司法审查中的方式、强度等重要特质。[1] 其中，主要涉及违建强拆的案例有 3 件，分别是："廖明耀诉龙南县人民政府房屋强制拆迁案"（一并拆除合法建筑的行为违法），"叶呈胜、叶呈长、叶呈发诉仁化县人民政府房屋行政强制案"（未遵循《行政强制法》的程序性规定），"叶汉祥诉湖南省株洲市规划局、株洲市石峰区人民政府不履行拆除违法建筑法定职责案"（不完全履行拆除违法建筑的法定职责）。之后在 2018 年 5 月，最高人民法院又发布第二批征收拆迁典型案例（共 8 件）。其中，主要涉及违建强拆的案例有 1 件："陆继尧诉江苏省泰兴市人民政府济川街道办事处强制拆除案"（弱化原告举证责任和对行政机关进行事实行为主体推定）。这些典型案例都没有涉及违建认定（尤其是实质审查）和无证房屋拆除的赔偿问题。

---

① "据介绍，这批案件均为 2013 年 1 月 1 日以后作出的生效裁判，涉及国有土地上房屋征收和违法建筑拆除，有的反映出个别行政机关侵害当事人补偿方式选择权、强制执行乱作为等程序违法问题，有的反映出行政机关核定评估标准低等实体违法问题以及在诉讼中怠于举证问题，这些行政行为有的被依法撤销，有的被确认违法，同时，也有合法行政行为经人民法院审查后判决维持。"参见中国法院网：《最高法公布全国法院征收拆迁十大典型案例》，http://www.chinacourt.org/article/detail/2014/08/id/1429378.shtml（最后阅览日期：2018 年 3 月）。

总体来看,我国的司法审查在"违建"本身的事实认定和实质审查问题上采取了较为审慎的立场。

(三)违法建筑强制执行的现实问题

1.认定和执行的主体竞合

行政机关作为违建的认定主体,同时又担当着违建拆除的实施主体,在某种角度上出现了"认定和执行的主体竞合"这种情况。一些地方越来越重视提高违建治理效率。如前面提到的《南京市违建治理意见》,针对部分类型的违建简化了城管部门执法流程,城管执法人员可以直接对照法律法规的规定依法查处,不再需要规划部门另行出具认定意见。

2011年9月,最高院发布紧急通知,强调坚决防止因强制执行违法或不当而导致的矛盾激化、恶性事件,积极探索"裁执分离"——以法院审查、政府组织实施为主导的强制执行方式。[①] 2012年3月,最高院发布了关于申请法院强制执行征收补偿决定的司法解释,[②]明确实施以裁执分离为主导的强制执行方式。然而不同于一般的被征收房屋,对于违法建筑的强制拆除,理论上可以不经过人民法院的裁定程序,由行政机关直接强制执行,同时依照《房屋征收补偿条例》的规定,

---

① 2011年最高人民法院《关于坚决防止土地征收、房屋拆迁强制执行引发恶性事件的紧急通知》,通知第二项还强调:"必须严格审查执行依据的合法性。对行政机关申请法院强制执行其征地拆迁具体行政行为的,必须严把立案关、审查关,坚持依法审查原则,不得背离公正、中立立场而迁就违法或不当的行政行为。凡是不符合法定受案条件以及未进行社会稳定风险评估的申请,一律退回申请机关或裁定不予受理;凡是补偿安置不到位或具体行政行为虽然合法但确有明显不合理及不宜执行情形的,不得作出准予执行裁定。"
② 最高人民法院《关于办理申请人民法院强制执行国有土地上房屋征收补偿决定案件若干问题的规定》,法释[2012]4号。

对其不予补偿。①

对此,2013 年最高院司法解释进一步明确了违法建筑强制拆除由行政机关直接执行的原则。② 该司法解释的法律依据主要是《行政强制法》第 44 条和《城乡规划法》第 65、68 条。③ 同时,判定是否是"违建"的权限,依然掌握在行政机关手中。在作出房屋征收决定以前,行政机关对被征收房屋是否属于合法建筑进行认定。也就是说,如被认定为违法建筑,行政机关就可以不经过向人民法院申请裁定,直接行使行政强制执行权对其进行拆除,同时也无须进行补偿。

在现有的法定救济框架内,除向行政机关申请行政复议和向司法机关提起行政诉讼以外,缺乏寻求第三方机构对于违建认定过程本身的事先监督的渠道。在基层的违法建筑的整治实践中,因产权制度不完善等历史遗留问题或政府监管部门监管不到位而产生的违法建筑数量众多,违建当事人普遍存在抵触对抗情绪,因此面临不少难题。

2. 执行对象的复杂化

如何处理违建,势必涉及行政执法和裁量的问题。根据《城乡规

---

① 《国有土地上房屋征收和补偿条例》第 24 条规定,市、县级人民政府作出房屋征收决定前,应当组织有关部门依法对征收范围内未经登记的建筑进行调查、认定和处理。对认定为合法建筑和未超过批准期限的临时建筑,应当给予补偿;对认定为违法建筑和超过批准期限的临时建筑的,不予补偿。

② 2013 年最高人民法院《关于违法的建筑物、构筑物、设施等强制拆除问题的批复》:"根据行政强制法和城乡规划法有关规定精神,对涉及违反城乡规划法的违法建筑物、构筑物、设施等的强制拆除,法律已经授予行政机关强制执行权,人民法院不受理行政机关提出的非诉行政执行申请。"

③ 《行政强制法》第 44 条:"对违法的建筑物、构筑物、设施等需要强制拆除的,应当由行政机关予以公告、限期当事人自行拆除。当事人在法定期限内不申请行政复议或者提起行政诉讼,又不拆除的,行政机关可以依法强制拆除。"《城乡规划法》第 65、68 条规定,乡镇人民政府对违反乡村规划的违法建筑有权强制拆除,在城乡规划主管部门作出的限期拆除决定后,当事人逾期不拆除的违法建筑,县级以上地方人民政府有权责成有关部门强制拆除。

划法》第 64 条①和住建部 2012 年下发的《关于规范城乡规划行政处罚裁量权的指导意见》,城乡规划管理部门就"可采取改正措施消除对规划实施影响"和"无法采取改正措施消除对规划实施影响"的两种情形,对违法建设行为实施行政处罚时享有自主决定权。除部分可采取"局部拆除"等整改措施的情况以外的违法建设行为,都属于"无法采取改正措施消除对规划实施影响",应责令停止建设,或依法下发限期拆除决定书,对不能拆除的没收实物或者违法收入,可并处罚款。

但是随着社会生活的复杂化,违建的行政处罚和强制执行所涉及的对象已经往往不只一方。拿具体例子来讲,比如开发商违规加盖楼层,或将规划绿地建成楼房,属于未取得建设工程规划许可证或者未按照建设工程规划许可证的规定进行建设,依法应该认定为违建并强制拆除。但由于监管不严和行政处罚的滞后性,许多此类房屋往往已经被实际交付使用。在政府部门责令限期拆除时,强制执行影响到的已经不仅仅是开发商,还包括已入住业主的切身利益。尽管开发商与购房者之间的此类纠纷属于基于平等的合同关系产生的民事纠纷,购房者可以通过要求开发商承担民事上的违约责任获取赔偿来维权。然而对购房者而言,此类赔偿往往很难足以弥补其实际损失,还往往要面临拿不到房产证,甚至住房被强行拆除的风险。但开发商违规建设现象频发,必然与政府部门监管的缺失不无关系,现实中因为此类原因导致购房者不断上访的例子也不在少数。尽管《城乡规划法》第 5 章规定

---

① 《城乡规划法》第 64 条:"未取得建设工程规划许可证或者未按照建设工程规划许可证的规定进行建设的,由县级以上地方人民政府城乡规划主管部门责令停止建设;尚可采取改正措施消除对规划实施的影响的,限期改正,处建设工程造价百分之五以上百分之十以下的罚款;无法采取改正措施消除影响的,限期拆除,不能拆除的,没收实物或者违法收入,可以并处建设工程造价百分之十以下的罚款。"

了县级以上人民政府及其城乡规划主管部门的监督检查责任,但是因怠于行使监督检查责任导致当事人权益收到损失的情形,是否属于《行政诉讼法》第 12 条的受案范围,还有待具体案例来验证。

值得注意的是,有最高院行政审判案例明确,"人民法院对行政机关依法行使职权的监督,主要通过公正、及时审理行政案件,解决行政争议来完成,并无直接追究有关人员法律责任的权力","即使存在《行政诉讼法》第 66 条第 1 款规定(的情形),但是否启动移送程序属于人民法院依职权判断决定的事项,法律没有赋予当事人申请移送的权利",再审申请人要求追究有关人员法律责任的诉请不被最高人民法院支持。[①] 最高院在该案判决中强调:"即使再审被申请人确系强制拆除再审申请人涉案房屋行为的实施主体,该强制拆除行为亦构成违法,也并不必然意味着再审被申请人的有关工作人员违法。"

三、"违建"的租赁合同效力

就违章建筑的租赁合同的效力问题也存在许多争论。2010 年住建部出台的《商品房屋租赁管理办法》第 6 条规定:"有下列情形之一的房屋不得出租:(一)属于违法建筑的;(二)不符合安全、防灾等工程建设强制性标准的;(三)违反规定改变房屋使用性质的;(四)法律、法规规定禁止出租的其他情形。"第 21 条还规定:"违反本办法第六条规定的,由直辖市、市、县人民政府建设(房地产)主管部门责令限期改正,对没有违法所得的,可处以五千元以下罚款;对有违法所得的,可以处以违法所得一倍以上三倍以下,但不超过三万元的罚款。"该规定主

---

① 济南云湖肉制品有限公司与山东省济南市长清区人民政府土地强制纠纷再审案,最高人民法院行政裁定书(2016)最高法行申 94 号。

要源于认为"违章建筑的租赁合同是没有本权的租赁合同",按照该项办法,不但涉及违法建筑的租赁合同无效,而且出租人还要承担行政处罚,那么作为违法建筑的租赁收益权也就无从得到保护。

然而按照这种规定,在实践中往往会出现一个问题:如许多农村为发展经济,在集体土地上修建厂房租赁给外来企业来收取租金,这些厂房事先未经规划或审批。按照住建部办法的规定,由于租赁违法建筑的行为非法且不受保护,一旦被检举揭发,不但收取不到租金,还要承担被有关部门处罚的风险。许多企业拖欠或拒交租金的情况屡有发生,事实上也不排除许多企业或个人就是钻了这个空子,欺瞒许多农民不懂法而谋取利益。

笔者认为,作为民事行为的租赁行为在相互信任的基础上经过平等协商,达成协议签署租赁合同,承租人的租赁行为是一种在一定期间内持续且不可逆转的行为,尽管租赁方出租的建筑物涉嫌违法,但在有关部门在经过法定程序作出该项建筑违法的认定之前,租赁合同并不天然违法,承租人仍须缴纳租金。退一步讲,租赁人投入了较大的建筑成本的情况下,如果承租人以该建筑违法为借口就可以逃避事先约定的租金缴纳义务,那么于情于理都对于租赁人有失公平,而且也不利于社会稳定。

归根结底,当违章建筑受到侵害时是否可以要求侵害人承担侵权责任?——许多人主张对于非法建筑的租赁一概不予保护,理由是:这样有利于遏制违法建筑之风和推动农村经济的良性发展,尽管从感情上或许有些难以接受,但是不能因此就置法律法规于不顾,否则就是对于违法建筑的放任。然而,事实上住建部办法也并未明确规定租赁违法建筑无效或不得收取租金,而只是规定违法建筑不得出租,规避了在出租形成既定事实后如何处理的问题,也没有具体规定如何判定违法建筑以及认定违法建筑的时间问题,更没有权限排除利害关系人诉求于行政复议和司法救济。尽管不能排除农村中有违法搭建以谋取不当利益的行为,我们基于维护农村长期稳定健康的社会经济发展环境需要处理违法建筑,但也应该建立一个能够积极防范、应对违法建筑的合情合理的长效机制,这也符合党中央提出的国家治理体系和治理能力现代化的精神要求。

四、从财产权保护角度的宪法学思考

因为对于违法建筑认定这一问题本身涉及历史原因和各种产权问题,非常复杂,所以必须由行政机关进行严格的认定程序,同时也不能排除司法救济。我们必须承认违法建筑自身拥有相对合理的权益,而且这种权益完全可以并应该得到法律上的救济。如果只是因为被认定为违法建筑,法律就不分具体情况,一味不加以任何合理保护,就有悖于公权力机关履行维持社会秩序和主张公平正义的职责,有可能引发民众对于行政和司法机关的不信任感。

《民法典》规定:"国家实行社会主义市场经济,保障一切市场主体的平等法律地位和发展权利。"(第206条)"国家、集体、私人的物权和其他权利人的物权受法律保护,任何组织或者个人不得侵犯。"(第207条)我国经济制度的基础是生产资料的社会主义公有制,这是毫无疑问的,但同时为促进社会主义市场经济的健康有序发展,我们不能忽视对私有财产的保护。然而,落实到很多具体的问题上,只依靠现行的《民法典》是远远无法解决的。

在符合"合法财产"的前提下,当财产权受到公权力侵犯时,按照我国诉讼法的相关规定,应当遵循非法实物证据排除规则和国家赔偿制度,并可以请求返还财产、获取赔偿或取得国家补偿。但我们仍然面临"不合法的财产是否应受到保护"的问题。尽管我们可以得知,对于"不合法"的私有财产的保护力度,是明显弱于合法财产的,但关键在于是否应给予其一定程度的保护?同时,如果是给予保护,要达到什么样的程度?尽管《刑事诉讼法》等诉讼法规定了正当程序原则、权利救济原则,《民法典》规定了平等保护原则,但涉及财产权保护的许多具体问题显然已经超出了目前刑事诉讼法和民法典的应对范围。对于这些问题的解决路径,现行条件下仍存在很大的不确定性。在遇到具体的问题时,法律法规难以规定,司法审判实践也难免会碰到无所适从的情况,不利于形成一个稳定、有效的权利救济法律制度,长远来看,还将影响社会主义市场经济的长期健康、有序发展。①

---

① 可参见杨官鹏:《我国财产权差别保护的现状与解决路径》,《人权研究》2021 年第 2 期。

参考文献

一、中文文献

（一）著作

毕雁英：《宪政权力架构中的行政立法程序》，法律出版社 2010 年版。

洪兴文：《行政自由裁量权的伦理规治研究》，湖南人民出版社 2015 年版。

姜明安主编：《行政法与行政诉讼法》（第六版），北京大学出版社、高等教育出版社 2016 年版。

刘永安编：《行政行为概论》，中国法制出版社 1992 年版。

孟鸿志主编：《行政法学》（第二版），北京大学出版社 2007 年版。

牟宪魁主编：《中日比较法讲义》，法律出版社 2017 年版。

藤田宙靖：《日本行政法入门》，杨桐译，中国法制出版社 2012 年版。

王宝明等：《抽象行政行为的司法审查》，人民法院出版社 2004 年版。

王丹红：《日本行政诉讼类型法定化制度研究》，法律出版社 2012 年版。

王连昌主编：《行政法学》，四川人民出版社 1990 年版。

王天华：《行政诉讼的构造：日本行政诉讼法研究》，法律出版社 2010 年版。

王云五主编：《云五社会科学大辞典（行政卷）》，台湾商务印书馆 1971 年版。

叶必丰：《行政法的人文精神》，北京大学出版社 2005 年版。

应松年等编：《行政法与行政诉讼法学》（第二版），高等教育出版社 2019 年版。

应松年主编：《行政行为法》，人民出版社 1992 年版。

俞祺：《行政规则的司法审查强度——基于法律效力的区分》，法律出版社

2018 年版。

（二）论文

白智立:《日本广域行政的理论与实践:以东京首都圈发展为例》,《日本研究》2017 年第 1 期。

曹伊清、崔小峰:《行政诉权滥用认定要件研究》,《学习与探索》2020 年第 5 期。

陈光:《论区域法治竞争视角下的地方立法协调》,《东方法学》2019 年第 5 期。

崔卓兰、鲁鹏宇:《日本行政指导制度及其法律控制理论》,《行政法学研究》2001 年第 3 期。

范乾帅:《论民间法作为行政诉讼法之法源》,载谢晖、陈金钊、蒋传光主编:《民间法》(第 21 卷),厦门大学出版社 2018 年版。

付荣、江必新:《论私权保护与行政诉讼体系的重构》,《行政法学研究》2018 年第 3 期。

关保英:《论行政成文法主义的危机》,《法律科学》2007 年第 3 期。

关保英:《论行政习惯法》,《甘肃政法学院学报》2000 年第 3 期。

郭渐强:《行政执法的伦理维度》,《求索》2004 年第 8 期。

郭庆珠:《行政规划的司法审查研究——与王青斌博士商榷》,《东方法学》2012 年第 2 期。

贺善征:《行政法渊源探讨》,《现代法学》1989 年第 3 期。

胡肖华:《论预防性行政诉讼》,《法学评论》1999 年第 6 期。

江必新:《论行政案件的受理标准》,《法学》2009 年第 6 期。

江必新:《行政诉讼三十年发展之剪影》,《中国法律评论》2019 年第 2 期。

江利红:《论日本撤销诉讼的受案范围———行为的"处分性"》,《朝阳法律评论》2012 年第 1 期。

江利红:《论日本行政事件诉讼法的修改》,《研究生法学》2008 年第 4 期。

江利红:《论行政行为理论在日本的发展》,《研究生法学》2008 年第 3 期。

姜明安:《论自由裁量权及其法律控制》,《法学研究》1993 年第 1 期。

解志勇:《预防性行政诉讼》,法学研究 2010 年第 4 期。

李邦友:《日本法官遴选工作机制及其运作》,《法制资讯》2014 年第 8 期。

梁凤云:《行政协议案件的审理和判决规则》,《国家检察官学院学报》2015 年第 4 期。

梁君瑜:《论行政纠纷可诉性》,《北方法学》2019 年第 6 期。

林振通、陈炎锋:《程序性行政行为可诉性之考量——福建漳浦法院裁定蔡某诉龙海市自然资源局其他行政管理行为案》,《人民法院报》2019 年 11 月 14 日。

铃木贤:《日本司法改革的现状和成果》,《法治论坛(第七辑)》2007 年第 3 期。

刘登佐:《论当代中国基本行政价值观念》,《求索》2005 年第 8 期。

刘松山:《人民法院的审判依据》,《政法论坛》2006 年 4 期。

刘松山:《一部关于立法制度的重要法律(中)——〈立法法〉制定过程中争论的主要问题及其解决方式》,《中国司法》2000 年第 6 期。

刘志坚、宋晓玲:《对羁束行政行为与自由裁量行政行为分类的逻辑思考》,《西北师大学报(社会科学版)》2011 年第 2 期。

刘作翔:《回归常识:对法理学若干重要概念和命题的反思》,《比较法研究》2020 年第 2 期。

卢超:《规范性文件附带审查的司法困境及其枢纽功能》,《比较法研究》2020 年第 3 期。

罗智敏:《论行政诉讼中的预防性保护:意大利经验及启示》,《环球法律评论》2015 年第 6 期。

莫纪宏、张毓华:《诉权是现代法治社会第一制度性权利》,《法学杂志》2002 年第 4 期。

钱继磊:《民间法概念之再思考——一种反思与回归的视角》,载谢晖、陈金钊、蒋传光主编:《民间法》(第 22 卷),厦门大学出版社 2019 年版。

邱伯静:《论预防性行政诉讼的制度空间》,《荆楚学刊》2019 年第 1 期。

邱生:《日本行政法的国际源流与法源》,《日本研究》1986 年第 3 期。

冉艳辉:《省级人大常委会对设区的市地方性法规审批权的界限》,《法学》2020 年第 4 期。

沙卫鹏:《监督行政对权利的影响——以〈行政诉讼法〉第 1 条为基础的解释学展开》,《交大法学》2021 年第 1 期。

沈岿:《解析行政规则对司法的约束力——以行政诉讼为论域》,《中外法学》2006 年第 2 期。

石龙潭:《日本行政诉讼救济范围之拓展——"行政处分性"之理论解析》,《行政法学研究》2017 年第 3 期。

孙艳艳:《日本首都圈产学官协同创新生态系统建设研究》2017 年第 5 期。

佟连发、曾祥瑞:《日本行政诉讼中的抗告诉讼与撤销诉讼研究》,《辽宁大学学报(哲学社会科学版)》2012 年第 6 期。

王丹红:《诉讼类型在日本行政诉讼法中的地位和作用》,《法律科学》2006 年第 3 期。

王贵松:《国务院的宪法地位》,《中外法学》2021 年第 1 期。

王贵松:《论法律的法规创造力》,《中国法学》2017 年第 1 期。

王贵松:《论行政法上的法律优位》,《法学评论》2019 年第 1 期。

王贵松:《日本修改行政诉讼法述评》,载北京大学现代日本研究中心编:《未名日本论丛(第一辑)》,中国社科文献出版社 2008 年版。

王贵松:《行政裁量:羁束与自由的迷思》,《行政法学研究》2008 年第 4 期。

王留一:《论行政立法与行政规范性文件的区分标准》,《政治与法律》2018 年第 6 期。

王申:《司法行政化管理与法官独立审判》,《法学》2010 年第 6 期。

吴英姿:《司法的限度:在司法能动和司法克制之间》,《法学研究》2005 年第 5 期。

席能:《习惯法在行政法上的地位》,《河南师范大学学报(哲学社会科学版)》2009 年第 9 期。

谢晖:《民间法作为法理学的一种常识》,《原生态民族文化学刊》2020 年第 6 期。

徐信贵、康勇:《论食品安全领域权利救济的预防性行政诉讼》,《重庆理工大学学报(社会科学)》2015 年第 3 期。

薛刚凌:《行政法基本原则研究》,《行政法学研究》1999 年第 1 期。

闫尔宝:《日本的行政指导:理论、规范与救济》,《清华法学》2011 年第 2 期。

闫尔宝:《行政诉讼受案范围的发展与问题》,《国家检察官学院学报》2015 年第 4 期。

杨官鹏:《"违建必须拆"要两面看——城市违法建筑强制拆除的新议题》,《上海房地》2020 年第 3 期。

杨官鹏:《日本跨行政区域组织机构管理经验及其对长三角一体化发展的启示》,《云南行政学院学报》2020 年第 2 期。

杨官鹏:《涉土地征收之权利救济的立法现状与问题》,载莫纪宏、牟宪魁主编:《法治国家的法理:户波江二先生古稀祝贺论文集》,中国民主法制出版社 2018 年版。

杨建顺:《关于行政行为理论与问题的研究》,《行政法学研究》1995 年第 3 期。

杨萍:《从项目协同走向区域一体化制度创新路径探索》,《科学发展》2020 年第 7 期。

叶必丰:《区域经济一体化的法律治理》,《中国社会科学》2012 年第 8 期。

尹婷:《预防性行政诉讼容许性问题初探》,《西南政法大学学报》2017 年第 1 期。

应松年、何海波:《我国行政法的渊源:反思与重述》,载胡建淼主编:《公法研究》(第 2 辑),商务印书馆 2004 年版。

于熠、宋宗君:《日本裁判官追责机制的中国镜鉴》,《时代法学》2017 年第 3 期。

余凌云:《对行政自由裁量概念的再思考》,《法制与社会发展》2002 年第 4 期。

余淼、胡夏冰:《日本法官选任制度及启示》,《人民法院报》2014 年 12 月 12 日。

俞慰刚:《日本首都圈政策及规划对长三角城市一体化的启示》,《上海城市管理》2018 年第 2 期。

禹竹蕊:《建立我国的预防性行政诉讼制度——以反政府信息公开诉讼为视角》,《广西大学学报(哲学社会科学版)》2017 年第 3 期。

袁明圣:《行政立法权扩张的现实之批判》,《法商研究》2006 年第 2 期。

岳琨:《论预防性行政诉讼的法律建构——以被拆迁人的救济渠道缺乏为视角》,《广西社会主义学院学报》2011 年第 4 期。

翟志文:《日本〈法官人事评价规则〉解读及其启示》,《重庆科技学院学报(社会科学版)》2012 年第 6 期。

湛中乐:《论对行政立法的监督与控制》,《国家行政学院学报》2004 年第 3 期。

湛中乐:《论行政法规、行政规章以外的其他规范性文件》,《中国法学》1992 年第 2 期。

张弘:《论民间习惯法在行政裁决中的地位与适用》,载谢晖、陈金钊、蒋传光主编:《民间法》(第 15 卷),厦门大学出版社 2012 年版。

章志远、朱秋蓉:《预防性不作为诉讼研究》,学习论坛 2009 年第 8 期。

章志远:《新时代我国行政审判的三重任务》,《东方法学》2019 年第 6 期。

周佑勇、邓小兵:《行政裁量概念的比较观察》,《环球法律评论》2006 年第 4 期。

朱芒:《概括主义的行政诉讼"受案范围"——一种法解释路径的备忘录》,《华东政法大学学报》2015 年第 6 期。

朱芒:《论行政规定的性质——从行政规范体系角度的定位》,《中国法学》2003 年第 1 期。

朱新力:《行政法渊源若干疑难问题探析》,《浙江省政法管理干部学院学报》1999 年第 2 期。

二、日文文献

（一）论文

阿部泰隆「行政訴訟のあるべき制度、あるべき運用について」法律文化 16 巻 2 号（2004 年）。

湊二郎「差止訴訟と取消訴訟・執行停止の関係」立命館法学 2 号（2012 年）。

村上裕章「改正行訴法に関する解釈論上の諸問題」北大法学論集 56 巻 3 号（2005 年）68 頁。

大久保規子「行政訴訟の原告適格の範囲」ジュリスト 1263 号（2004 年））。

大久保規子「処分性をめぐる最高裁判例の展開」ジュリスト 1310 号（2006 年）。

福井秀夫「行政事件訴訟法三七条の四による差止めの訴えの要件—土地収用法による事業認定を素材として」自治研 85 巻 10 号（2009 年）。

横山信二「抗告訴訟における原告適格—取消訴訟と差止訴訟における『法律上の利益』の意味を中心に」広島法学 35 巻 4 号（2012 年）。

吉村良一「差止め訴訟の新しい展開と航空機騒音公害」立命館法学 4 号（2006 年）。

笠原英彦「明治十年代における衛生行政：後藤新平と日本的衛生観念の形成」法学研究 70 巻 8 号（1997 年）。

瀧澤利行「明治期健康思想と社会・国家意識」日本医史学雑誌 59 巻 1 号（2013 年）。

浅賀栄「実務上から見た行政訴訟の争点」、司法研究報告書（1952 年）。

松塚晋輔「処分その他公権力の行使について—行政処分の新たな類型化の構築に向けて—」京女法学 8 号（2015 年）。

岩本浩史「地方公共団体の長の規則」、島根県立大学総合政策学会『総合政策論叢』第 7 号（2004 年）。

塩野宏：「行政事件訴訟法改正と行政法学――訴訟類型論から見た」，載于
　　『行政法概念の諸相』（有斐閣、2011 年）。

佐藤功「憲法 95 条の諸問題」、杉村章三郎古稀記念『公法学研究 上』（有斐
　　閣、1974 年）。

加藤一彦「地方自治特別法の憲法問題」現代法学 18 号（2009 年）。

佐々木惣一「行政機関の自由裁量」、法と経済 1 巻 1 号（1934 年）。

（二）著作

木崎茂男『首都圏整備法の解説』（信濃教育会出版部、1956 年）。

平岡久『行政立法と行政基準』（有斐閣、1995 年）。

田中二郎『司法権の限界』（弘文堂、1976 年）。

田中二郎『新版行政法 上巻全訂（第二版）』（弘文堂、1974 年）。

田中二郎『行政法大意』（勁草書房、1950 年）。

田中二郎『行政法総論』（有斐閣、1957 年）。

小林久起『行政事件訴訟法』（商事法務、2004 年）。

雄川一郎・塩野宏・園部逸夫編『現代行政法大系（第 2 巻）』（有斐閣、
　　1983 年）。

塩野宏『行政法 I・行政法総論（第四版）』（有斐閣、2005 年）。

塩野宏『行政法 II・行政救済法（第四版）』（有斐閣、2005 年）。

塩野宏『行政法 III・行政組織法（（第四版））』（有斐閣、2012 年）。

桜井敬子・橋本博之『現代行政法』（有斐閣、2004 年）。

中村幸彦ほか編『角川古語大辞典・第三巻』（角川書店、1987 年）。

图书在版编目 (CIP) 数据

中日比较法视域下公法前沿议题刍议 / 杨官鹏著 .
北京 : 商务印书馆 , 2024. -- (棠树文丛). -- ISBN
978-7-100-23561-7

I . D908

中国国家版本馆 CIP 数据核字第 2024JS1438 号

棠树文丛

中日比较法视域下公法前沿议题刍议

杨官鹏　著

商 务 印 书 馆 出 版
（北京王府井大街 36 号　邮政编码 100710 ）
商 务 印 书 馆 发 行
南京新洲印刷有限公司印刷
ISBN 978-7-100-23561-7

2024 年 10 月第 1 版　　　开本 880×1240　1/32
2024 年 10 月第 1 次印刷　　印张 8¾

定价：52.00 元